赵文 等 著

农村劳动力就业
与收入研究
——基于江西调查

RESEARCH ON EMPLOYMENT
AND INCOME OF RURAL LABOR FORCE

社会科学文献出版社
SOCIAL SCIENCES ACADEMIC PRESS (CHINA)

摘　要

近年来，农村转移人口的规模增速明显下降，老年农民工回流现象明显，人口区域布局呈现新特征。同时，中部地区经济增长明显加速，崛起态势正在形成之中。从城乡的角度来观察，进城务工人员的就业正规化、雇员化提高了国民收入分配中的劳动报酬份额，这产生了两个结果。一是社会保险基金累计结余快速增加，但这部分增量资金大部分流入资本市场，居民可支配的那部分劳动报酬份额下降，劳动报酬份额提高对扩大内需的增益不大，且提高了企业用工成本，供求两个方面压缩用工需求，压低企业全要素生产率。二是由于劳动报酬中居民可支配的份额下降，实际工资提高速度相对放缓，加上基本公共服务均等化和乡村振兴战略客观上的拉动作用，阈值效应显现，就业市场中总供给和总需求曲线双双向左移动，就业雇员化和农村人口市民化的动力转弱。

由中国社会科学院和江西省社会科学院共同建立的国情调研基地，本期项目的主题是"乡村振兴背景下农村劳动力就业与收入研究"。

从主题出发，课题组就江西省农村农业基本情况、省际农村劳动力流动、农村转移人口的就业与收入等情况，对南昌、宜春、赣州进行了十余次调研，形成了研究报告。主要参加人包括中国社会科学院人口与劳动经济研究所的部分科研骨干和青年学者，以及江西省社科院和江西财经大学的同仁。

研究发现：①乡村振兴助力农民增收，但不同地区和收入组间仍存在较大差异。②江西省农村劳动力整体受教育程度偏低、技能不足，多数进城务工的劳动力只能局限于强度大、就业面窄的简单劳动，劳动力素质与城市产业多样化和高级化的需要不相适应；农村青壮年劳动力普遍从事非农工作，从事农业生产的农民"老龄化"现象突出。③劳动力转移方面，由于虹吸效应，大量农村劳动力外流入广东、浙江等经济大省，在省外就业人数多于在省内就业人数；随着乡村振兴的推进，江西省政府采取了一系列政策措施促进农民就地就近创业就业，拓展了农民的就业空间和增收渠道，近年来省内从业（离乡不离省）的比重持续上升。④新经济发展对进城农民工促就业提收入具有重要意义。⑤疫情显著地影响劳动力流动。从 2021 年 4 月开始，北京、上海、江苏、浙江、福建、广东 6 省市的消费品零售总额增速低于全国水平，这一现象延续至今，与 2020 年流入地消费大幅度高于全国水平的态势截然相反，与 2019 年的形势也相反，说明东南沿海地区就业压力较大，劳动力从沿海地区回流内地的趋势还在继续。⑥居民收入差距持续加大。农村劳动力处于就业金字塔的底部，增收难度相对加大。

通过江西省农村劳动力就业与收入特点分析，针对性地提出以下促进农村劳动力就业和农民增收的政策建议：（1）重点关注低收入农民，加大信贷支农力度，广泛开辟欠发达地区农民增收渠道。（2）加强就业服务和技能培训，提升农村劳动力就业权益保障水平。（3）多措并举推进乡村振兴，大力发展乡镇企业，提升吸纳能力、激发就业活力。（4）促进平台经济发展，探索适合新就业形态的社会保险形式。

Contents

目　录

第一章

农村转移人口就业和收入

——新经济对就业和收入的拉动

赵　文*

新经济对进城农民工促就业、提收入具有重要意义，是促进农村劳动力就业、助力乡村振兴的重要力量。我们测算，2020 年，新经济的就业规模约 9548 万人，占总就业人数的 12.7%。其中，农民工就业约 4154 万人，占全国就业人数的 5.5%。这些就业为农民工带来了约 2.3 万亿元的年收入，占全国居民可支配收入总额的 5.1%。电子商务、网约车和快递物流、网络送餐三类平台的就业规模之和与收入规模之和，均占新经济就业农民工的 60%，成为中等收入群体的重要收入来源。未来，灵活就业、身兼数职可能成为常态，扩大中等收入群体规模应做到"稳中容变"，在满足就业的灵活性流动性、扩大就业规模和收入规模之后，再考虑加强民生保障。目前的社保制度是适合工业化大生产的制度，新就业形态是不是适合在工业社保制度下运行，仍需要时间观察。

一　新经济对城乡共富的意义

新经济发展对城乡居民收入产生了重要的影响，对于提高农村居民和进

赵文，中国社会科学院人口与劳动经济研究所副研究员。

城务工人员收入具有重要意义。新技术变革是未来劳动生产率提升的保证，也为乡村地区加速发展、缩小城乡差距提供了新的可能（都阳，2021）。从城乡的角度来观察，进城务工人员的就业正规化、雇员化提高了国民收入分配中的劳动报酬份额，这产生了两个方面的结果。一方面是社会保险基金累计结余快速增加，但这部分增量资金大部分流入资本市场，居民可支配的那部分劳动报酬份额下降，劳动报酬份额提高对扩大内需的增益不大，且提高了企业用工成本，供求两个方面压缩用工需求，压低企业全要素生产率。[①]另一方面是由于劳动报酬中居民可支配的份额下降，实际工资提高速度相对放缓，加上基本公共服务均等化和乡村振兴战略客观上的拉动作用，阈值效应显现，[②] 就业市场中总供给和总需求曲线双双向左移动，就业雇员化和农村人口市民化的动力转弱。"十四五"期间，要在较高的用工成本下继续推动城乡劳动力合理流动，新经济是一个重要的切入点。

对于农村居民来说，新经济通过产业融合的方式增加了收入。①农村产业融合发展与新型城镇化建设有机结合，农村第二、三产业向县城、重点乡镇及产业园区等集中。农产品加工、商贸物流等专业特色小城镇迅速发展。②农业结构加快调整。以农牧结合、农林结合、循环发展为导向的林下经济、农林复合经营等绿色农业快速发展。适合精深加工、休闲采摘的作物新品种不断推广。③农业产业链延伸。"互联网+"促进了农业生产性服务业发展，如代耕代种代收、大田托管、统防统治、烘干储藏等市场化和专业化服务。农产品特色加工业和深加工业向优势产区和关键物流节点集中。农产品冷链物流体系不断完善，市场流通体系与储运加工布局有机衔接。农产品产地营销体系不断健全，农超、农企[③]等形式的产销对接不断发展，一些企业尝试在城市社区设立鲜活农产品直销网点。

---

① 楼继伟：《提高劳动力市场灵活性和全要素生产率》，《企业家日报》2016 年 3 月 18 日。

② 工资平缓上涨并不能随时刺激劳动供给，在一定区间内，即便工资上涨也不会导致供给增加，只有在达到一定阈值后，劳动供给才会跳入下一区间，促使农民工做出进城务工的行为决定。参见丁守海：《劳动剩余条件下的供给不足与工资上涨——基于家庭分工的视角》，《中国社会科学》2011 年第 5 期。

③ 农超：农民对接超市；农企：农民对接企业。

经过多年发展，农业多种功能不断扩展。农业与旅游、教育、文化、健康养老等产业深度融合。多种形式的农家乐大量出现。一批具有历史、地域、民族特点的特色旅游村镇和乡村旅游示范村发展了新型乡村旅游休闲产品。农业新型业态发展。"互联网+现代农业"推进了现代信息技术应用于农业生产、经营、管理和服务。农产品电子商务发展，配送及综合服务网络不断完善，本地鲜活农产品供应保障能力提高。

对于进城务工人员来说，新经济通过新就业增加了收入。网约配送员、网约车驾驶员等是主要的新就业形态。新就业形态匹配效率高。新就业形态依托互联网、大数据等新技术来组织劳动力资源，极大降低了交易成本，提高了劳动者与消费者的匹配效率，实现了劳动供需快速对接。组织方式新。新就业形态下劳动者与工作岗位的关系不再像传统产业模式下那样紧密，二者间关于薪酬、工作时间、地点等内容的约定呈现更加灵活化的特征。就业观念新。新就业形态的出现让一些劳动者更愿意从事灵活性、自主性高的工作。

新经济在发展的同时，也带来了劳动阶层两极化、收入差距扩大化两个方面的新问题。新技术革命推动了劳动阶层内部出现分化，就业的技能偏向型突出，高技能、高人力资本的劳动者就业增长和工资增长速度更快，而低技能、低人力资本的劳动者就业及工资增长缓慢，尤其工业和生产性服务业内部分化更为突出。

二 新经济概念的界定

（一）新经济概念

政府文件中最早使用"新经济"提法的，是 2014 年 10 月出台的《国务院关于加快科技服务业发展的若干意见》。该意见提出"加快科技服务业发展……是调整优化产业结构、培育新经济增长点的重要举措……"。2015年 7 月出台的《国务院关于积极推进"互联网+"行动的指导意见》提出

"到 2025 年，网络化、智能化、服务化、协同化的'互联网＋'产业生态体系基本完善，'互联网＋'新经济形态初步形成，'互联网＋'成为经济社会创新发展的重要驱动力量"。在《国务院办公厅关于对全国第二次大督查发现的典型经验做法给予表扬的通报》中，新经济被具体地表述为新技术、新产业、新模式、新业态。除了直接推进新经济工作的文件之外，"新经济"一词还频繁出现在其他有关领域。例如，2016 年出台的《国务院办公厅关于建设大众创业万众创新示范基地的实施意见》提出"加快发展新经济、培育发展新动能、打造发展新引擎"；2017 年出台的《全国国土规划纲要（2016—2030 年）》提出"形成以点带线、由线到面的新经济增长极和增长带"；2017 年《"十三五"促进就业规划》提出"加快发展平台经济等新经济形态"。

2015 年的政府工作报告指出：（我国）新产业、新业态、新商业模式不断涌现。2016 年的政府工作报告指出：当前我国发展正处于这样一个关键时期，必须培育壮大新动能，加快发展新经济。2017 年的政府工作报告指出：以新技术新业态新模式，推动传统产业生产、管理和营销模式变革。2016 年和 2017 年的政府工作报告还都提出：加强对新就业形态的支持。据报道，2016 年国务院总理李克强在会见采访十二届全国人民代表大会四次会议的中外记者时指出，"新经济"的覆盖面和内涵是很广泛的，它涉及第一、二、三产业，不仅是指三产中的"互联网＋"、物联网、云计算、电子商务等新兴产业和业态，也包括工业制造当中的智能制造、大规模的定制化生产等，还涉及第一产业当中有利于推进适度规模经营的家庭农场、股份合作制，农村第一、二、三产融合发展等。而且，发展"新经济"，小微企业可以大有作为，大企业可以有更大作为。时至今日，虽然各界仍对"什么是新经济"抱有不同的看法，但也都认为新经济是产业变革的方向，因此，各界都对新经济的发展给予了高度重视和大力推动。

当重大科技进步出现时，一批企业家汇集在某个产业方向上进行集中创新，这时创新活动从个体行为上升到产业层面和宏观层面，从而产生了"新经济"。新经济是将科技成果转化为生产力的必由之路，是推动经济增长最可持续的动力。在当今时代，通过产业层面的创新活动，带动产业发展和经济增长以及业态融合的"新经济"已经成为普遍现象。

（二）新经济的统计口径

2018年，国家统计局参照《战略性新兴产业分类（2017）（试行）》、《高技术产业（制造业）分类（2017）》、《高技术产业（服务业）分类（2018）》、《国家科技服务业统计分类（2015）》等相关统计分类标准，发布了《新产业新业态新商业模式统计分类》，分类的范围包括：现代农林牧渔业、先进制造业、新型能源活动、节能环保活动、互联网与现代信息技术服务、现代技术服务与创新创业服务、现代生产性服务活动、新型生活性服务活动、现代综合管理活动。分类采用线分类法和分层次编码方法，将"三新"活动划分为三层，第一层为大类，用2位数字表示，共有9个大类；第二层为中类，用4位数字表示，共有63个中类；第三层为小类，用6位数字表示，共有353个小类。

国家统计局公布，2020年我国"三新"经济增加值为169254亿元，比2019年增长4.5%（未扣除价格因素），比同期国内生产总值（GDP）现价增速高1.5个百分点；相当于GDP的17.08%，比2019年提高0.7个百分点。

三 新经济及其就业的规模和结构

参考目前的统计资料，尤其是国家统计局《新产业、新业态、新商业模式专项统计报表制度》，结合《中国统计年鉴》中的《投入产出表》，我们计算了新经济的规模、结构，以及直接和间接贡献。首先，我们赋予《投入产出表》中的每一个行业一个权重，以此来代表新经济在这个行业中的比重。其次，利用产业间投入产出关系，推算新经济的规模、结构，以及直接和间接贡献。以上测算方法被广泛地使用在国民经济核算领域，特别是在统计资料还不健全的情况下，用于对产业组的基本情况进行预估（张车伟等，2018；许宪春等，2020）。

利用投入产出技术和《投入产出表》能够大致计算出新经济发展对城乡共富的主要影响。我国目前发布的《投入产出表》，包括了139个行业的投入产出资料，还包括了收入法 GDP 的分项数据资料。使用《投入产出表》中每个行业劳动报酬，以及国家统计局发布的分行业城镇单位雇员和其他类型就业人员的平均工资，能够计算出《投入产出表》中细分行业的就业人员数量，能够大致估算出其中的城乡就业情况和收入情况。农民工的职业特征比较明显，农民工以小学、初中和高中学历为主。《中国劳动统计年鉴》提供了分行业的就业者的受教育程度构成，笔者按照小学+全部初中+0.33×高中的方式，得到私营企业中农民工的就业占比（表1-1），由此测算新经济各行业中农民工的就业规模，再根据《中国统计年鉴》提供的各行业私营企业平均工资测算新经济各行业中农民工的收入规模。

表1-1　私营企业中农民工的就业占比

单位：%

行业	2017 年	2020 年
农林牧渔	88	87
采矿	58	58
制造	67	68
电力、热力生产和供应	41	38
建筑	80	79
批发零售	61	61
交通运输、仓储和邮政	66	65
住宿和餐饮业	74	74
信息传输、软件和信息技术服务	19	18
金融	18	17
房地产	42	44
租赁和商务服务	38	36
科学研究和技术服务	20	16
水利、环境和公共设施管理	59	63

续表

行业	2017 年	2020 年
居民服务、修理和其他服务	70	71
教育	18	17
卫生和社会工作	23	18
文化、体育和娱乐	39	39
公共管理、社会保障和社会组织	23	22

资料来源：根据《中国劳动统计年鉴》计算。

我们测算，2020 年，新经济增加值为 15.8 万亿元，占全国 GDP 的比重为 15.6%。从就业规模来看，新经济的就业规模从 2007 年的 4191 万人提高到了 2020 年的 9548 万人，占全国就业人数的比重从 5.6% 提高到了 12.7%（见图 1-1）。2017～2020 年，就业占比没有特别明显的提高，就业规模还略有下降。原因主要是：（1）新经济就业的主要增长点——电子商务、网约车和快递物流、网络送餐三类平台的就业规模增长趋缓；（2）我国总就业规模下降。

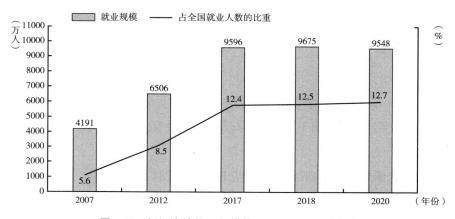

图 1-1 新经济的就业规模情况（2007～2020 年）

资料来源：根据《投入产出表》计算。

表 1-2　2020 年新经济的就业规模和结构

单位：万人，亿元

行业	新经济的就业规模	其中，私营经济	其中，农民工就业	农民工工资总额
农林牧渔	210.2	209.4	182.3	710.1
采矿	0	0	0	0
制造	2343.2	1602.7	1089.3	6308.2
电力、热力生产和供应	7	3.2	1.2	6.7
建筑	69.6	48.1	38.1	218.4
批发零售	3632.9	3302.4	2014.5	10680.4
交通运输、仓储和邮政	669	482.2	311	1782.7
住宿和餐饮业	257.5	222.3	164.1	693.5
信息传输、软件和信息技术服务	1405	918	162.8	1648.7
金融	156.4	70.5	11.9	98.3
房地产	0	0	0	0
租赁和商务服务	181.1	148.9	54.1	314.4
科学研究和技术服务	383.3	292.9	45.8	330.7
水利、环境和公共设施管理	2.4	0.3	0.2	0.8
居民服务、修理和其他服务	80.1	77.7	54.8	244
教育	20.4	0.8	0.1	0.7
卫生和社会工作	58.1	8	1.5	8.8
文化、体育和娱乐	70.8	55.8	21.8	111.8
公共管理、社会保障和社会组织	1	0.5	0.1	0.6
合计	9548.1	7443.8	4153.6	23159

资料来源：根据《投入产出表》计算。

四　新经济对农村劳动力就业和收入的拉动

（一）新经济中的农民工就业和收入的总体情况

新经济的发展对城乡共同富裕的影响，目前来看，可能有两种：一是新经济更多地推动城镇居民收入增长，包括城镇户籍居民和在城镇常住的农村户籍居民，对这两部分人的收入推增会起到加大城乡收入差距的作用。考虑到城镇常住的农村户籍居民可能寄回和带回一部分收入进入农村居民收入的统计范围，这个影响应该能够通过国家统计局住户调查数据观察到。我们预计寄回带回收入的影响较小。二是新经济通过新产业新技术新业态新商业模式对农村经济产生的带动作用，会提高农村居民的收入。这一影响结果起到了缩小城乡收入差距的作用。两种作用综合起来，一方面能够提高农村居民收入（通过寄回带回收入和农村经济获得收入），帮助其实现富裕；另一方面会扩大收入差距。

我们测算（见表1-2），新经济新就业中，农民工就业约4154万人，占全国就业人口的5.5%。这些就业岗位为农民工带来了约2.3万亿元的年收入，占全国居民可支配收入总额的5.1%。其中，对第一产业的从业者的收入带动约710亿元。新经济对拉动居民收入增长、实现城乡共同富裕起到了明显的积极作用。

分行业来看，新经济为农民工就业带来了第一产业182万个就业岗位，为第二产业创造了1129万个就业岗位，为第三产业创造了2843万个就业岗位。新就业岗位集中在制造业、批发零售业、交通运输仓储和邮政业、信息传输软件和信息技术服务业。实践证明，新经济符合社会需求，不仅自身能够扩大就业，而且智能技术能够大幅度降低一些岗位的技能要求，降低就业门槛。大力发展新经济尤其是平台经济，是促进低技能劳动者就业的重要途径。

从行业的地区分布来看，新经济中的农民工就业规模基本与地区经济总量成正比。新经济制造业中的农民工就业规模，前三位依次是广东、江苏、山东。新经济批发和零售业中的农民工就业规模，前三位依次是山东、广东、浙江。新经济交通运输、仓储和邮政业中的农民工就业规模，前三位依次是河南、河北、福建。新经济住宿和餐饮业中的农民工就业规模，前三位依次是河南、山东、广东。

从新经济中就业的农民工收入占行业劳动者报酬的比重来看，批发零售业是比重最高的行业（见表1-3）。从新经济中就业的农民工收入占各地区居民收入的比重来看，福建、山东等农民工就业大省是比重最高的，北京和上海等对人力资本水平和技能水平要求更高的地区，农民工的收入占比较低（见表1-4）。

表 1-3　新经济中就业的农民工收入占行业劳动者报酬的比重

单位：%

农林牧渔业	采矿业	制造业	电热燃水	建筑业	批发零售业	交通运输仓储和邮政	住宿和餐饮业	信息传输、软件和信息技术服务	金融业
0.90	0	7	1	0.50	20.50	7.70	8.20	8	0.50

房地产业	租赁和商务服务业	科学研究和技术服务	水利、环境和公共设施管理	居民服务、修理和其他服务业	教育	卫生和社会工作	文化、体育和娱乐业	公共管理、社会保障和社会组织
0	1.20	1.80	0	1.90	0	0.10	2.20	0

资料来源：根据《投入产出表》计算。

表 1-4　新经济中就业的农民工收入占各地区居民收入的比重

单位：%

省份	比重	省份	比重
北京	0.80	河南	3.70
天津	3.70	湖北	3.80
河北	4.40	湖南	3.20
山西	2.30	广东	3.50
内蒙古	2.70	广西	2.80
辽宁	1.90	海南	2.80
吉林	3.10	重庆	3.20
黑龙江	1.10	四川	2.50
上海	1.00	贵州	2.50
江苏	3.80	云南	1.90
浙江	3.80	西藏	0.00
安徽	3.50	陕西	3.00
福建	5.20	甘肃	2.10
江西	2.60	青海	2.40
山东	5.00	宁夏	3.00
		新疆	2.30

资料来源：根据《投入产出表》计算。

（二）各地区新经济中的农民工就业和收入的特点

各地区的产业结构不同，新经济中的农民工分布也有不同的特点。大部分地区，新经济中农民工就业规模居前两位的是制造业或者批发零售业。比如，山东和海南居第一位的是批发零售业，分别为 42.4% 和 47.4%，广东和河南居第一位的是制造业，分别为 42.2% 和 35.4%。北京新经济中农民工就业规模居第一位的是住宿餐饮业，占比为 27.3%。

东部地区的新经济中的制造业农民工就业，在各地区全部新经济农民工就业中的比重最高，接近 40%，中部地区约为 32%，西部地区约为 25%，东北地区约为 28%。中西部地区的新经济中的农民工就业更偏向于批发零售业、交通运输仓储和邮政业、住宿和餐饮业。

在新经济影响下，东部地区第三产业就业人数相对于第二产业就业人数增加显著。东部地区经济总量大、人均收入高，能够吸纳的就业者更多；高技术行业发展程度高、带动效应大，就业吸纳能力也就更强。

（三）三类人群成为中等收入群体的重要来源

伴随新经济的发展，一批从事新职业和灵活就业的群体异军突起，特别是其中的进城农民工已经成为扩大中等收入群体规模的重点人群。2020 年，进城农民工的就业中，电子商务平台直接吸纳就业和创业的规模约 2015 万人，网络约车平台和快递物流平台新就业形态的就业规模约 311 万人，网络送餐平台新就业形态的就业规模 164 万人。3 类人群总收入约 1.3 万亿元，占新经济就业全部农民工收入的 60%，人均年收入约 5.3 万元。平台经济和零工经济通过提供收入安全网所发挥的保障作用明显。

新经济就业的农民工，已经开始具有中等收入特征。第一是以骑手、快递为代表的新就业农民工，其收入水平显著高于从事传统制造业或建筑业的农民工，不同指标测算显示 60%~80% 的骑手和快递属于中等收入群体；第二是不稳定特征，"中等收入"其实是建立在"高强度""低保障"的基础上的，因而其职业发展呈现焦虑性和短期性；第三是追求灵活性的特征，重视工作与生活、工作与家庭的平衡。平台经济和零工经济降低了创业风险，提高了创业整体质量。据统计，外卖平台的进入平均而言会减少约 4.7% 的地区创业活动，受影响的主要是个体户等非法人企业。

（四）关注就业两极化现象

我国已经进入中等收入阶段，正处在结构转型、产业升级的关键时期，劳动力市场也在发生深刻变化。农民工的行业与职业分布总体稳定，就业质量在不断改善，工资水平持续快速上涨，尤其普通工人工资增长更快，不同群体间工资趋同现象越来越明显。农民工就业结构总体上呈现"就业升级"的特征，与经济结构转型升级总体方向相符，但"就业两极化"（Job Polarization）迹象已经显现，低端和高端岗位增长较快，而中等岗位减少或增长缓慢。

我们观察了中国就业结构变动特征，使用国家统计局 2005 年全国 1% 人口抽样调查数据和 2010 年第六次全国人口普查抽样数据，发现就业两极化是存在的，至少在一些就业群体和一些行业中是存在的。新经济新就业促进了"就业两极化"。新技术、新产业革命带来了一些变化。

在共享经济、电子商务等新就业领域，利用互联网平台大幅度地降低交易成本，实现供求双方的迅速对接，这样的就业形态使得就业者与某种具体形态的经济组织的关系弱化，就业的灵活性大幅度提高。这一类就业者的就业观念往往更新，他们或是正在创业的就业者，或是撰稿人、艺人、网络主播、教练、美容师、翻译员等自由职业者，或是外卖平台送餐员等多重职业者。这些就业者的自雇与他雇的边界已经模糊化。而且，不论是强势群体还是弱势群体，都可以借助新经济获得收入。因此，即便传统意义上的工作机会很少，人们仍会找到工作，这就是新就业形态的核心意义。它是一种跨企业的组织经济。当然，去组织化的就业模式打破了雇主对就业者的传统雇用关系，新就业形态也面临着就业安全性的风险。

新经济新就业农民工人员主要特点：一是劳动技能低。多数就业人员从事的岗位技术偏低，致使收入偏低、工作不稳定。二是文化偏低、年龄偏大。大多数就业者普遍存在年龄偏大、文化程度不高、竞争就业能力差等特点，他们只能从事临时的、技能要求低、时间要求不严格的一些工作，也可以说，就业人员很多是就业困难群体。三是组织程度低。由于就业人员的工作内容、劳动方式多种多样，他们中的很多人都是在独立完成工作任务，十分分散，群体组织少，他们获得职业技能培训的机会比较少。在新经济中，他们往往只能和一些初级技能的就业岗位相匹配。

灵活就业是新经济新就业的重要就业形态。由于灵活就业人员形式多种多样，工作的不稳定性，直接影响到灵活就业人员参加医疗保险的连续性，因此大部分灵活就业人员没有参加社会保险，灵活就业群体参保率低。例如，部分外卖小哥、快递员、临时工等工作性质存在一定危险性，但因大部分外卖小哥、快递员等无用人单位，没有用人单位为其购买工伤保险，他们工作期间一旦受伤后，很难得到赔偿。

五 建立灵活就业市场综合监测办法

随着平台经济发展，我国灵活就业规模越来越大，对经济形势反应迅速敏感，对于决策层判断全国就业形势具有重要的意义。国家统计局发布，2021年我国灵活就业人员已经达到2亿人左右。一些平台外卖骑手达到400多万人；有的平台上从事主播及相关岗位的从业人员160多万人，比上年增加近3倍。2019年，政府首次将就业优先政策置于宏观政策层面，旨在强化各方面重视就业、支持就业的导向。但是，传统的就业统计工作主要聚焦在单位就业和私营企业就业，对新就业形态关注度不高。而事实上，灵活就业的形势能够反映经济形势和就业形势变化，能够反映就业弱势群体的民生状态，因此，灵活就业综合指数能够为宏观经济调控决策发挥更好的基础性参考作用。

目前各方统计体系缺少灵活就业这一重要环节。我国作为有14亿人口的发展中大国，实现比较充分就业至关重要。新就业，主要是平台从业人员就业，也被称为灵活就业。我们认为，近年来，在我国经济下行压力加大的同时，城镇调查失业率能够一直维持在较低的水平，这与新就业形态的发展有密切的关系。

目前，反映劳动力市场的权威数据是国家统计局发布的城镇调查失业率。这一指标存在三个方面不足。一是调查失业率迄今也只是每月发布一个数字，它的调查频率和密度不足；二是既缺乏不同劳动力年龄段的细分，也未有各地区可观察的信息；三是依赖主观性很强的问卷调查，因缺乏客观标准，其测量信度和效度仍令人存疑。另外，人社部新增就业数字由于大量重复计算，实际上只能起到对地方就业工作的督促作用，不能作为决策参考。中国人民大学 CIER 指数，与人社部求人倍率指标的功能高度重叠，影响力受限。

实现更充分更高质量就业，灵活就业不可或缺。传统灵活就业市场存在四个方面的问题，制约其发展。一是农村转移劳动力缺少一技之长，导致企业宁愿培养一个全日制产业工人，也不愿招收灵活就业工人。二是灵活用工流动性较大给企业管理造成不便，严重制约灵活用工的发展速度。三是灵活用工与企业之间相互信任难，无法实现快速找工招工进岗入职。四是恶意拖欠工资、老板跑路等现象严重，维权难让灵活用工难以普及。

新就业形态极大地缓解了传统灵活就业市场的问题，对劳动力市场的两大关键问题——灵活性和稳定性有了更好的平衡。与传统就业方式相比，依靠平台的灵活就业可以更自由地安排工作时间，更大程度释放劳动者自主性，同时还具备可长期从事、多劳多得、预期较稳定等特征，兼顾了灵活性与稳定性。因此，利用现有数据，通过观察灵活就业形势，评估灵活就业形势的灵活性和稳定性，能够为宏观经济调控决策发挥参考作用。这是构建灵活就业综合指数的关键。

社会各界关注灵活就业是大势所趋，拿到灵活就业问题"话筒"，掌握部分灵活就业问题话语权，是企业担负社会责任的重要表现。党的十九届四中全会指出：要健全有利于更充分更高质量就业的促进机制。新就业形态正在不断改变工业经济主导的就业格局，这对政府的就业政策也提出了挑战，需要提前研究探索，积极稳妥地调整应对，让新就业形态更好地生长。总之，政府希望和企业来共同应对这一挑战。

目前来看，新就业形态不仅提供了大量的工作机会，而且其弹性大的工作形态有效地减缓经济外生冲击对就业的影响，从业者直面客户、自我负责的工作态度有助于培养其职业素养和工匠精神，多渠道灵活就业机制有利于时间使用、减少隐性失业，稳定可预期的收入是灵活就业规模不断增大的根本动力。从这个意义上说，新就业形态是现阶段实现更充分更高质量就业，尤其是较低教育程度劳动者更好就业的重要路径。构建灵活就业综合指数，就是要在这些方面更好地发挥为决策层提供基础性决策依据的功能。

构建灵活就业综合指数的建议。我们从就业机会和工作收入两个方面评估灵活就业的灵活性和稳定性。能够通过灵活就业获得收入的人员数量，就是灵活就业的规模，也就是就业机会。这一规模的大小和增长情况主要受到总量和结构两个方面因素的影响。扩大经济总规模或者消费总需求能够直接带来灵活就业规模的增长，这是总量因素。产业结构和消费结构的调整升级会使得灵活就业在总就业中的比重发生变化，灵活就业内部结构也会相应变化，这是结构因素。灵活就业能够随着经济总规模或消费总需求扩大而增长，表现了灵活就业的稳定性；灵活就业能够随着产业结构或消费结构变化而调整，表现了灵活就业的灵活性。

灵活就业人员获得的工作收入，其稳定性和灵活性主要受到经济形势的影响。在订单多、单价高、工作时间长的时候，灵活就业人员的工作收入就会高；订单少、单价低、工作时间短的时候，灵活就业人员的工作收入就会低。研究重点应该包括：①利用结构加权方法，构建灵活就业机会指数。②利用结构加权方法，构建灵活就业收入指数。③构建包括就业、收入、工时信息的灵活就业综合指数。④视数据情况，构建反映各省、市、自治区的灵活就业综合指数。

研究难点：①新经济新业态对劳动力市场产生了深刻影响，表现为增加就业机会、丰富就业形态两个方面。而平台经济的数据，集中于骑手群体。怎样通过现有数据，构建不仅包括骑手，还包括其他方面灵活就业者的全面反映灵活就业的指数，是研究难点。解决这一难点，关键在于取得灵活就业市场的基本情况资料。对此，可以邀请国家统计局对口专家利用其数据资料进行协助，共同构建不同区块的灵活就业权重。利用这一权重，结合某频率（每月或者每周）平台就业数据子样本，可以构建反映全国灵活就业机会的指数。

②在灵活就业区块权重的基础上，结合某频率（每月或者每周）用工平台（如美团等）就业人员工作收入数据子样本，可以构建反映全国灵活就业收入的指数。这里的工作收入，是指就业人员日收入。它应由两个方面指标加权构成。一是工作时长，二是工作时间内每小时收入。工作时长和工作时间内每小时收入两者变化方向的不同组合，反映了不同的经济形势。比如，如果工作时长和小时收入同时普遍增长，说明经济形势向好。如果工作时长和小时收入同时普遍下降，说明某个区块的灵活就业形势可能处于不景气状态。

③指数纠偏机制和风险控制。作为能够反映宏观经济走势的指标，灵活就业机会指数和灵活就业收入指数都应该引入纠偏机制，防止出现与大环境较长时间偏离的风险发生。纠偏的方法是在指数构建中，引入趋势性宏观指标作为锚。由于两个指数既有总结过去也有预测未来的作用，因此，可以从先行宏观指标和事后指标中分别选取。目前，我国宏观经济指标中，可用的高频率先行指标是各类"采购经理指数"，由国家统计局月度发布。其中，可以将制造业采购经理指数和非制造业采购经理指数的差值作为灵活就业两个指数的先行指标，引入指数算法中来。先行指标尽管具有前瞻性，但毕竟可选用的指标数量少，因此必须使用事后指标对灵活就业两类指数进行事后纠偏。具体办法是使用下月先行指标和当月事后指标的加权指数作为灵活就业两类指数的锚。国家统计局发布的月度事后指标数据量较大，可以供我们从容选取。

六　结论和政策建议

新就业形态具体种类较多，缺乏规制，劳动保护弱化。新经济中，很多就业岗位不存在固定唯一雇主、不存在固定工作场所，就业者流动性很强，很多属于依靠网络平台的自由职业者。他们劳动关系判别困难，社会保险缴费和接续困难，劳动保护弱化。这一就业形态缺少相关法律的保护，容易产生劳动纠纷。一些劳动者技能老化加快，就业结构性矛盾更加凸显。未来较长时期内，人岗不匹配的结构性矛盾仍将成为就业领域的主要矛盾，"招工难"与"就业难"将继续存在。高层次人才和技能人才短缺问题会更加突出，一些低技能劳动者就业困难。

新经济必将消灭一批旧岗位，创造一批新岗位。要适应这样的就业形势新变化，在微观层面，要求每个劳动者不断学习新知识新技能；在宏观层面，要求社会政策有效托底就业弱势群体。在新业态背景下扩大中等收入群体，既要重视就业稳定性也要重视就业灵活性，在稳就业稳收入的同时也要适应就业的灵活性和流动性。在未来社会中，灵活就业、身兼数职可能成为常态，人们更注重工作与兴趣、家庭、生活相协调。认清这一发展趋势，应积极探索符合新经济新职业发展需求的稳收入对策措施。

其一，培育新动能，拉动更多就业。要统筹发挥市场与政府作用，增强经济发展创造就业岗位的能力。全面实施战略性新兴产业发展规划，大力发展新兴产业新兴业态，不断拓展新兴就业领域。推进新产品、新服务应用示范，加快产业化进程，持续释放吸纳就业潜力。加快发展各类新经济形态，催生更多微经济主体，培育更多跨界融合、面向未来的就业创业沃土，开发更多新型就业模式。要完善创新创造利益回报机制，激发经济升级和扩大就业内生动力。

其二，提升人力资本水平，适应就业结构升级。在新形势下，我国人力资本的培育应采取新思路，在继续提高劳动者受教育水平的同时，应注重提高劳动者的技能，完善人力资本培训的内容、方法与机制，以及鼓励劳动者在人力资本积累和提升过程中的积极参与，从而进一步促进中国人力资本的积累。

其三，构建灵活指数，监测灵活就业市场动态。灵活就业规模大，对经济形势反应迅速敏感，对于决策层判断全国就业形势具有重要的意义。2019

年，政府首次将就业优先政策置于宏观政策层面，旨在强化各方面重视就业、支持就业的导向。但是，传统的就业统计工作主要聚焦于单位就业和私营企业就业，对新就业形态关注度不高。而事实上，灵活就业的形势能够反映经济形势和就业形势变化，能够反映就业弱势群体的民生状态，因此，灵活就业综合指数能够为宏观经济调控决策发挥更好的基础性参考作用。

其四，扩大中等收入群体应做到"稳中容变"。从为社会创造更多财富和提供更多就业机会的角度，应该优先做大就业规模和收入规模，在满足就业的灵活性、流动性之后，再考虑加强民生保障。新经济有新规律，目前的社保制度是适合工业化大生产的制度，新就业是不是适合在工业社保制度下运行，还需要时间观察。当前新经济新就业形势下，很多农民工稳定在同一份工作上不太可能，即使企业希望如此，从业者也难以做到；此外，稳定在同一种劳动强度上的高收入也不现实。只有灵活，才可能基本维持中等收入者生活水平，为扩大中等收入群体打下基础。

参考文献

丁守海：《劳动剩余条件下的供给不足与工资上涨——基于家庭分工的视角》，《中国社会科学》2011 年第 5 期。

都阳：《劳动力市场转折、新技术变革与城乡融合发展》，《人民论坛·学术前沿》2021 年第 2 期。

楼继伟：《提高劳动力市场灵活性和全要素生产率》，《企业家日报》2016 年 3 月 18 日。

许宪春、张美慧：《中国数字经济规模测算研究——基于国际比较的视角》，《中国工业经济》2020 年第 5 期。

张车伟、赵文、程杰：《中国大健康产业：属性、范围与规模测算》，《中国人口科学》2018 年第 5 期。

第二章
江西省农村转移人口就业及农业农村发展研究

易外庚　杨　舸　马晋文*

党的二十大报告指出，加快建设农业强国，扎实推动乡村产业、人才、文化、生态、组织振兴，明确了乡村振兴的五个方面。2022 年中央一号文件《中共中央国务院关于做好 2022 年全面推进乡村振兴重点工作的意见》发布，这是 21 世纪以来第 19 个指导"三农"工作的中央一号文件，提出接续全面推进乡村振兴，确保农业稳产增产、农民稳步增收、农村稳定安宁。① 对于广大农村地区而言，全面推进乡村振兴、优先发展农村和农业，需要有效利用农村回流劳动力，提高农民参与农村现代化建设的积极性，促进"三农"高质量发展（文丰安，2021）。江西作为外出务工大省，长期大规模农村劳动力乡城流动，农村空心化、农业边缘化、农民老龄化严重，不利于乡村振兴。国家统计局《2021 年农民工监测调查报告》数据显示，当前我国有超过 2.9 亿农民工往返于农村和城市间就业，2021 年选择本地就业的农民工比上年增加 478 万人，选择外出务工的农民工比上年增加 208 万

＊　易外庚，江西省社会科学院社会学研究所所长、研究员。杨舸，江西省社会科学院社会学研究所研究员。马晋文，江西省社会科学院社会学研究所助理研究员。

①　《瞭望｜一号文件绘制乡村振兴"施工图"》，https：//baijiahao. baidu. com/s？ id = 1727264494322634406&wfr＝spider&for＝pc。

人，本地就业农民工增速高于外出务工农民工，① 从输入地来看，流向中部和西部的农民工人数增长较快，成为农村劳动力就业的一个显著特征。就业是民生之本，农村劳动力高质量就业，是实现乡村振兴的重要途径。基于此，在实施乡村振兴战略背景下，面对农村劳动力流动的新特征，推进农村转移劳动力就业具有重要意义。

一 江西省农村转移人口就业

根据江西省统计局数据，截至 2020 年底，江西省共有 1237.3 万农民工，比上年下降 1.6%，其中省内农民工 420.2 万人、省外农民工 817.1 万人。江西省农村转移人口就业的现状如下。

（一）农民工总量持续增长，增速明显变缓

据统计，2012~2020 年江西省外出务工人员总数从 756.3 万人增加到 1237.3 万人，增速从 2012 年的 3% 下降至 2019 年的 1.5%。受新冠疫情影响，2020 年外出务工人数首次出现负增长，同比下降 1.6%，略有减少，虽在 2021 年又恢复增长并创新高，但增速明显减缓。全省新增转移农村劳动力从 2012 年的 53.3 万人增长至 2020 年的 58.9 万人（见图 2-1）。

（二）东部沿海地区仍为农民工的主要流入地

从流入省份看，江西省外出务工人员对东部沿海地区有较高的依存度，东部沿海地区仍是江西外出务工人员的主要流入地。对沿海外向型经济的高度依存性与江西省外出务工人员的就业息息相关。根据江西省统计局数据，2019 年 6 月份，东部地区的江西籍农民工占江西省农民工总数的 61%。虽然从全国数据《2021 年农民工监测调查报告》来看，农民工的主要输入地

---

① 国家统计局：《2021 年农民工监测调查报告》. http：//www. stats. gov. cn/tjsj/zxfb. /202204/t20220429_ 1830126. html。

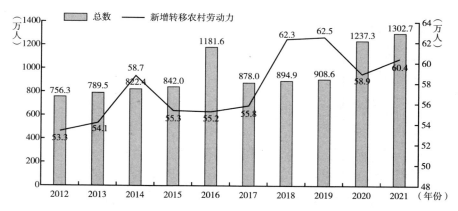

图 2-1 2012~2021 年江西省外出务工人员总数及新增农村转移劳动力走势

资料来源：相关年份江西统计年鉴。

为中部地区，但就江西本省的情况来看，在东部地区就业的农民工仍然占绝对优势，且有增长的趋势。具体来看，根据江西省调查总队的数据，江西省农民工流入的主要省份为广东、浙江、福建、上海、江苏、湖北、北京等地（见图 2-2）。在这些主要流入地，广东排名第一，其次是浙江，在其他流入省份数据在减少或持平的同时，流入广东和浙江的农民工整体呈上升趋势，且流入大省广东的上升趋势明显。从分布行业看，第二产业为吸纳农民工就业最主要的产业，江西农民工在第二产业从业人数占比超过一半，主要集中在劳动密集型的制造业与建筑业，从事第三产业的农民工主要分布在居民服务修理、批发零售业和其他服务业。

（三）工资性收入和经营性收入是农村居民收入的主要来源

从收入结构来看，工资性收入和经营性收入是农村居民收入的主要来源，总和占比保持在 75% 以上。根据江西省统计局数据，2010~2021 年农村居民工资性收入占人均可支配收入的比重在逐渐增长，从 37.1% 增长到 43%，经营净收入占人均可支配收入的比重在不断下降，从 60.3% 下降到 34.5%。但农村居民的收入渠道较窄，财产性收入一直是弱项，农村居民财产性收入占人均可支配收入的比重不足 2%。农村居民的工资性收入和

图 2-2　江西省分地区农民工总数变化（2017 年 12 月~2019 年 6 月）

资料来源：国家统计局江西调查总队。

经营性收入对家庭收入和稳定起关键作用，其中农民工群体的务工收入是其工资性收入的主要来源，由此可见，稳定农民工工资性收入是非常重要的。

（四）跨省农民工回流趋势稍有加强，但未出现大规模返乡潮

2012~2020 年期间，江西省农民工数量从 756.3 万人增加到 1237.3 万人，增加了 481 万人，其中新增本地农民工为 186.6 万人，占新增人数的 38.8%，省内农民工数量变化较小，农民工群体没有出现大规模返乡潮。从数据看，江西省省内农民工占比从 2012 年 31% 上升到 2020 年的 34%，返乡劳动力数量增加，农民工流动范围趋向于短距离化，省内流动的比例逐步上升，更趋向于就近务工（图 2-3）。

就省内农民工而言，县域是一个分界点。江西省县域内农民工数量变化较小，据江西省统计局数据，乡外县内外出务工人员数量相对平稳，近三年一直维持在 160 万人左右，但省内县外外出务工人员总数在不断增加，2017~2019 年本省县外外出务工人员总数从 102.5 万人增加到 154.7 万人，增长 50.9%，江西省省内农民工趋向于跨县就业（见图 2-4）。

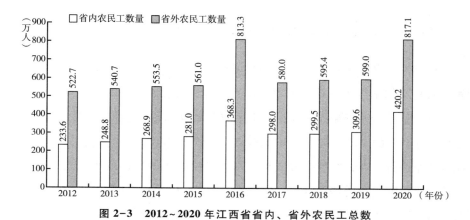

图2-3 2012~2020年江西省省内、省外农民工总数

资料来源：相关年份江西省统计年鉴。

图2-4 江西省省内农民工分地域总数（2017年12月~2019年6月）

资料来源：国家统计局江西调查总队。

二 江西省农村转移人口就业面临的机遇和挑战

从整体上看，江西农业转移人口就业规模持续增加，就业质量显著提高，收入水平日益提升，这与持续扩大并保障农民工就业的政策扶持、市场优化分不开，同时转移人口就业在面对劳动市场风险方面也存在一些挑战。具体情况如下。

（一）就业创业条件日渐成熟

近年来，江西围绕制约农业农村发展的重点领域和关键环节，纵深推进农业农村改革出台了一系列惠农政策，助推三农发展。

首先，出台完善和强化扶持农业发展的政策，进一步调动农民工就业创业积极性。全面完成农村承包地确权登记颁证工作，基本完成农村集体产权制度改革整省试点，稳步推进农村宅基地制度改革试点；聚焦农业经营体系改革，实施家庭农场培育计划、农民合作社规范提升行动，加快推动新型农业经营主体高质量发展，预计到 2025 年末，全省农民合作社和家庭农场数量分别达到 9 万家和 14 万家左右，全省农民合作社联合社达到 700 家左右，县级家庭农场联合分会全覆盖；另外，江西出台关于建立涉农资金统筹整合长效机制、关于调整完善土地出让收入使用范围优先支持乡村振兴等文件，巩固提升"财政惠农信贷通"工作，创新开展特色农业价格（收入）保险等试点。

其次，积极应对疫情不利影响，实现稳岗增收。为减少新冠疫情等因素对外省农民工就业的影响，2022 年 7 月，江西省政府办公厅印发《江西省人民政府办公厅关于促进农民工就业创业 10 条措施的通知》，各地充分发挥支持农民工返乡就业创业政策的作用，加强农村劳动力统计监测，加大对农民工返乡创业的资金扶持，支持就业吸纳能力较强的新业态新模式发展，鼓励、支持和引导返乡农民工就业创业，同时加强农民工技能培训，提升其职业技能，助力返乡农民工尽快找到新岗位。

乡村振兴带来新的红利。党的二十大报告明确提出了乡村振兴战略实施的总要求，实现这些目标离不开人的支持和参与，返乡劳动力是乡村振兴的重要人力资本。伴随着江西经济社会加快发展、收入差距不断缩小、社会保障等公共服务水平不断提高，宏观政策导向、产业区域转移、家庭生计需求、个人发展诉求等因素促使农民工回流趋势明显、数量规模与日俱增（王春光，2022）。在城市中吸收了经验技术和先进理念的青壮年劳动力返回家乡，一部分当初"走出去"的劳动力愿意留在农村，将他们在城市务工学到的先进技术、经营理念同家乡的资源、条件、优势和自己多年积累起来的资本整合起来回乡创业。

根据农业农村部数据，截至 2020 年 7 月底，全国新增返乡留乡农民工就地就近就业 1300 多万人，其中有 5% 的返乡留乡农民工通过云视频、直播直销、民俗特类产业等新业态创业，成为一批服务农业、扎根乡村的创新创业新群体。根据江西省农业农村产业发展服务中心数据，截至 2021 年 8 月，全省承包地确权颁证率达 97.3%，1.7 万余个村级集体全部成立了（股份）经济合作社，累计培育农民合作社 7.43 万家、家庭农场 9.2 万家。农民工返乡就业创业激发和带动了乡村全面振兴的内生动力。

（二）数字经济赋能乡村振兴，打造稳岗就业新高地

没有经济的发展，就没有就业的增长。近年来，江西省坚持将稳增长放在第一位，牢牢抓住数字经济发展机遇，以数字技术与实体经济深度融合为主，做优做强"一号发展工程"，加快构建全省数字经济生态体系，促进经济、政府、社会各领域数字化转型，大力推广新零售，建设移动支付之省，引导发展共享经济，培育"宅经济""线上经济"等。2021 年，江西数字经济总量突破万亿元，增速位列全国第三，占 GDP 的比重达到 35%，数字经济成为江西经济高质量发展新引擎，数字经济为农村电商发展提供了平台，各地围绕数字经济，充分挖掘乡村振兴潜能，在农业发展、农村治理和农民生活等方面不断探索新的发展方式，促进传统农业生产、经营、交易的数字化转型，电商销售成为农产品销售的重要渠道，也成为农民增收的新支撑，据监测，2021 年江西全省网络零售额达 1926.2 亿元，增速高于全国 10.4 个百分点、居全国第 4 位。

同时，全省深入推进营商环境优化升级"一号改革工程"，为返乡创业提供强有力服务保障，营造良好的返乡创业营商环境。江西省委、省政府高度重视"三请三回"工作，每年将"三请三回"工作纳入省政府工作报告重点推进事项，据统计，各地开展"三请三回"以来，全省共签约亿元以上"三友"投资项目 1389 个，广大赣商积极投资家乡，全省实际利用赣商投资金额超 2700 亿元，数字经济大发展、营商环境大提升，将为满足多层次的人才需求提供平台和机遇。

（三）疫情防控常态化和经济下行带来不确定不稳定因素

疫情防控常态化的形势下，全球经济复苏动力较弱，外部环境更趋严峻复杂，对就业带来较大的影响。2022年，江西省内疫情多点散发，产业链、物流链受到冲击，居民生产经营和充分就业遇到困难，短期内加大了收入增长的难度。国家统计局江西调查总队数据显示，2022年上半年全省居民人均可支配收入增速较第一季度有所回落，农村居民收入增速回落0.2个百分点。多点散发疫情导致劳动密集型产业或对人口流动、物资运输等依赖度较高行业的恢复受到限制，农民工因其流动的特征，同样面临着返城复工难、失业、收入降低等困难。就业问题成为疫情常态化及经济下行背景下急需解决的社会问题。

企业用工与返乡劳动力供需结构矛盾依然突出。供需结构性矛盾主要体现在"招工难"和"就业难"两个方面。根据人社部发布的2022年第二季度全国招聘大于求职"最缺工"的职业排行，100个职业中有37个属于生产制造及有关人员，制造业缺工状况持续，产业缺工情况较为突出。另外，每年还有超过200万的劳动力流出制造业。目前江西面临的招工难题主要是缺少生产线操作工和高技术人才。江西省开发区企业岗位呈现结构性缺口差异与总体性需求下降的双重特征。调查发现，江西省企业用工与务工人员之间的需求有一定的差异，倒逼机制影响务工人员的就业。从江西省工业和信息化委员会工业园区智慧云平台数据显示，2019年2月，江西省工业用工需求为17834人，而2020年同期，用工需求减少了5000多岗位。用工需求减少，给就业带来了巨大压力，而不同地域间的招工竞争、专业不对口、收入差异大、青年人就业观念转变等原因，给招工带来了一定的难题。供需矛盾交织下，如何促进高中低劳动群体的就业，成为解决问题的关键。

（四）支撑乡村振兴的农村劳动力水平亟待提高

乡村振兴不仅需要产业发展，也需要人才支撑。充足数量和较高素质的农村劳动力是乡村振兴的根本保障。一是农民工自身能力有限，存在转岗难度较大问题。近年来，随着劳动力不断从农村向城镇转移，农村年轻而强壮的劳动力不断减少。据统计，从就业地区看，留在乡村的农民工大龄比例更高，本地农民工平均年龄从 2017 年的 44.8 岁上升至 2021 年的 46 岁，外出农民工从 2017 年的 34.3 岁上升至 2021 年的 36.8 岁。[①] 部分农民工返乡后由于年龄大、知识文化及技能等方面的不足，很难找到合适的工作。二是创业风险较大。大部分返乡农民工缺少产品营销、经营管理、风险规避等创业知识，对市场认知能力有限，不了解现代农业生产经营特征，再加上自身资金实力弱，存在较大的创业风险。

三　江西省农业农村发展现状

党的二十大报告提出，要坚持农业农村优先发展，在巩固拓展脱贫攻坚成果的基础上，全面推进乡村产业、人才、文化、生态、组织振兴，加快建设农业强国。农业农村是共同富裕的工作重点和着力点，全面建设社会主义现代化强国，最艰巨最繁重的任务在农村。在坚持农业农村优先发展的总方针下，培养造就一批懂农业、爱农村、爱农民的"三农"工作队伍，消除城乡要素市场交换、流动的体制与机制壁垒，保障"三农"资金投入，促进城乡公共服务均等化，缩小城乡发展差距，有利于实现乡村振兴战略。因此，在乡村振兴背景下，了解江西本省农业农村发展现状，研究改善农业农村优先发展的条件，补齐阻碍发展的短板，总结不同发展模式下的经验对解决"三农"问题有重要意义。

（一）江西农业在三次产业中贡献率低

根据《江西省 2021 年国民经济和社会发展统计公报》（以下简称"公报"）数据，2021 年江西全省地区生产总值 29619.7 亿元，比上年增长8.8%，两年平均增长 6.2%。其中，第一产业增加值 2334.3 亿元，增长

---

① 《推动农业转移人口就业创业》，http://www.jiangxi.gov.cn/art/2022/7/14/art_5210_4031062.html。

7.3%；第二产业增加值 13183.2 亿元，增长 8.2%；第三产业增加值 14102.2 亿元，增长 9.5%。三次产业结构为 7.9∶44.5∶47.6，三次产业对 GDP 增长的贡献率分别为 7.3%、40.4% 和 52.3%。人均国内生产总值 65560 元，增长 8.8%，按年平均汇率计算，折合 10162 美元。[①]

第一产业贡献率低成为全国农业发展的一个总体态势。农业在三次产业中对 GDP 的低贡献率也会影响农业人才的培养，影响农民务农意愿。贡献率低意味着单纯依靠市场来促进农业发展和增加农业收益是不够的。保障农业农村优先发展，要在扎实推进农业供给侧结构性改革上持续用力，改优结构、拉长链条、提升品质，提高农业质量效益和竞争力。增加农村经济效益，增加农民收入。

从农业经济效益来看，江西省是产量大省，粮食作物仍然是务农的首选。生猪产业易受环保和价格因素的影响，增加了农民养殖的不确定性。长江流域"十年禁渔"，渔民转产转业，渔民收入发生结构性转变。农业发展现状对农民具体务农行为产生影响。2020 年江西农村经济效益如表 2-1 所示。

表 2-1　2020 年江西省农村经济效益

指标	江西省
每一农业劳动力创造农林牧渔业总产值（元）	48478
每一农业劳动力创造农林牧渔业增加值（元）	29534
每一农业劳动力创造农林牧渔商品产值（元）	35162
每一农业劳动力的主要农产品（千克）	
其中:粮食	2745.56
棉花	6.71
油料	155.69
糖料	77.62
猪牛羊及禽类肉产量	359.07
水产品产量	333.31
农林牧渔业商品化率（%）	72.53

资料来源：《江西统计年鉴》（2021）。

[①]　江西省统计局、国家统计局江西调查总队：《江西省 2021 年国民经济和社会发展统计公报》，2022。

（二）农村劳动力外出务工影响农村居民人口结构

江西是劳动力流出大省，每年有大量农民工流入长三角和珠三角地区。农村劳动力外出，增加了就业机会，提升了家庭的工资性收入。但从农业农村发展角度来看，影响了农村发展的人才供给。根据《江西统计年鉴》2021 年数据，农村居民中，年轻人口少于老龄高龄群体，说明农村劳动力外出务工导致留守现象长期存在；从劳动力人口年龄结构来看，农村居民中老年群体的数量较多，这说明青壮年劳动力务农意愿不强；从文化素质上看，农村居民的受教育程度不高，以初中和小学文化程度为主，农业从业人口受教育程度普遍偏低，会影响农业现代化的发展；虽然在所有农村产业中，农村居民中从事农业的人数最多，但也应该看到，随着数字下乡、农村电商的发展，农村服务业发展空间很大，前景很广阔。因此，在乡村振兴背景下，如何破解农业"内卷"和小农经济的现状值得深思。江西省农村居民人口与就业具体情况如表 2-2 所示。

表 2-2　江西省农村居民人口与就业情况（抽样调查）

单位：人

指标	2019 年	2020 年
家庭常住人口	7655	7465
5 岁以下	532	430
6~15 岁	1520	1445
16~19 岁	387	436
20~24 岁	270	267
25~29 岁	195	151
30~34 岁	243	260
35~40 岁	366	324
41~50 岁	1128	1064
51~60 岁	1416	1440
61~65 岁	634	601
66 岁及以上	964	1047
在校学生数	1973	1986

指标	2019 年	2020 年
农村住户劳动力素质状况		
整半劳动力数	4664	4751
男劳动力数	2329	2368
整劳动力数	1715	1561
劳动力文化程度		
未上过学	237	247
小学程度	1930	2006
初中程度	1958	1950
高中程度	379	382
大专程度	160	166
农村居民就业情况		
家庭长住从业人数	3813	3667
就业典型		
雇主	36	17
公职人员	24	11
事业单位人员	55	49
国有企业雇员	9	5
其他雇员	1712	1795
农业自营	1640	1466
产业分布		
第一产业就业人数	1703	1581
第二产业就业人数	1149	1098
其中:采矿业	21	20
制造业	517	459
电力、热力、燃气及水生产供应业	31	32
建筑业	580	587
第三产业就业人数	961	988
其中:批发和零售业	212	218
交通运输、仓储和邮政业	111	122
住宿和餐饮业	102	99
居民服务、修理和其他服务业	245	253
教育	59	49
卫生和社会工作	69	66
文化、体育和娱乐业	10	9
其他	153	172

资料来源:《江西统计年鉴》(2021)。

（三）农村居民收入提升，城乡居民收入差缩小

公报显示，2021 年江西全省居民人均可支配收入 30610 元，比 2020 年增长 9.3%，扣除价格因素后，实际增长 8.3%。按常住地分，城镇居民人均可支配收入 41684 元，增长 8.1%，扣除价格因素后，实际增长 7.2%；农村居民人均可支配收入 18684 元，增长 10.0%，扣除价格因素后，实际增长 9.3%。城乡居民人均可支配收入比值为 2.23，比上年缩小 0.04。

2021 年江西全省居民人均消费支出 20290 元，比 2020 年增长 13.0%。按常住地分，城镇居民人均消费支出 24587 元，增长 11.1%；农村居民人均消费支出 15663 元，增长 15.3%。江西全省居民恩格尔系数为 32.1%，其中城镇为 31.4%，农村为 33.3%。

城市居民纳入政府最低生活保障人数 31.1 万人，城市低保标准为 765 元/人·月，向城市低保户发放低保金 19.8 亿元，月人均补差 490 元；农村居民纳入政府最低生活保障人数 142.7 万人，农村低保标准 515 元/人·月，向农村低保户发放低保金 63.7 亿元，月人均补差 355 元。城市、农村特困供养标准分别为 995 元/人·月、670 元/人·月。从城乡居民收入来看，城乡居民收入差距在缩小。但是，从促进城乡一体化发展的视角来看，这种差距的缩小还应该结合收入具体分类中所占比例来分析。

从农村居民的收入情况来看，农村居民收入以打工和务农为主。根据《江西统计年鉴》（2021），2019～2020 年的数据反映电商平台促进了农村服务业的发展。另外，数据还显示，转移性收入仍然是农村居民收入的重要组成部分。基于城乡二元土地流动市场和"一户一宅"的宅基地政策，农民的财产性收入总量不大。但是，基于大农业对农村土地使用的需求，农村土地流转价格的上涨，进而增加了农村居民的财产性收入。江西省农村居民平均每人总收入具体情况如表 2-3 所示。

（四）农业机械化水平提升，但农业投资增长慢

农业投资对促进农民收益有显著影响。特别是农业机械化水平的提高，

有利于促进农民务农意愿。从 2019～2020 年江西省主要农业机械的拥有量和机耕情况来看，农业机械化水平在逐年提升。特别是农机补贴政策持续实行，提高了农民购买农机的积极性，促进了农业机械化水平的不断提升。再加上大型农业龙头企业、家庭农场等新型农业经营主体的出现，增加了对农业机械的需求。江西省主要农业机械年末拥有情况具体见表 2-4。

表 2-3 江西省农村居民平均每人总收入（2019 年、2020 年）

单位：元/人

指标	2019 年	2020 年
全年总收入（未扣除生产费用）	21849.73	22552.12
工资性收入	6699.20	7301.18
经营性收入	11234.00	10962.28
第一产业	7374.40	7211.32
农业	5248.47	5182.74
林业	207.83	238.51
牧业	1713.50	1597.52
渔业	204.61	192.56
第二产业	1259.95	866.56
第三产业	2599.66	2884.40
财产性收入	291.92	302.35
转移性收入	3624.60	3986.31

资料来源：《江西统计年鉴》（2021）。

表 2-4 江西省主要农业机械年末拥有量和机耕情况（2019 年、2020 年）

指标	2019 年	2020 年
农业机械总动力（万瓦特）	2471520	2591430
农业机械与设备		
大中型拖拉机（台）	43340	51334
小型拖拉机（台）	335722	324394
农用水泵（台）	482851	487581
节水灌溉机械（套）	138835	140386
机动脱粒机（台）	271173	262765
机动植保机械（台）	150011	151130
农业机耕情况		
当年实际机耕面积（千公顷）	4355	4523

资料来源：《江西统计年鉴》（2021）。

但同时也应该看到，农业机械需求的增加与农业固定资产的投资不足之间存在矛盾。根据公报数据，2021年江西全省固定资产投资比上年增长10.8%。分产业看，第一产业投资增长1.7%，第二产业投资增长15.5%，第三产业投资增长6.4%。从2021年分行业实际使用外商直接投资金额及其增长速度来看，农、林、牧、渔业的金额为1.9亿美元，比上年增长-38.9%。

对农业投资增速的负增长应该分两个方面来看：一方面，对农业投资的比重不够，这会直接影响农业收益。从2020年江西省鄱阳湖流域发生特大洪涝灾害来看，农业水利设施的投资还明显不足，许多小型水利设施年久失修，有些灌溉排涝沟渠是20世纪70年代所建，需要系统性改造升级。另一方面，在前几年的扶贫攻坚战中，前期投入大，相比之下，2021年的投入增速显著下降。无论如何，农业相对于其他产业，具有投资时间长、见效慢、风险大等劣势。这样的产业特征决定了农村产业振兴是一个长期且艰巨的任务。

四 促进农业农村优先发展的经验

在促进农业农村优先发展的进程中，需要不断探索适合本地的发展方式。通过巩固和完善农村基本经营制度，优化政策供给，推进农业经营体制创新，壮大农村新型经营主体，在完善农业支持保护制度上持续用力，强化政策、投入保障，加大金融支农力度，落实农业农村优先发展要求。乡村振兴背景下，江西不断推进农村承包地"三权分置"、农村集体产权制度、农村宅基地制度等重大改革，激发农业农村发展活力。[①] 具体经验如下。

组织建设：打造"党建+"，打造促进农民增收的组织平台。筑牢"党建链"，联片整合促组织共建。吉水县发挥产业片区大党委的组织引领作用，推动党的组织建设与产业链同步延伸、相融匹配。成立产业片区大党委

---

① 《勇涉农业农村改革深水区　全面推进乡村振兴走前列》，《江西日报》2022年10月28日。

建设改革领导小组，由县委主要领导领衔攻坚，制定产业片区大党委建设改革"1+4"实施方案。吉水县围绕全面推进乡村振兴决策部署，积极探索建立产业片区大党委机制，创新组织共建、资源共享、难题共商、活动共办、产业共进的"五共"模式，走出了一条以党的组织建设引领制度链、要素链、供需链、利益链合力助推乡村振兴的新路子。大力推进"井冈蜜柚"、"井冈山"稻米、"吉香万里"、吉水"六只脚"等农产品区域公用品牌建设，"井冈蜜柚"成功注册国家地理标志商标。稻渔产业片区被中国渔业协会授予全国唯一的"中国清水龙虾之乡"称号。2021年，吉水县获评全国农业现代化示范区创建县。党支部建在产业链上，打造"田园党建+"。

横峰县通过"田园党建+"活动，一是把党支部的活动地点从会议室"搬"到建筑工地、产业基地和田间地头，通过"村级党委（党总支）+农村产业链党支部"，探索出一条"党组织建在产业链上、党员聚在产业链上、群众富在产业链上"的产村融合发展之路。二是建立支部"1+1"、党员"1+N"制度。横峰县推行一个党支部与一个行业党支部结对共建、一名党员与N名群众联系帮带，走出了一条党建工作与中心工作深度融合，"双主业"齐头并进、有效衔接的乡村振兴之路。

扶贫帮扶衔接乡村振兴：扶上马再送一程。强动力——撬动社会投入，变"红色资源"为"红色动能"。井冈山市依托茅坪镇"八角楼"等深厚红色资源和良好生态资源，规划设计以茅坪镇为中心辐射大陇村、柏露村等周边村庄的红色旅游融合乡村振兴示范区建设项目，2022年，以中央专项彩票公益金5000万元，撬动社会资本2.75亿元。在原有红色资源开发基础上，通过保护恢复遗址、红色名村建设等手段，实现景区景点串联成片，打造"茅坪红飘带"。同时大力实施"231"富民工程，着力发展黄桃、猕猴桃等种植产业及农产品精深加工，让游客进得来、留得住，助力全镇群众增收。井冈山市坚持红色教育培训与农业观光、农事体验、精品民宿的深度融合，以700万元中央专项彩票公益金打造柏露村红色教育区。围绕红色教育区沿柏露河打造500米水街，带动柏露文旅和当地村民共同投资2000万元发展50栋民宿；鹭鸣湖景区引进禾晟农业科技发展有限公司，投资1500多万元发展"稻虾共作",带动当地村民自行投资 300 余万元参与打造"小桃民宿"等 10 多栋民宿,吸引江西交通职业技术学院以高校思政教育为基础,投资 300 万元打造"红色教育基地"……深度融合,丰富了乡村旅游内涵,引入市场主体按照市场规律激活乡村、经营乡村,更为乡村旅游注入了活力。

积极发挥定点帮扶和对口支援作用,助推脱贫摘帽。中国石油天然气集团有限公司自 2011 年开始定点扶贫与对口支援横峰县以来,充分发挥企业优势,不断加大帮扶力度,集中优质资源向横峰县投入帮扶资金,实施产业扶贫、就业扶贫、消费扶贫、健康扶贫、文化扶贫等精准扶贫项目,横峰县于 2018 年 7 月 29 日实现脱贫。为有效衔接乡村振兴,中国石油严格按照"四个不摘"要求,继续推进帮扶措施,援建的 1.05 兆瓦集中式光伏扶贫电站项目,每年可发电约 110 万千瓦时,产生经济效益 90 万元,用于夯实 13 个已脱贫村(场)的集体经济,扶持村集体公益事业,提升村集体临时救助能力。2019 年,中石油不断延长扶贫产业链,援建 100 万元资金打造无花果产业扶贫基地,2020 年为黄藤村增收 6.5 万元,受益 2000 余人。持续开展"让妈妈回家"计划,通过就业解决留守问题。截至 2020 年底,中石油累计援助各类资金达 6500 万余元。

众筹模式搭建产业发展平台。南丰县针对大部分脱贫户都有橘园,但部分脱贫户缺乏启动资金和种植技术,以致蜜橘品质不优、销售价格不高、收入不稳定的情况,创造性开展"众筹共享认领蜜橘,巩固拓展脱贫攻坚成果"活动,通过爱心橘树"挂牌领、合伙种、共同销"的方式,发动全社会各界人士积极参与蜜橘众筹共享认领。2022 年,南丰全县众筹共享认领橘树多达 3.5 万棵,种植户收取预付款 300 多万元,预计全年可实现认领帮销蜜橘 400 万斤,为 1000 户脱贫户年均增收 6000 元以上。

抓住国家发展机遇,挖掘本地资源禀赋。立足农业农村资源禀赋,抢抓赣深高铁开通机遇。南康区主动对接融入粤港澳大湾区、长三角地区,加大媒体平台宣传,借助"三请三回"活动,邀请杰出乡贤、赣商共谋发展,引导城市资本、工商资本下乡,加速传统农业改造和现代农业发展,一大批体量大、效益好、带动力强的农业项目相继落户，截至 2022 年，南康区招商引资对接项目共 504 个，其中已落户 351 个，已签订框架协议 443 个，正在跟踪洽谈 61 个，投资总额约 59.599 亿元，可带动就业 15000 人左右，人均增收 2500 元。这可对农业拉长产业链、做强品牌链、提升价值链发挥重要作用，为加快乡村全面振兴注入新血液、打造新引擎。

坚持"规划先行、分类指导"，开展秀美乡村全域建设。一是横峰县围绕"五个振兴"，以"秀美乡村、幸福家园"创建为重要平台和载体，根据经济基础、自然条件、历史渊源等因素，因地制宜实施规划布局和分类指导。在规划编制上，注重"统筹发展"和突出特色，编制了一批美而不同、各具特色的村庄规划，充分体现"一村一品、一村一景、一村一韵"，先后建成了石桥梯田、火车小镇、丫石山寨、甜蜜小镇等特色主题新村。二是以秀美乡村建设为抓手，实施乡村建设行动。通过推进"五拆五清"、管控农民建房、治理生活垃圾、实施"平坟栽树"等举措，完成了 660 个自然村整治建设，打造 6 条美丽宜居精品旅游线，成功创建 3A 以上景区 4 个，3A 以上乡村旅游点 27 个。获评全国农村人居环境整治成效明显激励县，农村人居环境整治工作荣获国务院督查激励支持。在全省 36 个美丽宜居试点县的认定考核中，排名第一。

因地制宜的乡村振兴微工厂。万载县的"乡村振兴微工厂"依托安踏鞋业、瑛维箱包、晨光服饰等劳动密集型企业，结合全县百合、油茶、扎粉、水酒等主导产业，着力把加工车间"搬"到村里，实现脱贫户和"三类人员"家门口就业，切实做到送项目到村、送就业到户、送效益到家。2021 年，万载县脱贫户人均收入 11982 元，同比增长 16.3%，增幅高于全省平均水平。厂房式微工厂主要从事农林产品加工、手工业、来料加工等生产加工活动。流通式微工厂主要是建立特色农产品集中交易市场、仓储冷链物流和电子商务信息平台。乡村旅游式微工厂，主要是经营主体利用地方旅游资源，通过餐饮、民宿、研学等载体，大力发展乡村旅游产业。

多产融合发展，促进农业产业现代化。集约化生产促进粮食增产增收。安福县聚焦守牢粮食安全和不发生规模性返贫的"两个底线"，2022 年引进全市最大的综合农事服务公司落户甘洛乡，通过公司全过程专业服务、集约经营、品牌供销、一体帮带，建立健全紧密的利益联结机制，着力确保粮食安全、促进农民增收。全程专业化服务，农业公司建设工厂育秧厂房、秸秆利用厂房等，配备各类大型农用机械 60 余台、烘干机 12 组，聘请农业专业技术人员 50 余人，实现粮食生产育、耕、种、管、收、烘干、存储、销售等一条龙机械化服务，为安福县南乡片区 18 万亩粮食高质高效生产奠定了基础。全程集约化运营、生产联农带农、经营托管代管，有力解决了耕地抛荒摞荒问题，着力守牢了粮食安全。依托专业公司发展能力，积极申报绿色大米商标品牌及绿色生态产品认证，大力宣传推介绿色有机大米，拓展品牌知名度，提升粮食产品附加值。搭建"线下"和"线上"销售渠道，成立合作社自主经营的农产品电商平台，借力"互联网＋"和消费帮扶平台，开展线上销售，解决农产品远距离销售问题，化解 200 余户困难群众"粮难卖"问题。2022 年，开展培训 200 余人次，培养新型农机手 60 余人，有效提升作业技术水平，推动传统农业向高端、高质、高效升级。

突出沿线连片开发与产村融合发展。横峰县注重点线面结合，沿线辐射推进，规划融合乡村产业。一是注重突出产村融合发展。全面推进"一村一品、一乡一业"，重点发展水稻制种、中药材、葛业、油茶、果业等高效特色农业。大力实施"一片花草药、一片竹果林"工程，山上搞彩化、田里搞美化、村旁路旁搞绿化，做到产业"一种二用"，实现了四季有花、有果、有景、有乐、有收益。二是不断壮大集体经济。通过拆除危旧房、废弃房、违建房等，盘活土地存量，做好做活土地"增减挂"文章。通过种植黄桃、马家柚、油茶等经济作物，增加村集体收入。

五　江西省在促进农业农村优先发展方面受到的限制

江西省促进农业农村发展方面仍然面临一些挑战，产业链条不完整，要素保障不匹配，创新能力不强，影响了农业农村优先发展的步伐。

体制机制建设与组织建设的融合问题。一是组织体系衔接。既要确保省、市、县、乡镇、村级组织纵向上的顺畅衔接转型，又要保证横向上的部门之间、部门与企事业单位、部门与相对贫困人口之间的关系顺畅、连接有效，注重"扶上马再送一程"的责任担当。二是体制机制衔接。根据"三农"发展规律，分析两大战略的共性与差异性，形成关于衔接转型的系统性政策、制度、措施，确保衔接转型的科学合理。三是短期效应与长期目标的衔接。在乡村振兴规制中需要注重贫困治理机制的创新和匹配问题。

乡村产业体系更高质量发展难点众多。一是需要破解延长农业产业链与城乡融合发展的问题。有效衔接乡村振兴，需要科学的农业产业体系，迈向更高质量的发展。二是需要注重培育产业的网络化发展格局。有些乡村扶贫产业周期长、见效慢、风险大，需要匹配农业高质量发展的保险和金融信贷创新。三是需要注重协调经济效益、生态效益和文化效益。在乡村产业体系发展中，加强山水林田湖草一体化治理，实现农业产业可持续发展。四是需要拓宽农业资本与小农户的融合机制。目前，农业资本与小农户的融合机制比较单一，主要侧重于劳动就业领域，多元双向融合机制还没有形成。县域内核心产业、品牌产业和产品附加值需要深度挖掘。

农村基本公共服务衔接的难点。一是农村基本公共服务水平仍需提升。随着经济社会的发展，农民对乡村公共服务的诉求更多，要求更高。二是乡村建设规划的碎片化、单一化和模式化。在城乡协调发展的视角下，基于脱贫攻坚与乡村振兴任务目标不同以及乡村人口分布差异，出现了公共服务升级换挡困难、资源配置效率不高和重复建设严重等问题。三是农村基本公共服务供给主体单一。在供给主体上以政府主导的基本公共服务为主，市场和社会参与不足。

乡村人才振兴需求与劳动力人口现状之间存在张力。有效衔接乡村振兴，促进第一、第二、第三产业的融合发展，人力资本仍是关键。一是农村劳动力培训形式仍需创新。农村专业合作社业务骨干、现代农业经营者、致富带头人及基层管理人员需要更加专业的、有针对性的业务培训。二是乡村建设人才平台、人才鼓励机制、城乡人才交流机制不够健全。促进城乡人才流动的创新手段不够，促进城乡人才流动的力度不够。

社会力量参与乡村振兴的体制机制不健全。脱贫攻坚是政府主导型的反贫困模式，即主要由党政部门制定战略、调配资源、调动人力，逐步消除区域性贫困及贫困人口的绝对贫困问题。乡村振兴阶段治理范围扩大到整个乡村，治理对象扩大到全体乡村人口，政府现有的财力、人力无法包揽一切事务，动员全社会力量参与乡村振兴是必由之路。脱贫攻坚时期建立的鼓励社会力量参与精准扶贫的体制机制需要与时俱进，需要创新机制来激发更加广泛的社会力量参与乡村振兴。

六　结论和政策建议

后疫情时代、面对经济的不确定性，江西省农村转移人口的就业问题必须被摆在一个更加突出的位置。应该统筹计划、周密部署，以习近平新时代中国特色社会主义思想为指导，深入贯彻党的二十大精神，以全面推进乡村振兴、加快农业强省建设为总抓手，积极扩大农村转移人口就业，推动农业农村优先发展。

（一）建立外出务工人员流动、复工动态监测机制

为促进江西省农民工群体生产生活的稳定健康发展，及时对农村劳动力流动情况进行综合评估，可构建江西省务工人员就业的动态预警机制和科学的风险评估体系。

依据风险程度设定警戒值。按照轻度—低度—中度—重度风险等级，设立相应的绿色—黄色—橙色—红色预警体系。建立外出务工人员复工复产和回流信息统计报告制度。建立外出务工人员回流和企业裁减人员、待岗等情况旬报制度，从铁路、公路、航空客流变化中对返乡人员回流实行监控。依托全省各区县及街道、乡镇就业和社会保障工作机构，通过信息登记、问卷调查等方式，及时掌握返乡农民工家庭、技能、就业愿望和外出务工的状况，全面掌握返乡农民工动态信息。建立定期上报制度，及时向劳动保障部

门上报辖区内困难企业用工和农民工回流情况；劳动保障部门安排专人负责农民工返乡情况的统计，加强动态监控，在农民工返乡较为集中的场镇、车站定点设立监测点，同时建立农民工返乡基础台账。

构建风险评估体系主要指标。通过专业调研和专家论证，涵盖回流规模、就业率、收入水平、社会稳定指数、回流人员满意度等维度，根据省、市、县、乡镇、村五级信息来源来实现风险预警评估的全覆盖。对可能出现的风险，对春节期间的农民工流动意愿展开调研，作出预判并依据预判推出匹配措施。

充分发挥职能部门作用，形成信息对接机制。由省发改委和省政法委牵头，省统计局、省调查总队、省工信厅、省农村农业厅、省就业局等政府相关职能部门参与统筹部署。根据不同风险等级，各相关部门制定相应的应对机制，真正做好江西省农民工就业的对接工作，促进就业的健康稳定有序。建立外出务工人员临时救助机制。根据监测情况，参照脱贫户政策对返乡就业困难的农民工群体提供基本生活临时救助，保障江西省农民工群体的基本生活需求。

（二）多渠道创造适合不同农民工群体的就业创业机会

建立农村低收入人口常态化帮扶机制。对易返贫致贫人口实施常态化监测，利用互联网和大数据建立健全防止返贫监测和动态帮扶机制，通过"扫码"申请程序，建立健全快速发现和响应机制，分层分类及时将其纳入帮扶政策范围。做好脱贫户、边缘易致贫户和突发困难户的监测、预警和帮扶工作。做好返乡创业群体、农村退伍军人、退捕渔民等特殊群体的就业培训和就业保障。发挥政策优势，争取让革命老区县参照享受国家乡村振兴重点帮扶县同等政策。做好异地搬迁后续帮扶"后半篇文章"。统筹城乡社会保障，通过健全和完善社会保险、社会福利、社会救助、最低生活保障等多层次社会保障体系，防范低收入人群返贫风险。

积极搭建回流人员创业就业平台。充分发挥江西省各类工业园区产业就业吸纳能力，采取有效措施减轻企业负担，帮助企业在转变发展方式和调整结构中创造更多的就业机会。引导生产经营遇到暂时困难的企业尽量不裁减或少裁减农民工。积极组织引导返乡回流人员参与农房建设、农田水利建设和农业产业化发展，吸纳返乡农民工就地就近转移就业。开展"送政策、送岗位、送培训"活动。

加大农民工培训力度。根据流动动态及市场需求，大力推进农民工的就业与创业培训工作，围绕乡村振兴及产业园区发展开展专业培训，坚持培训补助与就业有机结合。培训要具有针对性，就"网络直播""网购""线上线下"就业结合的新模式加强培训。积极运用互联网资源，推广"云培训"，对就读中等职业技术学校和有技术职称的返乡农民工，每人每年给予一定数额的学费和生活补贴，对初次参加职业技能鉴定或专项职业能力考核的农民工，适当提高财政补贴标准。积极引导外出务工人员参加创业培训，将他们纳入就业再就业补贴范围，让他们通过互联网享受免费创业培训，提高其创业能力。

（三）发挥保障农村转移劳动人口就业的政策优势

加强对城镇困难群体和低收入人群的补助。根据物价上涨情况及时提高"低保"和"最低工资"的补助标准。在增加城镇居民收入的同时，要采取措施，大幅度提高农民收入。完善社会保障制度。要想提高消费者消费意愿首先得排除消费者的消费顾虑，增强消费者的消费信心。完善的社会保障制度可以消除人们的后顾之忧，从而开启消费的闸门，将高储蓄率转化为高消费率，以实现经济由出口拉动型转变为内需拉动型增长。

在新型农业经营主体中引导农民工就业、创业。在政策红利下，培育发展家庭农场有利于重要农产品的有效供给，夯实农业发展基础，有利于提高农业综合效益，推进农业供给侧结构性改革，也有利于促进现代农业的发展，推动第一、第二、第三产业的融合发展。外出务工群体可以通过入股、创业、劳务、管理等范式参与家庭农场等农业新型经营，增加经济收入，提高生活水平。

制定积极引导社会资本参与乡村振兴的措施。盘活空心村等老旧宅基地，引导社会资本参与乡村扶贫和乡村振兴，打造乡村旅游的社会资本+集体经济+农户参与的新产权模式和利益分配机制。培养"新乡贤""土专家"等本土人才，带动同乡同业发展。

（四）促进农业农村优先发展

完善有效衔接乡村振兴的体制机制建设。通过医疗保障解决因病致贫问题；通过救灾救济方式解决自然灾害致贫问题；针对乡村残疾人、留守儿童等特殊人群，以及达到退休年龄的农村户籍人口进行兜底保障，避免因衰老、疾病、失业、意外伤害致贫等。

建立多元反哺乡村振兴的体制机制。落实《国务院关于新时代支持革命老区振兴发展的意见》，重点支持建设一批国家级乡村振兴先行示范区，培育革命老区振兴发展新动能。健全城乡融合发展机制，推动城乡要素平等交换、双向流动，增强农业农村发展活力。建立从经济到社会到文化的多元反哺乡村机制。建立经济资本、社会资本、文化资本下乡的对接平台。进一步完善城市人才、工商资本、科技成果下乡机制。

促进乡村产业可持续发展，筑牢乡村经济基础。健全城乡融合发展的农业产业布局。将脱贫攻坚与乡村振兴总体规划对接，优化农业生产结构和区域布局，依托江西省乡村生态环境、产业基础和文化特色，拓展产业深度和广度，充分挖掘乡村多元复合功能。深入实施重要农产品保障工程、农业全产业链提升工程、林下经济发展行动，做强农产品精深加工、冷链储运等关键环节，培育壮大乡村旅游、休闲农业、农村电商等业态。

培育新型农业经营主体，扩大乡村产业网络。鼓励和支持与"三农"密切相关的企业深入农村，发展壮大农村集体经济合作组织，引导农户发展家庭农场，加快培育农民合作社等新型农业经营主体，发展多种形式的适度规模经营。建立"新型农业经营主体+小农户"长期并存的体制机制。做大做优地方劳务品牌，提高"同乡同业"的市场竞争力，扩大产业网络，培育返乡创业网络，做大江西农业品牌经济，形成区域竞争优势。

创新农村集体产权制度改革。探索宅基地所有权、资格权、使用权分置有效实现形式。积极探索农村集体经济组织公司化运作模式、农村集体经营性建设用地入市制度。开展多元化的农村集体经济发展模式，创新"集体经济+"的集体经济混合所有制和混合经营模式，优化集体经济收益分配。

创新面向农业产业发展需求的现代农村金融体系。健全农村金融服务体系，创新集体经济组织参与的农村信用担保机制。完善和发展农业保险，扩大农业险种，建立应对自然灾害的市场保险和互助帮扶机制。

推动乡村社会治理，促进农村治理现代化。以"网格+"理念，健全完善基层治理体制机制。加快构建网格化管理、精细化服务、信息化支撑、开放共享的基层治理平台。通过"互联网+"，提升乡村治理现代化水平。实现"互联网+"公共服务信息化系统，根据大数据精准公共服务需求，保障乡村基本公共服务的精准化供给。

促进"五治融合"，形成多元治理合力。将以法律法规为主的正式社会规范和以村规民约、社会契约为主的非正式社会规范相结合，解决乡村社会纠纷。打响红色乡村文化品牌，提高江西省乡村振兴的"软实力"。把红色文化和优秀农耕文化嵌入乡村社会治理，塑造文明乡风，推进乡村德治建设。推动移风易俗、文化振兴。深入挖掘具有江西省特色的优秀传统文化和红色文化资源，依靠村委会、村民小组、农民合作社等为主体的现代治理资源，构建适合自身发展的乡村治理模式。

繁荣乡村文化，促进乡村农旅发展与文化发展融合。繁荣多样化的乡村文化，发展高质量的全域旅游，以数字技术为依托加速乡村文化振兴，重点通过科学规划和政策财政支持，完善乡村数字文化服务基础设施、资源供给和治理机制等，实现乡村文化跨越式发展，并通过鼓励数字消费和培养数字型人才为乡村文化振兴注入新动能，加速乡村文化振兴。

大力推进乡村建设，构建乡村振兴的平台保障。一是建立乡村数字建设的网络资源、信息资源、技术资源和人才要素资源的支持制度，缩小城乡"数字鸿沟"，促进高质量的乡村振兴。二是着重培育数字生产、数字生活、数字生态和数字治理。通过建设数字化乡村社会，完善乡村信息基础设施和数据资源体系，促进数字赋能乡村经济建设、社会治理和公共服务。大力支持发展县乡村电子商务体系和快递物流配送体系，促进乡村数字经济发展。大力发挥数字技术在乡村文化振兴中的作用。三是做好衔接乡村振兴的组织转型。做好从精准扶贫部门向乡村振兴组织的转型，发挥"党组织＋"在有效衔接乡村振兴中的作用，推动扶贫干部向乡村振兴先锋转变。四是实施推广基层党组织带头人"育苗工程"。积极吸纳政治素质好、带富能力强、文化水平高的农村青年加入农村党组织。强化对普通党员的培训轮训，做到全员覆盖。五是打造人才下乡机制和资源平台。以脱贫攻坚中涌现出的乡村能人、乡村企业致富带头人、农村科技工作者、非遗文化传承人为核心，建立乡村振兴人才计划。建立乡村承接城乡青年下乡返乡创业、生活的机制。基于政策性奖励，从国家、社会、高等院校等层面培养"三农"人才。六是提升乡村人才多元参与机制和认同感。建立乡贤联谊组织，打造乡贤馆、乡贤文化墙，增强认同感。以村为单位，建立乡贤数据库，选择优秀党员干部、社会成功人士担任名誉村支书，发挥他们在推动振兴、服务群众、凝聚人心、促进和谐、发展公益事业中的作用。

参考文献

文丰安：《乡村振兴战略背景下农村劳动力回流与治理》，《农村经济》2021 年第 5 期

王春光：《回流农民工：乡村振兴的重要力量》，《中国社会科学报》2022 年第 11 期。

第三章

基于投入产出表劳动者报酬的就业结构估算

李冰冰　赵　文*

　　"中部崛起"战略是我国区域协调发展战略的重要组成部分。新时代推进中部地区高质量发展，是新发展格局下"中部崛起"战略的一次全面升级，将为实现全国高质量发展提供重要支撑，具有全局性、战略性意义（蒋金法，2021）。人口和就业的集聚以及结构优化是中部崛起的重要支撑。本章对江西省的就业结构进行估算并进行全国比较。出于种种原因，目前统计部门尚没有公开全部行业就业的数据，省级的相关数据则更少。本章我们基于地区投入产出表提供的分行业劳动者报酬数据，结合统计部门提供的分行业城镇单位就业、城镇单位就业人员平均工资，和私营、个体就业人员平均工资，估算 2007 年、2012 年、2017 年各省份各行业的总体就业数据，并区分城镇单位与私营个体就业，从而全方位地了解各省就业的行业结构，各行业的私营、个体和单位就业结构及变化等信息。

一　关于就业数据的几个来源

　　我国的就业资料来源主要有以下渠道：人口普查（逢"0"年份进

---

　* 李冰冰，中国社会科学院人口与劳动经济研究所助理研究员。赵文，中国社会科学院人口与劳动经济研究所副研究员。

行）、1% 人口抽样调查（逢 "5" 年份进行）、年度人口变动情况抽样调查、全国月度劳动力调查、劳动工资统计（每年发布）。其中，前四项调查是基于住户和个人进行，第五项调查则是根据用工单位进行就业和工资统计。

人口普查是对全部人口总体的普查，公开的资料中公布了各个行业的就业人口情况。如果有其详细微观数据，则可以得到分城乡各个行业全部劳动力的就业信息，但是人口普查数据中没有包含就业的所有制信息。1% 人口抽样调查是对全国 1% 的人口进行抽样调查，具有很好的代表性，目前公开资料中公布了各个行业的就业人口情况。但同样，这一数据不包含所有制信息。

年度人口变动情况抽样调查标准时间为每年 11 月 1 日 0 时。人口变动情况抽样调查基于 1% 人口抽样调查的抽样框进行抽样，样本量约为总人口的 1‰，约 120 万人，样本量年度样本轮换率 50%。以 2019 年为例，调查对象包括 2019 年 10 月 31 日晚住在本户的人（无论户籍在何处）以及户口登记在本户但 2019 年 10 月 31 日晚不住在本户的人（无论外出时间长短）。调查内容包括人口出生死亡情况、个人基本特征、流动情况、就业情况、生育情况等。调查数据结果发布在《中国统计年鉴》和《中国人口和就业统计年鉴》上，但是公布的信息主要集中于人口出生、死亡、生育情况以及分年龄、性别、教育等不同组别的人口情况，并没有公布就业情况数据。

劳动力调查制度正式实施于 2005 年，早期是每年开展两次全国劳动力抽样调查；到 2009 年 3 月建立了 31 个大城市月度劳动力调查制度，从而可以及时准确反映劳动力市场变化；2013 年 4 月，月度劳动力调查范围扩大到 65 个城市；2016 年 1 月，月度劳动力调查正式在全国范围内开展，覆盖全国所有地级市。全国月度劳动力调查标准时间为每月 10 日，每月 10~16 日入户登记。调查范围覆盖全国所有省、自治区、直辖市，包括城镇和农村地区，调查对象包括调查时居住在本户的人员以及本户户籍人口中已外出但不满半年的人。以 2020 年为例，每月共调查 12 万户，每个居（村）委会每月调查 16 户，共涉及 7500 个居（村）委会。样本轮换采用 2-10-2 模式，一个住户连续 2 个月接受调查，之后 10 个月不再接受调查，然后再接受 2 个月的调查，之后退出样本。调查内容包括个人基本特征、详细的工作情况（就业情况、无工作情况、找工作情况等）。其中，调查失业率数据通过国家统计局新闻发布会按月度发布，其他调查数据通过《中国统计年鉴》《中国人口和就业统计年鉴》按年度发布。《中国人口和就业统计年鉴》中公布了就业人员的教育、年龄、性别构成、就业时间、失业原因、找工作方式等信息，但是并没有公布全国各个行业就业人员数，只公布了城镇就业人员的行业构成和职业构成情况。

　　除了基于住户个人的调查外，我国还建立了劳动工资统计报表制度，用于统计法人单位从业人员数和工资总额方面的信息。其调查对象是法人单位①（包括企业、事业、机关、民间非营利组织等单位），分为非私营法人单位和私营法人单位。其中，又将法人单位分为一套表法人单位和非一套表法人单位。一套表法人单位指规模以上工业、有资质的建筑业、限额以上批发和零售业、限额以上住宿和餐饮业及全部房地产开发经营业等国民经济行业法人单位及所属的产业活动单位，规模以上服务业法人单位，其他有5000 万元以上在建项目的法人单位，以及工业生产者价格统计调查样本法人单位。对一套表法人单位进行全面调查，对非一套表法人单位进行抽样调查。相关调查数据主要发布于《中国统计年鉴》《中国劳动统计年鉴》，其中城镇单位就业、工资等数据均来自该调查。

　　除了以上数据外，经济普查也公布了分行业的法人单位就业数据，还公布了分行业个体经营户从业人数，其统计范围同时包括城镇和农村。

　　总体来看，目前统计局关于国内分行业就业数据公布渠道包括官网、《中国统计年鉴》《中国劳动统计年鉴》《中国人口和就业统计年鉴》，就业人数相关的资料情况见表 3-1。从中可以看到，目前公开的数据中主要是分

---

① 各地调查范围为辖区内的法人单位。需注意母公司和子公司都具有法人资格，总公司具有法人资格，但分公司不具有法人资格。

行业的城镇非私营单位就业，而私营单位就业人数则只分 7 大类，缺乏分不同行业的全部就业人员数的详细数据。

表 3-1 就业人数相关的资料情况

调查者	资料来源	年度	内容
统计局	人口普查和 1% 人口抽样调查	逢"0"、逢"5"年份	各个行业就业人口，无所有制信息
统计局	劳动力调查《中国人口和就业统计年鉴》	各年	城镇就业人员的行业构成
统计局	《中国统计年鉴》	各年	就业人数、劳动力人数、三次产业人数
统计局	《中国统计年鉴》	各年	7 大类行业私营企业和个体就业人员，7 大类行业城镇私营企业和个体就业人员，私营企业就业人员总数及分城乡数，个体就业人员总数及分城乡数
统计局	劳动工资统计制度《中国统计年鉴》	各年	分 20 大类行业城镇非私营单位就业人数
统计局	经济普查	逢"3"、逢"8"年份	分 20 大类行业的法人单位就业数，分行业个体经营户从业人数
Wu 等	KLEMS 数据库	1980~2010 年	37 个行业就业数
Groningen Growth and Development Centre	10-Sector Database	1990~2018 年	12 个行业就业数

资料来源：作者整理。

为了得到细分行业的完整就业数，一些学者和国际机构进行了相关测算。岳希明、任若恩（2008）利用人口普查和人口抽样调查的分行业数据推算出各个行业各年的就业数量。Wu et al.（2012，2015）结合人口普查及各种微观调查数据得出了 1980~2010 年 37 个行业的就业和收入，其测算结果公布在 KLEMS 数据库中。Groningen 大学也有机构进行了测算，公布了我国 12 个行业的就业数，并更新到 2018 年。一些省份的统计年鉴中公布了其细分行业的从业人员数，有研究利用这些信息推算了全国总体的分行业就业人数（田友春等，2021）。王亚菲等（2021）根据城镇单位各行业的结构推算未公布行业的城镇私营和个体企业就业人数以及除乡村私营企业和个体企业外的乡村各行业就业人数，但其推算过程仍有待讨论。此外，还有研究测算了工业的细分行业就业数据，如陈诗一（2011）测算了中国工业分行业就业数据。

综上可见，受就业统计的现实约束，规模以上企业和单位的就业统计偏差较小、遗漏较少，中小微企业和个体户的就业统计偏差相对较大、遗漏相对较多，而中小微企业和个体户在行业上的分布并不均匀，比如，石油加工业就鲜有中小微企业或者个体户，而居民服务业就鲜有规模以上企业。显然，出于统计成本的原因，居民服务业的就业统计偏差和遗漏会相对比较明显。因而，从全局来看，各个行业就业统计的准确程度是不同的，这对于比较行业之间的就业来说，显然是一个障碍。那么，能否得到一套行业之间的就业统计准确程度大致相同的就业数据呢？

投入产出表由国家统计局根据多方面资料核算编制，是国民经济核算的重要组成部分。我国的投入产出核算工作已经规范化，在逢2、逢7年份编制投入产出基本表，逢5、逢0年份编制投入产出延长表。目前已经编制1987~2017年全国层面的投入产出表，而各地区也编制了地区投入产出表，国家统计局据此公布了2002年以来的中国地区投入产出表。投入产出表中公布了各个行业的增加值以及收入法增加值构成，其中包括劳动者报酬。我们基于投入产出表公布的各地区各行业劳动者报酬数据，结合统计局公布的平均工资数据来计算各行业就业。从各个行业之间的统计的准确程度来看，劳动者报酬数据在行业之间的分布相对准确。工资数据是抽样平均值，也相对准确。因此，利用投入产出表能够得到行业层面就业数据偏差相对一致的数据。

本章的工作主要是基于投入产出表数据测算我国分行业的就业数，我们基于各省份的投入产出表计算得到各省份的分行业就业，同时基于各省份城镇非私营单位就业数，测算出各行业私营单位就业人数。从而我们可以得到各省份、各行业、私营和非私营单位的就业数据。

二 计算

（一）计算方法

本文的计算基于以下等式：

每个行业劳动者报酬总额＝城镇单位就业人员劳动者报酬总额
+私营企业和个体就业劳动者报酬总额

这里，我们将乡村单位就业人员归入私营企业和个体就业中。其中，

城镇单位就业人员劳动者报酬总额＝
城镇单位就业人数×［城镇单位就业人员平均工资×（1+单位缴社保费率）］

如果已知各行业劳动者报酬总额和各行业城镇单位就业人员劳动者报酬总额，由上面等式可以推算得到各行业私营企业和个体就业劳动者报酬总额。其中，各行业劳动者报酬总额可以从投入产出表获得，城镇单位就业人数和平均工资可以从统计年鉴获得，只要设定单位缴社保费率，便可以计算出城镇单位就业人员劳动者报酬总额。

需要说明的是，劳动者报酬总额指在核算期内单位按劳动者在生产活动中的贡献支付的各种形式的报酬，包括税前工资、奖金、福利费、各种补贴、津贴、实物报酬、劳动者应付的社会缴款以及单位为劳动者缴纳的社会保险费等。而统计年鉴公布的城镇单位就业人员平均工资指税前工资，包括计时工资、计件工资、奖金、津贴和补贴、加班加点工资、特殊情况下支付的工资，但不包括从单位工会经费或工会账户中发放的现金或实物，包括单位从个人工资中直接为其代扣或代缴的房费、水费、电费、住房公积金和社会保险基金个人缴纳部分等。因此，与劳动者报酬相比，平均工资的口径中主要缺少了单位为个人缴纳的社保费。

如果有私营企业和个体就业的平均工资，便可以推算出私营企业和个体就业数量，推算公式为：私营企业和个体就业数量＝［私营企业和个体就业

劳动者报酬总额]

／［城镇私营企业和个体就业适用的平均工资×（1+单位缴社保费率）］

综上，我们推算私营和个体就业的公式为：

私营企业和个体就业
=［劳动者报酬总额-城镇单位就业人数×城镇单位就业人员平均工资×
（1+单位缴社保费率）］／［私营企业和个体就业适用的平均工资×（1+单位缴社保费率）］

其中，劳动者报酬总额、城镇单位就业人数、城镇单位就业人员平均工资都可以从投入产出表和相关统计年鉴中获得。但是城镇单位就业人员适用的单位缴社保费率、私营企业就业人员适用的单位缴社保费率、私营企业和个体就业适用的平均工资都需要做额外假定。

首先，对于城镇单位就业人员适用的单位缴社保费率，在减税降费之前国家公布的参考缴费率中，单位缴纳养老保险、医疗保险、工伤保险、失业保险、生育保险的比例约为 28%，其中养老保险缴费率约为 20%。但是实践中，实际缴费率会低于政策规定的缴费率。从我国社保基金收入中的社会保险费收入与城镇单位就业工资总额和私营企业就业工资总额的比值来看，单位缴纳社会保险费率约为工资的 13%，其中基本养老保险费约为工资的 8.5%。因此，这里我们对所有行业所有省份都统一采用 13% 的缴费率。

但是需要注意到，我国的社保缴费比例不同地区有所差别，并且不同地区不同年份还存在不同程度的社保缴费减免。如果在各个省份的推算中都采用统一的缴费率，那么计算出的就业数据会存在一些省份被高估或者一些省份被低估。但考虑到总体上，不同地区之间社保缴费率差别较小，我们在计算中仍然对所有行业所有省份都采用统一的缴费率。

其次，在对私营企业和个体就业推算过程中，有两个因素影响到最终推算的私营企业和个体就业数，一是私营企业和个体就业的单位缴社保费率，二是私营企业和个体就业工资。如果假设投入产出表中的劳动者报酬数据以及我们依据统计局公布的信息计算得到的城镇单位就业人员劳动者报酬是比较可靠的，那么据此推算得到的私营和个体就业的劳动者报酬就是比较可靠的。但是利用这一推算得到的私营和个体就业的劳动者报酬进一步推算私营和个体就业人数时，需要假设私营和个体就业的工资及单位社保缴费率。由于个体就业一般是不存在社保费率的，而私营企业中可能存在较为严重的逃费问题，并不能严格执行社保缴费政策，推算时应该采用的私营和个体单位社保缴费率应该低于前文的 13%，但是由于我们没有更合适的数据来代替，暂时还是先用 13%，但这样可能会低估私营和个体就业人数。另外，由于可得数据不足，我们用城镇私营企业的平均工资作为全部私营企业和个体就业的平均工资，这可能会高估工资，导致最终推算出的私营企业和个体就业数被低估。总体上，我们在推算私营和个体就业数时可能会存在低估，但由于是对所有省份所有行业采用同样的标准，因此不会影响其中的结构性特征和趋势判断。

从参数改进的角度看，我们可以首先将各省份统计局公布的各省份三大产业就业人数与我们推算出的就业人数进行对比。如果我们推算出的就业人数低于统计局官方公布的数据，那么这可能是由于我们高估了私营企业和个体就业的工资，也可能是因为我们高估了私营企业就业中单位社保缴费率。如果我们推算出的就业人数高于统计局官方公布数据，那么这可能是由于低估了工资和社保缴费等问题。我们可以对以上两个参数进行调整，以使总量层面的就业数一致。

但是从另一个角度来看，由于对各省份都采用同样的社保缴费率，并采用各省份的城镇私营企业工资信息来推算，如果推算结果发现在某个省份，我们推算出的就业数低于统计局官方公布数据，而在另一个省份，我们推算出的就业数高于统计局官方公布数，那么不同省份之间偏离程度的差异就显示了不同省份之间实际执行的社保缴费率差异，同时也反映了不同省份之间城镇私营企业工资与全部私营和个体就业平均工资之间的差异。如果某个省份的推算数过低，这表明该省份实际执行的社保缴费率较低，也可能表明该省份城镇私营企业工资高于全部私营企业和个体就业工资的程度更高。相反，如果某省份的推算数过高，则表明该省份实际执行的社保缴费率更高或者该省份城镇私营企业工资反而低于全部私营企业和个体就业平均工资。

（二）估算结果对比和参数调整

我们首先根据上文的思路初步进行了测算。结果发现第一产业大部分省份推算得到的结果是较低的。这有两种可能性，一是可能用13%作为第一产业的社保缴费率过高了，二是可能用城镇私营企业的工资代替全部私营企业和个体就业工资过高了。所以需要把第一产业的相关系数调低。因此我们把第一产业的社保缴费系数进行调整，假设第一产业私营企业单位不缴纳社保费，重新估算了第一产业就业人数。

第三产业推算数与官方数据之间的差异在不同省份之间差别较大，有1/3的省份被低估，1/3的省份被高估，另有1/3的省份推算数与官方数据之间的差控制在较小范围之内（上下60万人以内）。

第二产业的推算数与官方数据之间也有差别，但这一差别与第一、第三产业的差别相比要小很多。说明第二产业的社保缴费相对较为规范，也可能说明第二产业的城镇私营企业工资与全部私营企业和个体就业的平均工资相对较为接近。

从全国加总来看，我们初步推算得到的第一产业就业总数为1.6亿人（不含西藏），各省份统计局公布的第一产业就业数加总为2.62亿人[①]（不含西藏），而国家统计局公布的全国第一产业就业总数为2.03亿人（含西藏），我们推算的第一产业总数严重低估。调整社保缴费系数后重新计算得到的第一产业就业总数为1.8亿人，较原来的1.6亿人有所提高，但仍然低于统计局数据。

我们推算的第二产业就业总数为2.47亿人（不含西藏），各省份统计局公布的第二产业就业数加总为2.39亿人（不含西藏），而国家统计局公布的全国第二产业就业总数为2.18亿人（含西藏），我们推算的第二产业就业总数有高估。

我们推算的第三产业就业总数为3.2亿人（不含西藏），各省份统计局

---

① 各省份（含西藏）加总计算得到的第一产业就业2.63亿人，第二产业就业2.39亿人，第三产业就业3.28亿人，各省份（含西藏）加总的总就业人数8.3亿人。

公布的第三产业就业数加总为 3.28 亿人（不含西藏），而国家统计局公布的全国第三产业就业总数为 3.4 亿人（含西藏），我们推算的第三产业就业总数与统计局的数相对接近。

全国三次产业加总的就业人数 7.6 亿人，而将各省份公布的三次产业加总得到就业人数为 8.3 亿人。我们所推算的全国加总就业人数为 7.49 亿人，较两者都低。

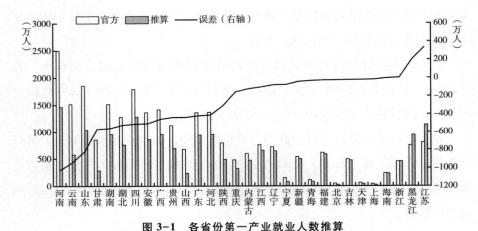

图 3-1　各省份第一产业就业人数推算

资料来源：作者计算。

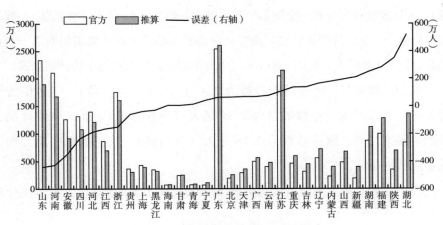

图 3-2　各省份第二产业就业人数推算

资料来源：作者计算。

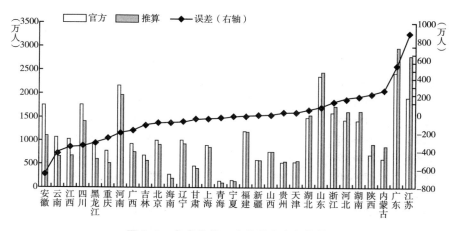

图3-3　各省份第三产业就业人数推算

资料来源：作者计算。

表3-2　各省份三大产业就业人数

单位：万人

省份	第一产业		第二产业		第三产业	
	官方	推算	官方	推算	官方	推算
安徽	1363.30	858.23	1259.50	914.20	1755.10	1105.32
北京	48.80	23.44	192.80	257.64	1005.20	913.15
福建	609.21	582.05	996.97	1278.16	1199.56	1189.06
甘肃	852.44	284.07	244.26	250.51	457.14	405.52
广东	1359.12	941.74	2541.82	2605.80	2439.85	2972.71
广西	1415.00	958.80	498.00	567.04	929.00	755.61
贵州	1123.83	687.54	365.99	306.22	533.38	556.07
海南	235.35	231.48	68.67	74.67	279.87	195.99
河北	1366.90	958.19	1396.58	1208.68	1443.18	1624.76
河南	2494.00	1465.64	2104.00	1676.54	2168.00	1969.61
黑龙江	746.30	945.39	348.20	318.78	910.50	602.07
湖北	1278.00	756.14	839.00	1362.50	1493.00	1548.95
湖南	1515.16	955.24	871.17	1120.99	1430.89	1630.44
吉林	491.40	468.53	314.80	452.40	682.30	571.05
江苏	799.31	1136.13	2041.10	2148.26	1917.39	2795.28
江西	753.10	649.95	864.20	700.06	1028.30	670.44
辽宁	714.80	636.66	560.10	724.19	1009.80	928.24

省份	第一产业		第二产业		第三产业	
	官方	推算	官方	推算	官方	推算
内蒙古	589.40	467.47	224.90	402.92	610.70	876.17
宁夏	153.50	77.41	67.80	110.42	154.60	135.22
青海	114.79	82.62	73.28	87.74	138.90	101.75
山东	1856.60	1036.74	2335.60	1894.02	2368.40	2455.41
山西	670.70	234.96	483.80	678.60	759.70	760.73
陕西	790.00	485.87	347.00	695.80	698.00	924.49
上海	42.44	23.41	430.51	392.39	899.70	857.12
四川	1792.90	1283.78	1315.40	1079.56	1763.70	1413.01
天津	62.71	40.95	290.90	359.49	541.22	567.86
新疆	534.57	493.14	188.55	398.45	584.44	577.68
云南	1518.72	574.61	402.33	479.43	1071.60	659.12
浙江	447.90	449.64	1754.59	1604.68	1593.51	1734.16
重庆	474.88	319.17	461.68	598.57	777.99	513.33
全国 （不含西藏）	26215.13	18109.02	23883.50	24748.70	32644.92	32010.30

资料来源：作者计算。

三 江西省分行业的劳动者报酬和就业结构

（一）劳动者报酬行业构成

从劳动者报酬的行业构成来看，第一、第二产业的劳动者报酬占比下降，第三产业劳动者报酬占比上升。2007 年，江西省第一产业劳动者报酬占全行业劳动者报酬的比重为 27.26%，到 2017 年，下降为 20.16%；第二产业劳动者报酬的占比从 2007 年的 42.87%下降至 2017 年的 39.11%，第三产业劳动者报酬的占比从 2007 年的 29.87%上升至 2017 年的 40.73%。

从与全国的对比来看，2007 年，江西省第一、第二产业劳动者报酬占比均高于全国平均，但第三产业占比低于全国平均，第三产业与全国平均的差距在扩大。到 2017 年，虽然第一、第二产业劳动者报酬占比有所下降，但江西省第一、第二产业的劳动者报酬占比仍然高于全国平均水平，其中第一产业高出 4.66 个百分点，第二产业劳动者报酬占比高出 6.22 个百分点。与此同时，第三产业劳动者报酬占比远低于全国平均水平，虽然江西省第三产业劳动者报酬占比有所提高，但提高幅度小于全国平均，2007 年，第三产业劳动者报酬占比低于全国平均 3.64 个百分点，但是到 2017 年，江西省第三产业劳动者报酬占比较全国平均低 10.96 个百分点。

表 3-3 劳动者报酬三次产业构成

单位：%

产业	江西			全国		
	2007 年	2012 年	2017 年	2007 年	2012 年	2017 年
第一产业	27.26	34.65	20.16	24.70	20.06	15.42
第二产业	42.87	23.55	39.11	41.79	38.64	32.89
第三产业	29.87	41.80	40.73	33.51	41.29	51.69

资料来源：国家统计局国民经济核算司所编 2007 年、2012 年、2017 年《中国地区投入产出表》，中国统计出版社。

具体分行业来看，江西省劳动者报酬总额在各个行业的比重最多的是农林牧渔业、制造业、建筑业，且制造业的劳动者报酬占比在上升。从时间变化来看，2007~2017 年，制造业中劳动者报酬占全行业劳动者报酬的比重从 22.36% 上升到 25.32%，建筑业的这一比值从 15.98% 下降至 2017 年的 11.25%。也即，虽然江西省第二产业中劳动者报酬占比在下降，但是其中制造业的劳动者报酬占比是在提高的，下降主要源于建筑业和采矿业中的劳动者报酬占比下降。

从与全国对比来看，2017 年江西省制造业、建筑业劳动者报酬占比均高于全国，2007~2017 年间制造业劳动者报酬占比上升的趋势与全国趋势相反。2007 年，江西省的制造业劳动者报酬占比低于全国，建筑业占比高于全国。到 2017 年，江西省的制造业、建筑业的劳动者报酬占比均高于全国。江西省的建筑业劳动者报酬占比长期高于全国，制造业在 2007 年低于全国但 2017 年超过全国，表明 2007～2017 年制造业发展很快。与全国趋势不同，全国层面制造业劳动者报酬占比下降，但是江西省呈上升趋势。体现出江西省在承接东部地区制造产业转移方面做出了努力。还需要注意，2012年江西省制造业劳动者报酬占比严重偏低，趋势与全国有很大差异。

江西省在批发零售和其他生产性服务业方面的劳动者报酬占比远低于全国，且差距在扩大。第三产业方面，江西省第三产业劳动者报酬占比的增加主要是源于金融业和批发零售业，分别增长 3.28 个、2.26 个百分点，此外，住宿和餐饮业，文化、体育和娱乐业，居民服务、修理和其他服务业均有增长，分别增长 1.71 个、1.61 个、1.58 个百分点。但与全国相比，江西省批发零售业劳动者报酬占比远低于全国，2017 年江西省批发零售业劳动者报酬占比 4.72%，而全国同期的这一比重为 8.29%，前者较后者低 3.57 个百分点。此外，江西省交通运输、仓储和邮政业，信息传输、软件和信息技术服务业，金融业，房地产业，租赁和商务服务业的劳动者报酬占比要低于全国，2007年，江西省这些行业劳动者报酬占比为 9.54%，而全国同期平均为 11.77%，江西省低于全国平均 2.3 个百分点，到 2017 年，江西省这些行业劳动者报酬占比为 13.74%，而全国同期平均为 23%，前者较后者低 9.26 个百分点。一定程度上说明江西省在批发零售和生产性服务业方面发展落后。

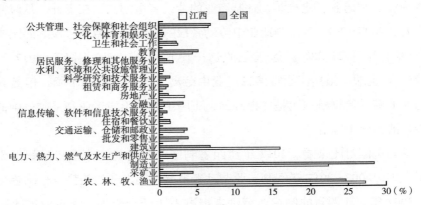

图 3-4　2007 年江西省与全国劳动者报酬分行业占比对比

资料来源：国家统计局国民经济核算司编《中国地区投入产出表 2007》，中国统计出版社，2007。

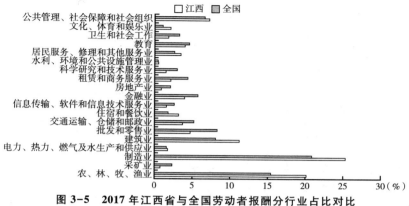

图 3-5 2017 年江西省与全国劳动者报酬分行业占比对比

资料来源：国家统计局国民经济核算司编《中国地区投入产出表 2017》，中国统计出版社，2020。

（二）就业的行业构成

从就业构成来看，江西省第一、第二产业就业比例下降，第三产业就业比例上升。根据本文的估算方法，推算得到江西省 2017 年三次产业就业占比分别为 32.17%、34.65%、33.18%，相比 2007 年，第一产业就业占比下降 3.14 个百分点，第二产业就业占比下降 4.72 个百分点，第三产业就业占比上升 7.86 个百分点（见表 3-5）。

从全国对比来看，江西省第一、第二产业就业比例高于全国，第三产业就业比例低于全国且差距在扩大。本文进一步估算了全国的三次产业就业占比①。与全国结果相比，2017 年估算得到的江西省第一产业就业占比高于全国平均 7.7 个百分点，第二产业就业占比高于全国平均 2.3 个百分点，第三产业就业占比低于全国平均 10 个百分点。而 2007 年，江西省第三产业就业占比较全国平均低不到 1 个百分点，到 2017 年第三产业就业占比与全国差距大大增加，表明江西省第三产业发展相对落后。

---

① 根据本文估算方法推算得到的全国 2017 年三次产业就业占比分别为 24.52%、32.31%、43.17%。国家统计局公布的 2017 年三次产业就业占比分别为 27%、28.1%、44.9%。本文估算的第一产业就业占比低于全国平均 2.5 个百分点，第二产业就业占比高于全国平均 4.2 个百分点，第三产业低于全国平均 1.7 个百分点。

表3-4 分行业劳动者报酬及占比

绝对值(万元)	江西			全国		
	2007年	2012年	2017年	2007年	2012年	2017年
农、林、牧、渔业	7814617	15169400	18778800	271816270	529963185.8	652709225
采矿业	784938	484430	717912.9	48631486.82	104384851.2	99497763
制造业	6410122	3850035	23584356	312902866.3	649885570.4	883586715
电力、热力、燃气及水生产和供应业	514885	688609	1645726	24354364.45	41846435	67025455
建筑业	4580960	5285827	10482516	74053206.63	224617184.7	342117996
批发和零售业	705133	1574000	4394571	41886090.08	147983609	350804713
交通运输、仓储和邮政业	940618	2507700	3457681	40588138.32	110306924.3	220667638
住宿和餐饮业	418141	1409900	2955257	15378831.01	63809449.61	76235831
信息传输、软件和信息技术服务业	125547	310500	1452136	11392861.78	36683239.78	109703877
金融业	197799	1241100	3694114	34887740.74	110239772.1	242535502
房地产业	963663	230300	815018.5	13386599.22	38781541.5	88881285
租赁和商务服务业	257414	433600	1979858	13178494.83	55269388.87	185783330
科学研究和技术服务业	250847	407300	1390948	15936854.2	49609638.37	126289842
水利、环境和公共设施管理业	162726	203100	478155.8	5504851.453	15012516.17	18495375
居民服务、修理和其他服务业	537658	1724300	3220273	11401465.97	55073873.6	110992578
教育	1265873	2675200	3717465	57347538.53	138712606.2	194408792
卫生和社会工作	718703	1079700	1699534	25568570.5	75015632.84	138174834
文化、体育和娱乐业	140424	569000	1953332	6927307.867	19205154.66	44711507
公共管理、社会保障和社会组织	1878162	3935400	6725765	75329461.62	174940365.2	280058019
合计	28668230	43779400	93143416	1100470473000	2641340939	4232680280

续表

占比（%）	江西			全国		
	2007 年	2012 年	2017 年	2007 年	2012 年	2017 年
农、林、牧、渔业	27.26	34.65	20.16	24.70	20.06	15.42
采矿业	2.74	1.11	0.77	4.42	3.95	2.35
制造业	22.36	8.79	25.32	28.43	24.60	20.88
电力、热力、燃气及水生产和供应业	1.80	1.57	1.77	2.21	1.58	1.58
建筑业	15.98	12.07	11.25	6.73	8.50	8.08
批发和零售业	2.46	3.60	4.72	3.81	5.60	8.29
交通运输、仓储和邮政业	3.28	5.73	3.71	3.69	4.18	5.21
住宿和餐饮业	1.46	3.22	3.17	1.40	2.42	1.80
信息传输、软件和信息技术服务业	0.44	0.71	1.56	1.04	1.39	2.59
金融业	0.69	2.83	3.97	3.17	4.17	5.73
房地产业	3.36	0.53	0.88	1.22	1.47	2.10
租赁和商务服务业	0.90	0.99	2.13	1.20	2.09	4.39
科学研究和技术服务业	0.87	0.93	1.49	1.45	1.88	2.98
水利、环境和公共设施管理业	0.57	0.46	0.51	0.50	0.57	0.44
居民服务、修理和其他服务业	1.88	3.94	3.46	1.04	2.09	2.62
教育	4.42	6.11	3.99	5.21	5.25	4.59
卫生和社会工作	2.51	2.47	1.82	2.32	2.84	3.26
文化、体育和娱乐业	0.49	1.30	2.10	0.63	0.73	1.06
公共管理、社会保障和社会组织	6.55	8.99	7.22	6.85	6.62	6.62
合计	100.00	100.00	100.00	100.00	100.00	100.00

资料来源：国家统计局国民经济核算司所编 2007 年、2012 年、2017 年《中国地区投入产出表》，中国统计出版社。

表 3-5　推算得到的三次产业就业构成

单位：%

产业	江西			全国		
	2007	2012	2017	2007	2012	2017
第一产业	35.31	50.19	32.17	34.41	28.46	24.52
第二产业	39.37	16.72	34.65	39.51	33.07	32.31
第三产业	25.32	33.08	33.18	26.07	38.47	43.17

资料来源：作者计算。

　　分行业来看，就业占比最大的行业是农林牧渔业，其次是制造业和建筑业（见表 3-6）。制造业就业占比约 22%，建筑业占比约 10%。从时间变化来看，2007~2017 年，雇用比例下降最多的行业是建筑业（下降 4.28 个百分点），其次是公共管理、社会保障和社会组织行业（下降 3.54 个百分点），再次是农林牧渔业（下降 3.14 个百分点）。雇用比例增长最多的行业是金融业（增长 3.07 个百分点），其次是批发零售业、居民服务业、住宿餐饮业，分别增长 2.67 个、2.21 个、2.13 个百分点。这里需要注意的是，2012 年由于制造业劳动者报酬份额变化较大，因此推算得到的制造业就业在 2012 年也变化较大。

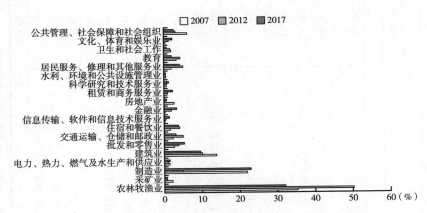

图 3-6　推算得到的 2007~2017 年江西省各行业就业占比

资料来源：作者计算。

与全国对比来看，江西省制造业、建筑业就业占比高于全国，且制造业就业占比上升的趋势与全国趋势相反，批发零售及生产性服务业就业占比低于全国。2007 年，江西省制造业就业占比低于全国，建筑业就业占比高于全国。到 2017 年，建筑业就业占比仍然高于全国，制造业就业占比则呈上升趋势，这与全国层面制造业就业占比呈下降趋势相反。到 2017 年，江西省制造业就业占比高于全国制造业就业占比。但是在批发和零售业，交通运输、仓储和邮政业，信息传输、软件和信息技术服务业，金融业，房地产业，租赁和商务服务业，科学研究和技术服务业方面，江西省就业占比均低于全国平均（见图 3-7、图 3-8、表 3-6）。

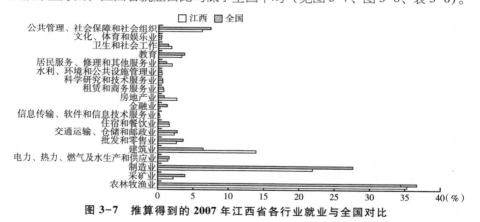

图 3-7　推算得到的 2007 年江西省各行业就业与全国对比

资料来源：作者计算。

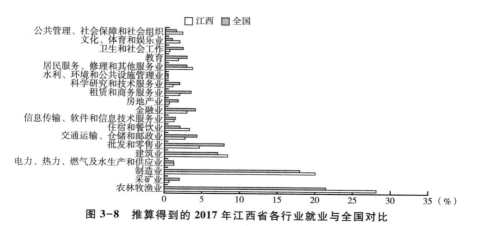

图 3-8　推算得到的 2017 年江西省各行业就业与全国对比

资料来源：作者计算。

表 3-6　2007～2017 年江西省与全国各行业就业推算结果

就业（万人）	江西			全国		
	2007 年	2012 年	2017 年	2007 年	2012 年	2017 年
农林牧渔业	606.49	786.9	649.95	18677.4	24062.32	18958.24
采矿业	37.23	11.46	14.39	2083.44	2532.46	1768.6
制造业	376.34	77.59	462.61	15000.17	18354.07	15881.02
电力、热力、燃气及水生产和供应业	24.21	14.75	29.15	879.07	1010.38	1072.43
建筑业	238.35	158.38	193.91	3482.88	6068.28	6256.29
批发和零售业	45.01	60.38	106.84	1928.9	4309.29	6983.73
交通运输、仓储和邮政业	39.88	78.49	62.33	1473.96	2868.06	3791.91
住宿和餐饮业	27.82	64.07	75.83	846.9	2278.24	1784.32
信息传输、软件和信息技术服务业	4.54	8.1	28.43	84.01	590.16	1245.09
金融业	4.53	29.86	67.3	707.08	2062.53	3578.46
房地产业	45.3	5.58	13.78	456.19	972.77	1564.36
租赁和商务服务业	13.64	14.88	45.41	387.97	1342.06	3054.84
科学研究和技术服务业	10.83	11.06	24.5	342.17	904.24	1715.62
水利、环境和公共设施管理业	8.75	6.43	9.38	264.79	448.29	346.12
居民服务、修理和其他服务业	33.42	79	84.06	619.87	1996.5	2538.77
教育	56.4	67.69	40.67	2011.46	3299.96	2565.16
卫生和社会工作	32.13	26.09	13.74	768.18	1699.08	2099.15
文化、体育和娱乐业	6.47	19.41	44.75	238.8	504.91	818.97
公共管理、社会保障和社会组织	106.11	47.6	53.4	4021.15	9256.9	1291

续表

占比（%）	江西			全国		
	2007 年	2012 年	2017 年	2007 年	2012 年	2017 年
农林牧渔业	35.31	50.19	32.17	34.41	28.46	24.52
采矿业	2.17	0.73	0.71	3.84	2.99	2.29
制造业	21.91	4.95	22.9	27.64	21.71	20.54
电力、热力、燃气及水生产和供应业	1.41	0.94	1.44	1.62	1.19	1.39
建筑业	13.88	10.1	9.6	6.42	7.18	8.09
批发和零售业	2.62	3.85	5.29	3.55	5.1	9.03
交通运输、仓储和邮政业	2.32	5.01	3.08	2.72	3.39	4.9
住宿和餐饮业	1.62	4.09	3.75	1.56	2.69	2.31
信息传输、软件和信息技术服务业	0.26	0.52	1.41	0.15	0.7	1.61
金融业	0.26	1.9	3.33	1.3	2.44	4.63
房地产业	2.64	0.36	0.68	0.84	1.15	2.02
租赁和商务服务业	0.79	0.95	2.25	0.71	1.59	3.95
科学研究和技术服务业	0.63	0.71	1.21	0.63	1.07	2.22
水利、环境和公共设施管理业	0.51	0.41	0.46	0.49	0.53	0.45
居民服务、修理和其他服务业	1.95	5.04	4.16	1.14	2.36	3.28
教育	3.28	4.32	2.01	3.71	3.9	3.32
卫生和社会工作	1.87	1.66	0.68	1.42	2.01	2.72
文化、体育和娱乐业	0.38	1.24	2.21	0.44	0.6	1.06
公共管理、社会保障和社会组织	6.18	3.04	2.64	7.41	10.95	1.67

资料来源：作者计算。

从各省份主要行业就业占比来看，2017年，江西省农林牧渔业就业占比在全国处于较高水平，按就业比重从低到高排列，江西省处第23位，高于安徽、湖南、湖北等省，低于云南、新疆、广西、贵州等。江西省制造业就业占比在全国也处于较高水平，按就业比重从高到低排列，江西省处第10位，低于广东、浙江、福建、江苏、湖北、上海、天津、重庆、山东，在中部地区江西省属于制造业就业占比相对较高的省份。从建筑业就业占比来看，江西省在全国处于平均水平，按就业比重从低到高排列，江西省处于第15位。从批发和零售业就业占比来看，江西省在全国处于较低水平，按就业比重从低到高排列，江西省处于第8位，批发和零售业就业占比低于大部分省份。从生产性服务业就业占比来看，江西省的占比相对更低，按就业比重从低到高排列，江西省处第6位，仅略高于广西、吉林、安徽、海南、云南（见表3-7）。

表3-7　2017年各省份主要行业就业占比

单位：%

省份	农林牧渔业	制造业	建筑业	批发和零售业	生产性服务业
安徽	29.82	20.53	8.28	12.32	11.26
北京	1.96	10.12	10.42	7.11	46.77
福建	19.09	29.06	11.35	7.39	13.59
甘肃	30.22	10.23	10.72	5.06	20.76
广东	14.44	34.50	3.90	10.39	16.81
广西	42.03	13.45	10.12	7.31	10.66
贵州	44.36	6.76	8.75	3.25	15.54
海南	46.10	2.79	10.97	9.98	11.29
河北	25.27	22.12	6.25	10.76	16.94
黑龙江	50.66	5.49	6.27	3.59	12.18
河南	28.67	22.80	5.77	6.41	17.87
湖北	20.62	26.15	8.73	7.11	20.06
湖南	25.77	20.55	8.14	6.82	12.23
江苏	18.69	26.73	7.56	8.08	20.47
江西	32.17	22.90	9.60	5.29	11.97
吉林	31.40	19.59	7.14	11.58	10.69
辽宁	27.81	15.56	10.87	6.55	15.96
内蒙古	26.77	6.08	8.74	6.00	27.57

续表

省份	农林牧渔业	制造业	建筑业	批发和零售业	生产性服务业
宁夏	23.96	13.15	16.20	5.97	18.44
青海	30.36	8.53	20.05	6.60	17.64
山东	19.25	25.28	6.74	13.97	14.23
上海	1.84	25.77	4.77	10.47	33.69
陕西	23.07	17.35	12.94	6.68	19.34
山西	14.03	16.25	7.25	5.12	20.35
四川	34.00	15.73	9.60	4.75	16.16
天津	4.23	25.51	6.71	6.66	23.88
新疆	33.56	7.70	14.38	5.14	15.66
云南	33.54	10.13	14.58	6.58	11.44
浙江	11.87	31.28	10.34	13.12	19.09
重庆	22.30	25.30	14.24	4.70	17.31

资料来源：作者计算。

（三）不同行业就业的单位类型结构

从江西省三次产业的单位类型结构看，三次产业就业人员中均以私营和个体就业为主，第二产业中私营和个体就业比重在下降，第三产业中的私营和个体就业比重在增加。第一产业私营和个体就业比重达到 99%，第二、第三产业的这一比重约 66%。从时间变化来看，第三产业私营和个体就业的比重在增加，从 2007 年的约 64% 增加至 2017 年的 66%；第二产业私营和个体就业比重在下降，从 2007 年的 83.12% 下降至 2017 年的 66.79%。

江西省第二、第三产业中的私营和个体就业比重均低于全国。与全国对比看，2017 年，江西省第一产业私营和个体就业比重高于全国，约高 1.59 个百分点，第二产业私营和个体就业比重低于全国 11.78 个百分点，第三产业私营和个体就业比重低于全国 15.13 个百分点。从趋势上，全国第二产业中私营和个体就业比重在增加，江西省的趋势与全国不同（见表 3-8）。

表 3-8　三次产业中的单位类型结构

单位：%

	2007 年		2012 年		2017 年	
	私营和个体	城镇单位	私营和个体	城镇单位	私营和个体	城镇单位
江西						
第一产业	97.56	2.44	98.53	1.47	99.34	0.66
第二产业	83.12	16.88	27.84	72.16	66.79	33.21
第三产业	63.66	36.34	64.35	35.65	66.17	33.83
全国						
第一产业	98.63	1.37	98.59	1.41	97.75	2.25
第二产业	62.18	37.82	74.08	25.92	78.57	21.43
第三产业	34.44	65.56	76.48	23.52	81.30	18.70

资料来源：作者计算。

从各省份对比来看，各省份第一产业中私营和个体就业占比均较高。第二产业中私营和个体就业占比最高的省份达到 85.22%，最低的为 44.85%，江西省的这一占比相对较低，从低到高排列，江西省排第 11 位。总体上，发达省份的第二产业中单位就业占比更高，私营和个体就业占比更低，如北京、上海、江苏、广东、浙江第二产业中私营和个体就业比重分别为44.85%、47.09%、54.74%、57.17%、61.61%。第三产业中私营和个体就业占比最高的为 81.86%[1]，最低的为 26.93%，从低到高排列，江西省排第 11 位（见表 3-9、表 3-10、表 3-11、图 3-9）。

表 3-9　2017 年各省份第一产业就业结构

单位：万人，%

省份	就业总数	私营和个体就业	城镇单位就业	私营和个体就业占比	城镇单位就业占比
安徽	858.23	854.43	3.80	99.56	0.44
北京	23.44	20.04	3.40	85.50	14.50
福建	582.05	577.85	4.20	99.28	0.72

---

[1]　这里根据全国投入产出表推算的第三产业私营和个体就业占比要高于各省份推算的结果，这是因为投入产出表中全国总数和各地加总会有差异。

续表

省份	就业总数	私营和个体就业	城镇单位就业	私营和个体就业占比	城镇单位就业占比
甘肃	284.07	279.87	4.20	98.52	1.48
广东	941.74	937.14	4.60	99.51	0.49
广西	958.80	951.50	7.30	99.24	0.76
贵州	687.54	686.54	1.00	99.85	0.15
海南	231.48	225.88	5.60	97.58	2.42
河北	958.19	954.69	3.50	99.63	0.37
河南	1465.64	1463.84	1.80	99.88	0.12
黑龙江	945.39	877.69	67.70	92.84	7.16
湖北	756.14	745.84	10.30	98.64	1.36
湖南	955.24	952.74	2.50	99.74	0.26
吉林	468.53	457.13	11.40	97.57	2.43
江苏	1136.13	1131.03	5.10	99.55	0.45
江西	649.95	645.65	4.30	99.34	0.66
辽宁	636.66	615.16	21.50	96.62	3.38
内蒙古	467.47	445.47	22.00	95.29	4.71
宁夏	77.41	76.21	1.20	98.45	1.55
青海	82.62	81.22	1.40	98.31	1.69
山东	1036.74	1035.34	1.40	99.86	0.14
山西	234.96	233.36	1.60	99.32	0.68
陕西	485.87	483.67	2.20	99.55	0.45
上海	23.41	20.61	2.80	88.04	11.96
四川	1283.78	1281.28	2.50	99.81	0.19
天津	40.95	40.35	0.60	98.53	1.47
新疆	493.14	443.44	49.70	89.92	10.08
云南	574.61	568.81	5.80	98.99	1.01
浙江	449.64	449.14	0.50	99.89	0.11
重庆	319.17	317.97	1.20	99.62	0.38

资料来源：作者计算。

表 3-10　2017 年各省份第二产业就业结构

单位：万人，%

省份	就业总数	私营和个体就业	城镇单位就业	私营和个体就业占比	城镇单位就业占比
安徽	914.20	670.60	243.60	73.35	26.65
北京	257.64	115.54	142.10	44.85	55.15
福建	1278.16	877.66	400.50	68.67	31.33
甘肃	250.51	156.71	93.80	62.56	37.44
广东	2605.80	1489.80	1116.00	57.17	42.83
广西	567.04	419.84	147.20	74.04	25.96
贵州	306.22	199.82	106.40	65.25	34.75
海南	74.67	57.97	16.70	77.64	22.36
河北	1208.68	1030.08	178.60	85.22	14.78
河南	1676.54	1087.04	589.50	64.84	35.16
黑龙江	318.78	205.98	112.80	64.62	35.38
湖北	1362.50	1039.10	323.40	76.26	23.74
湖南	1120.99	878.99	242.00	78.41	21.59
吉林	452.40	333.70	118.70	73.76	26.24
江苏	2148.26	1175.96	972.30	54.74	45.26
江西	700.06	467.56	232.50	66.79	33.21
辽宁	724.19	518.49	205.70	71.60	28.40
内蒙古	402.92	322.52	80.40	80.05	19.95
宁夏	110.42	85.42	25.00	77.36	22.64
青海	87.74	65.64	22.10	74.81	25.19
山东	1894.02	1273.52	620.50	67.24	32.76
山西	678.60	483.20	195.40	71.21	28.79
陕西	695.80	487.70	208.10	70.09	29.91
上海	392.39	184.79	207.60	47.09	52.91
四川	1079.56	747.66	331.90	69.26	30.74
天津	359.49	242.49	117.00	67.45	32.55
新疆	398.45	310.85	87.60	78.01	21.99
云南	479.43	318.63	160.80	66.46	33.54
浙江	1604.68	988.58	616.10	61.61	38.39
重庆	598.57	406.47	192.10	67.91	32.09

资料来源：作者计算。

表 3-11 2017 年各省份第三产业就业结构

单位：万人，%

省份	就业总数	私营和个体就业	城镇单位就业	私营和个体就业占比	城镇单位就业占比
安徽	1105.32	836.32	269.00	75.66	24.34
北京	913.15	245.95	667.20	26.93	73.07
福建	1189.06	921.46	267.60	77.49	22.51
甘肃	405.52	244.42	161.10	60.27	39.73
广东	2972.71	2130.01	842.70	71.65	28.35
广西	755.61	512.21	243.40	67.79	32.21
贵州	556.07	348.27	207.80	62.63	37.37
海南	195.99	117.29	78.70	59.84	40.16
河北	1624.76	1271.46	353.30	78.26	21.74
河南	1969.61	1431.61	538.00	72.68	27.32
黑龙江	602.07	369.37	232.70	61.35	38.65
湖北	1548.95	1187.55	361.40	76.67	23.33
湖南	1630.44	1309.54	320.90	80.32	19.68
吉林	571.05	394.05	177.00	69.00	31.00
江苏	2795.28	2288.08	507.20	81.86	18.14
江西	670.44	443.64	226.80	66.17	33.83
辽宁	928.24	635.74	292.50	68.49	31.51
内蒙古	876.17	698.17	178.00	79.68	20.32
宁夏	135.22	90.32	44.90	66.79	33.21
青海	101.75	61.85	39.90	60.78	39.22
山东	2455.41	1884.41	571.00	76.75	23.25
山西	760.73	528.93	231.80	69.53	30.47
陕西	924.49	624.39	300.10	67.54	32.46
上海	857.12	435.12	422.00	50.77	49.23
四川	1413.01	955.31	457.70	67.61	32.39
天津	567.86	416.16	151.70	73.29	26.71
新疆	577.68	380.18	197.50	65.81	34.19
云南	659.12	403.12	256.00	61.16	38.84
浙江	1734.16	1296.16	438.00	74.74	25.26
重庆	513.33	300.13	213.20	58.47	41.53

资料来源：作者计算。

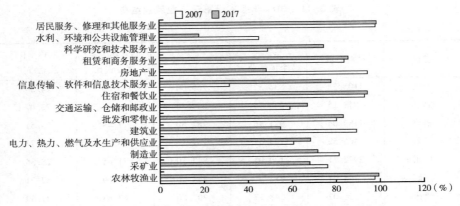

图 3-9　推算得到的江西省主要行业的私营和个体就业占比

资料来源：作者计算。

（四）分单位类型行业结构

江西省城镇单位就业人员集中的行业包括制造业，建筑业，教育行业，公共管理、社会保障和社会组织行业，其中在制造业、建筑业就业的比重在上升，在教育行业就业的比重在下降（见图3-10）。从城镇单位就业人员的行业构成来看（表3-12），就业比重最高的是制造业（28.26%）；其次是建筑业（18.92%），教育（11.52%），公共管理、社会保障和社会组织（11.52%）。从时间变化来看，城镇单位就业人员在建筑业就业的比重增长最多，从2007年的8.85%增至2017年的18.92%，增长10.07个百分点；其次是制造业，增长3.76个百分点。城镇单位就业人员在教育行业就业的比重减少最多，从2007年的16.28%降至2017年的11.52%，下降4.76个百分点；其次是农林牧渔业，下降4.23个百分点。

相较于全国，2007~2017年，江西省城镇单位就业人员向建筑业、制造业集中，在教育行业，公共管理、社会保障和社会组织行业的比重下降，江西省城镇单位就业人员在建筑业，教育行业，公共管理、社会保障和社会组织行业就业变化趋势与全国不同。与全国相比，2007年，江西省城镇单位就业人员在制造业、建筑业、批发和零售业的就业比重均低于全国，但是在教育行业，公共管理、社会保障和社会组织行业的就业比例高于全国。到2017年，江西省城镇单位就业人员在制造业的就业比重接近全国，在建筑业的就业比重远高于全国，在教育行业，公共管理、社会保障和社会组织行业的就业比重也接近于全国。全国总体的趋势上，2007~2017年，城镇单位就业人员在制造业就业比重上升，但是在建筑业的就业比重下降，在教育行业，公共管理、社会保障和社会组织行业的就业比重上升。江西省城镇单位就业人员在建筑业、教育、公共管理行业的就业变化趋势与全国趋势相反。

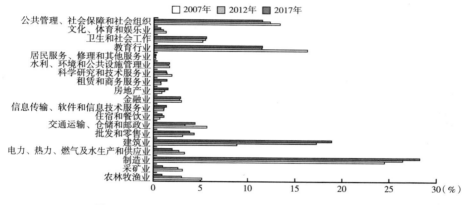

图 3-10　2007~2017 年江西省城镇单位就业行业构成

资料来源：国家统计局编《中国统计年鉴 2008》、《中国统计年鉴 2013》、《中国统计年鉴 2018》，中国统计出版社。

　　私营和个体就业人员就业集中的行业是农林牧渔业，制造业，建筑业，批发和零售业，住宿和餐饮业，居民服务、修理和其他服务业。从时间变化来看，私营和个体就业人员在农林牧渔业、制造业就业的比重变化不大，但是在建筑业的就业比重大幅下降（图 3-11），从 2007 年的 14.89% 下降至2017 年的 6.82%，下降 8.07 个百分点。在房地产业的就业比重也有较大的下降，下降 2.56 个百分点。私营和个体就业人员在批发和零售业，住宿和餐饮业，金融业，居民服务、修理和其他服务业，交通运输、仓储和邮政业，租赁和商务服务业的就业比重上升，分别上升 3.20 个、2.79 个、3.75 个、

表3-12 江西省和全国城镇单位就业行业构成

	江西			全国		
	2007年	2012年	2017年	2007年	2012年	2017年
绝对数（万人）						
农、林、牧、渔业	14.8	11.6	4.3	255	339	426
采矿业	8.9	10.1	4.6	455	631	535
制造业	70.3	102	131	4635	4262	3465
电力、热力、燃气及水生产和供应业	9.5	10.5	9.2	377	345	303
建筑业	25.4	66.6	87.7	2643	2010	1051
批发和零售业	8.9	16.7	17.8	843	712	507
交通运输、仓储和邮政业	16.3	12.9	20.5	844	668	623
住宿和餐饮业	1.9	4.3	4.2	266	265	186
信息传输、软件和信息技术服务业	3.1	4.3	6.3	395	223	150
金融业	8.5	10.6	13.3	689	528	390
房地产业	2.5	4.5	7.1	445	274	166
租赁和商务服务业	2.2	2.9	6.5	523	292	247
科学研究和技术服务业	5.5	5.4	6.2	420	331	243
水利、环境和公共设施管理业	4.8	5.9	7.7	268	244	193
居民服务、修理和其他服务业	0.6	0.6	1.1	78	62	57
教育	46.7	44.2	53.4	1730	1653	1521
卫生和社会工作	14.9	21.1	25.9	898	719	543
文化、体育和娱乐业	3.7	3.9	3.4	152	138	125
公共管理、社会保障和社会组织	38.4	47.6	53.4	1726	1542	1291

续表

占比(%)	江西			全国		
	2007 年	2012 年	2017 年	2007 年	2012 年	2017 年
农、林、牧、渔业	5.16	3.01	0.93	1.45	2.22	3.54
采矿业	3.10	2.62	0.99	2.58	4.14	4.45
制造业	24.50	26.45	28.26	26.27	27.97	28.82
电力、热力、燃气及水生产和供应业	3.31	2.72	1.98	2.14	2.26	2.52
建筑业	8.85	17.27	18.92	14.98	13.19	8.74
批发和零售业	3.10	4.33	3.84	4.78	4.67	4.22
交通运输、仓储和邮政业	5.68	3.34	4.42	4.78	4.38	5.18
住宿和餐饮业	0.66	1.11	0.91	1.51	1.74	1.55
信息传输、软件和信息技术服务业	1.08	1.11	1.36	2.24	1.46	1.25
金融业	2.96	2.75	2.87	3.91	3.47	3.24
房地产业	0.87	1.17	1.53	2.52	1.80	1.38
租赁和商务服务业	0.77	0.75	1.40	2.96	1.92	2.05
科学研究和技术服务业	1.92	1.40	1.34	2.38	2.17	2.02
水利、环境和公共设施管理业	1.67	1.53	1.66	1.52	1.60	1.61
居民服务、修理和其他服务业	0.21	0.16	0.24	0.44	0.41	0.47
教育	16.28	11.46	11.52	9.81	10.85	12.65
卫生和社会工作	5.19	5.47	5.59	5.09	4.72	4.52
文化、体育和娱乐业	1.29	1.01	0.73	0.86	0.91	1.04
公共管理、社会保障和社会组织	13.38	12.34	11.52	9.78	10.12	10.74

资料来源：国家统计局编《中国统计年鉴 2008》、《中国统计年鉴 2013》、《中国统计年鉴 2018》，中国统计出版社。

3.03 个、1.04 个、1.70 个百分点。这与城镇单位就业人员的行业分布变化不同，在这些行业，城镇单位就业人员的分布比重增长幅度远低于私营和个体就业人员，甚至在一些行业就业比重是在下降的。前文分析已知江西省在批发和零售业及一些生产性服务业方面的就业比重远低于全国平均水平，而在这些行业江西省的个体和私营企业就业比重也低于全国，这里的分析表明这些行业的就业增长很大程度上需要依赖私营和个体就业的增长。

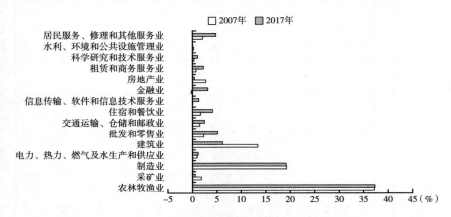

图 3-11 2007~2017 年江西省私营和个体就业行业构成

资料来源：作者计算。

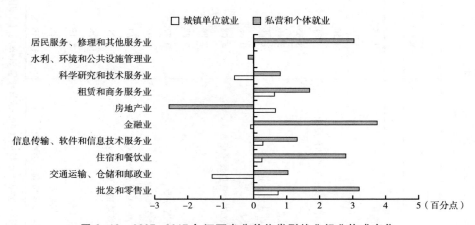

图 3-12 2007~2017 年江西省分单位类型就业行业构成变化

资料来源：作者计算。

四 总结与政策建议

本章基于各地区 2007 年、2012 年、2017 年投入产出表中的劳动者报酬数据，结合统计局公布的分行业平均工资等数据，估算了各省份各年各行业的就业人数以及城镇单位和私营个体就业人数。主要有以下发现。

首先，江西省的就业结构中第二产业占比较高，尤其表现为制造业和建筑业的就业占比高。制造业的就业占比在 2007～2017 年是逐步上升的，这与全国的趋势相反。这样的结构反映出在东部地区产业转移大背景下，江西省在承接东部地区制造业产业转移中做出了努力。

其次，江西省第三产业的就业占比较低，尤其是批发和零售业与一些重要的生产性服务业的就业占比较低，这可能是江西省参与全国产业分工的自然结果，但也体现了江西省在相关产业方面发展滞后。

最后，服务业中，江西省私营和个体就业的比重相对全国其他省份更低，2007～2017 年，相关重要服务业中的私营和个体就业的比重在上升，同时私营和个体就业人员流向批发和零售业及其他重要生产性服务业的比重也高于非私营就业人员，这可能体现出私营和个体就业对于未来推动江西省相关服务业的发展、推动产业升级和结构转型将做出重要贡献。

未来要加快推动传统产业改造升级，同时聚焦扩大就业容量。强化就业优先导向的宏观调控，稳定提升建材产业、纺织服装产业、食品产业、家具产业等加工制造业就业比重，扩大现代物流、研发设计、服务外包、人力资源服务、法律服务、现代会展、体育服务等服务业就业，拓展旅游休闲、健康养老和现代农业的就业空间；培育新动能以带动新就业形态发展，促进 VR 产业、物联网产业、大数据和云计算产业、集成电路产业、人工智能产业、北斗产业、区块链产业等数字经济领域就业创业，支持多渠道灵活就业和新就业形态发展，支持民营企业稳定发展以增加就业，落实乡村产业振兴战略以拓宽就业渠道。深化创业领域"放管服"改革，加大对创业的政策支持力度，激发社会大众创业的积极性和主动性，全方位培养引进用好创业人才；打造全生态、专业化、多层次的创业服务体系，打造特色化、功能化、高质量的创业平台载体，千方百计稳定和扩大就业容量。加强就业形势分析监测，健全就业需求调查和失业风险预警机制，构建就业影响评估机制，保持城镇新增就业基本稳定。

参考文献

陈诗一：《中国工业分行业统计数据估算：1980—2008》，《经济学（季刊）》2011年第 3 期。

蒋金法：《新时代推进中部地区高质量发展的基础、目标、挑战和路径研究》，《企业经济》2021 年第 9 期。

田友春、卢盛荣、李文溥：《中国全要素生产率增长率的变化及提升途径——基于产业视角》，《经济学（季刊）》2021 年第 2 期。

王亚菲、贾雪梅、王春云：《中国行业层面就业核算研究》，《统计研究》2021 年第 12 期。

岳希明、任若恩：《测量中国经济的劳动投入：1982—2000 年》，《经济研究》2008 年第 3 期。

Harry Wu and Ximing Yue, (2012), Accounting for Labor Input in Chinese Industry, 1949-2009, Discussion Papers, Research Institute of Economy, Trade and Industry (RIETI).

Harry Wu, Ximing Yue and George G. Zhang, (2015), Constructing Annual Employment and Compensation Matrices and Measuring Labor Input in China, Discussion Papers, Research Institute of Economy, Trade and Industry (RIETI).

第四章

财政支出、居民收入和就业

——江西与其他省份的比较

李冰冰[*]

居民收入一般指居民获得的可支配收入，但是单纯看居民可支配收入会忽略政府部门向居民的收入转移，这一收入转移并不是指政府对个人的直接补贴，如失业补贴、福利救济、价格补贴等（因为这部分转移已经计入居民的可支配收入），而是指政府向居民部门提供的社会公共服务，如教育、医疗等，政府提供的这种福利性公共服务越多，则居民部门可享受的福利越高，这间接增加了居民的收入。此外，政府对居民收入产生作用的另一个渠道是政府投资，政府投资可以带动产业发展、带动就业，进而促进经济增长和居民收入增加。本章从政府支出的角度，详细比较了不同省份之间的社会福利性支出差异以及政府投资的差异，从这一特定的视角考察财政支出与居民收入和就业之间的关系。本章首先分析不同省份之间的收入分配格局，然后比较不同省份之间的财政支出结构差异，包括福利性支出和基本建设支出差别，并进一步分析政府投资的差异，以及投资结构与就业的关系。

---

[*] 李冰冰，中国社会科学院人口与劳动经济研究所助理研究员。

一 收入分配与居民收入

从经济发展水平来看，江西省的经济发展水平在全国处于中下游，2010 年江西省人均地区生产总值在 31 个省（自治区、直辖市）中排名第 25 位，2017 年排名第 21 位，2021 年则排名第 15 位。从增长速度来看，2010～2017 年，江西省的实际人均地区生产总值增长 92%，增速在全国排第 5 位；2010～2021 年，实际人均地区生产总值增长 154%，增速在全国排第 3 位。江西省的实际人均地区生产总值增速远高于相同发展水平的其他省份。

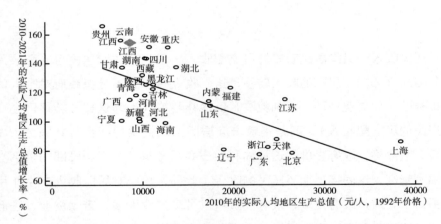

图 4-1 2010～2021 年实际人均地区生产总值增长速度省际比较

资料来源：国家统计局。

在这样的经济发展水平和增长速度中，收入分配格局如何变化？

首先看劳动者报酬份额，总体上从 2010 年以来，江西省劳动者报酬份额呈下降的趋势，从 2010 年的 54.36% 下降为 2017 年的 50.02%。这样的劳动者报酬份额在全国来看是相对较低的，从高到低排列，2010 年江西省劳动者报酬份额在全国排第 19 位，而 2017 年江西省劳动者报酬份额在全国排倒数第 3 位。从 2010～2017 年劳动者报酬份额变动趋势来看，江西省劳动者报酬份额下降幅度高于大部分省份。这表明，在 2010 年之后江西省的高速增长中，其经济发展惠及劳动者的程度还不够（图 4-2、图 4-3）。

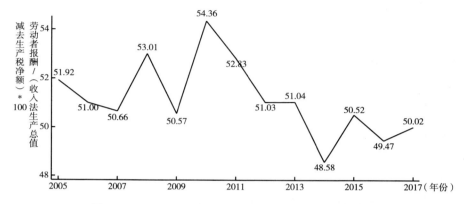

图 4-2　2005~2017 年江西省劳动者报酬份额变化趋势

资料来源：国家统计局。

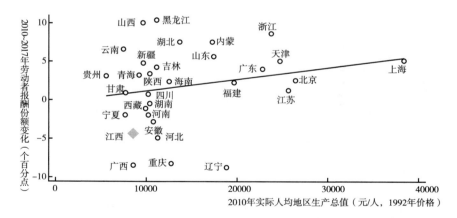

图 4-3　2010~2017 年各省份劳动者报酬变动

资料来源：国家统计局。

其次看城乡收入差距，2010 年之后江西省城乡收入差距迅速缩小。2010 年江西省城镇居民人均可支配收入与农村居民人均可支配收入之比为 2.61，到 2017 年这一比值下降为 2.36。从全国比较来看，江西省城乡收入差距在全国处于相对较低水平。用以上指标衡量的城乡收入差距指数，从低到高排列，2010~2017 年江西省在全国基本排第 9 位，没有太大波动。这表明在江西省经济高速发展中，城乡收入差距并没有扩大（图 4-4、图 4-5）。

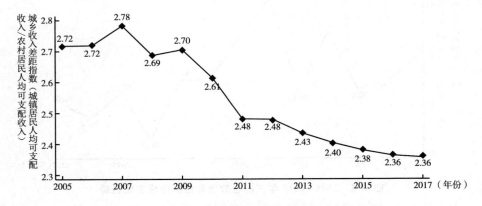

图 4-4　2005~2017 年江西省城乡收入差距变化趋势

资料来源：国家统计局。

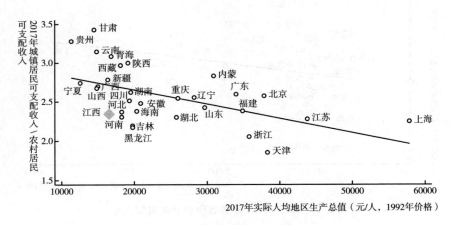

图 4-5　2017 年各省份城乡收入差距

资料来源：国家统计局。

从农村居民的收入来看，2010 年，江西省农村居民人均可支配收入为 5991 元，从高到低排列，在全国排 15 位；2017 年，江西省农村居民人均可支配收入为 13242 元，在全国排第 11 位。2017 年较 2010 年增长 121.03%。这一增长速度与全国平均水平接近但略低于相同发展水平下的其他省份。总体上看，在江西省的高速增长中，农村居民人均可支配收入虽然没有实现同样的高速增长，但也没有明显落后于其他省份（见图 4-6、表 4-1）。

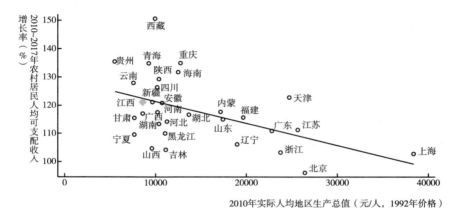

图 4-6　2010~2017 年各省份农村居民收入增长率

资料来源：国家统计局。

表 4-1　2017 年各省份收入相关指标

省份	人均地区生产总值（当年价格，元）	劳动者报酬份额（%）	城镇居民人均可支配收入（元）	农村居民人均可支配收入（元）	城镇居民人均可支配收入/农村居民人均可支配收入	2010~2017年农村居民人均可支配收入增长率（%）
北京	136172	60.62	62406	24240	2.57	95.99
上海	133489	53.74	62596	27825	2.25	103.07
江苏	102202	50.02	43622	19158	2.28	111.29
天津	87280	50.53	40278	21754	1.85	122.80
浙江	85612	54.70	51261	24956	2.05	103.27
福建	83758	59.71	39001	16335	2.39	115.70
广东	76218	56.23	40975	15780	2.60	110.85

续表

省份	人均地区生产总值（当年价格,元）	劳动者报酬份额（%）	城镇居民人均可支配收入（元）	农村居民人均可支配收入（元）	城镇居民人均可支配收入/农村居民人均可支配收入	2010~2017年农村居民人均可支配收入增长率（%）
重庆	64171	49.61	32193	12638	2.55	134.99
湖北	63169	57.07	31889	13812	2.31	116.66
山东	62993	52.62	36789	15118	2.43	114.93
内蒙古	61196	57.84	35670	12584	2.83	117.72
陕西	55216	51.13	30810	10265	3.00	129.28
湖南	51030	59.15	33948	12936	2.62	113.36
辽宁	50221	49.72	34993	13747	2.55	106.07
安徽	49092	54.46	31640	12758	2.48	120.88
海南	46631	62.77	30817	12902	2.39	131.80
四川	45835	56.55	30727	12227	2.51	126.43
河南	45723	55.57	29558	12719	2.32	117.57
宁夏	45718	59.23	29472	10738	2.74	109.52
新疆	45476	65.61	30775	11045	2.79	121.21
江西	44878	50.02	31198	13242	2.36	121.03
吉林	42890	50.23	28319	12950	2.19	104.23
青海	42211	58.33	29169	9462	3.08	134.91
河北	41451	58.08	30548	12881	2.37	114.18
山西	41242	57.35	29132	10788	2.70	104.98
云南	39458	65.00	30996	9862	3.14	127.92
西藏	39158	68.15	30671	10330	2.97	150.55
广西	36441	59.76	30502	11325	2.69	117.20
贵州	35988	65.73	29080	8869	3.28	135.38
黑龙江	35887	54.41	27446	12665	2.17	109.69
甘肃	29103	63.05	27763	8076	3.44	115.53

资料来源：国家统计局编《中国统计年鉴2018》，中国统计出版社，2018。

二　财政福利性支出

上节提到的居民收入只是狭义范围的收入，实际上，居民的福利不仅受到居民收入的影响，还受到政府福利性支出的影响，而这些政府福利性支出其实可以看作政府部门向居民部门的转移性收入。本节进一步比较影响居民福利的政府福利性支出。如果居民实际收入较低，但政府福利性支出较高，那么这意味着政府向居民部门转移的收入较多，从而居民可享受的福利也会更高，这可以弥补居民收入较低的不足。

本节详细计算了江西省一般公共预算支出的结构，并进行了省际比较。由于江西省没有公布全省的政府性基金支出情况，这里无法计算考虑政府基金之后的支出结构，因此集中于一般公共预算支出。根据财政支出分类，将财政支出分为基建类、其他经济事务、科教文卫、社会保障和行政管理类。其中，基建类支出包括城乡社区支出、农林水支出、交通运输支出、住房保障支出、地震灾后重建支出；其他经济事务支出包括节能环保支出、资源勘探支出、商业服务业支出、金融支出、国土海洋气象事务支出、粮油物资储备支出；科教文卫支出包括教育支出、科学技术支出、文化体育传媒支出、医疗支出；社会保障支出包括社会保障和就业支出；行政管理类支出包括一般公共服务、外交、国防、公共安全支出。

江西省一般公共预算中的科教文卫支出和社会保障支出占比2011年以来呈上升趋势，与全国趋势接近。科教文卫类支出占比从2010年的25.69%提高到2018年的32.93%，社会保障支出占比从2011年的10.76%上升到2018年的13.43%。江西省科教文卫支出和社会保障支出占比的绝对值均高于全国一般公共预算支出中这两类支出的比重，2018年，全国一般公共预算支出中科教文卫支出占比27.01%，社会保障支出占比12.23%。江西省一般公共预算中行政管理相关的支出占比呈不断下降趋势，从2010年的17.18%降至2018年的14.69%，下降趋势与全国一般公共预算中行政管理相关支出占比的变化趋势一致，从绝对值上看，江西省一般公共预算中行政管理相关支出占比低于全国约 5 个百分点（见图 4-7、表 4-2）。

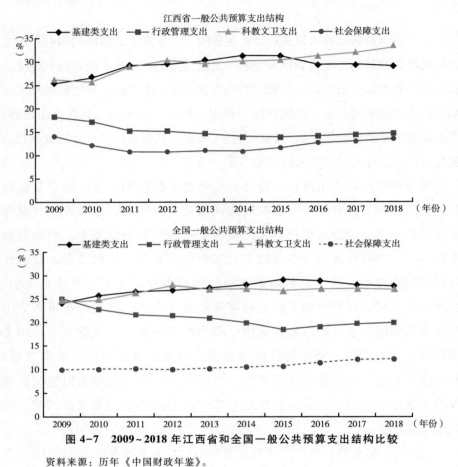

图 4-7 2009~2018 年江西省和全国一般公共预算支出结构比较

资料来源：历年《中国财政年鉴》。

表 4-2 2009~2018 年江西省和全国一般公共预算支出结构

单位：%

	基建类支出	其他经济事务支出	行政管理支出	科教文卫支出	社会保障支出
江西					
2009 年	25.35	11.87	18.11	26.17	14.04
2010 年	26.53	14.24	17.18	25.69	12.12
2011 年	29.18	12.51	15.27	28.87	10.76

续表

	基建类支出	其他经济事务支出	行政管理支出	科教文卫支出	社会保障支出
2012 年	29.43	11.84	15.08	30.26	10.70
2013 年	30.16	10.87	14.58	29.55	10.92
2014 年	31.25	10.48	14.01	30.10	10.88
2015 年	31.21	10.95	13.90	30.27	11.56
2016 年	29.37	10.22	14.11	31.21	12.61
2017 年	29.42	8.96	14.45	31.85	12.99
2018 年	29.01	7.48	14.69	32.93	13.43
全国					
2009 年	24.08	10.41	25.05	24.34	9.97
2010 年	25.72	11.66	22.76	24.64	10.16
2011 年	26.59	10.54	21.63	26.22	10.17
2012 年	26.86	9.72	21.31	27.95	9.99
2013 年	27.38	9.72	20.90	27.04	10.33
2014 年	28.05	9.67	19.95	27.16	10.52
2015 年	29.24	10.37	18.48	26.82	10.81
2016 年	28.90	9.34	19.21	27.14	11.50
2017 年	28.02	8.83	19.66	27.21	12.12
2018 年	27.75	8.46	19.93	27.01	12.23

注：资料来源于历年《中国财政年鉴》和决算报告。

　　由于全国的一般公共预算支出中还包括了中央的支出，中央的支出结构和地方支出结构存在明显差异。进一步将江西的一般公共预算支出结构与其他省份的支出结构进行对比。从 2018 年各省份科教文卫支出占一般公共预算的比重来看，最低的是黑龙江（19.91%），最高的是广东（35.33%）。江西省的科教文卫支出占一般公共预算的比重（32.93%），是各省份中该占比最高的两个省份之一，仅次于广东。社会保障支出占比最高的省份是辽宁（27.42%），最低的是西藏（5.48%），江西省的社会保障支出占一般公共预算支出的比重在各省份中处于中等水平。

表 4-3　2018 年各省份一般公共预算支出结构

单位：%

省份	基建类支出	科教文卫支出	其他经济事务支出	社会保障支出	行政管理支出	其他支出
黑龙江	37.12	19.91	7.53	21.90	11.98	1.57
西藏	43.71	19.95	6.14	5.48	20.02	4.71
内蒙古	39.98	21.26	7.87	14.64	12.59	3.66
辽宁	24.12	21.57	6.99	27.42	14.67	5.24
宁夏	39.91	23.49	10.26	12.40	11.30	2.63
青海	36.62	23.61	8.57	14.01	13.40	3.79
吉林	33.50	23.92	9.01	16.73	14.06	2.78
上海	39.03	23.96	13.96	11.18	9.45	2.43
新疆	32.99	24.23	7.08	11.55	20.55	3.59
天津	29.07	25.80	10.66	16.29	15.15	3.02
重庆	33.66	25.80	8.53	17.00	12.92	2.08
甘肃	36.04	26.64	7.90	13.38	14.11	1.93
海南	34.49	26.95	7.80	12.35	14.59	3.82
四川	30.74	27.25	7.92	16.94	14.82	2.32
山西	30.03	27.52	9.24	15.68	14.35	3.19
湖南	30.91	27.79	7.37	14.65	16.43	2.86
湖北	30.56	27.87	6.91	16.15	16.16	2.35
陕西	30.83	29.04	8.19	14.97	14.40	2.56
北京	32.35	29.27	9.85	11.18	13.90	3.45
云南	32.06	29.30	5.46	13.93	17.04	2.20
河北	28.07	29.37	9.49	14.73	14.81	3.53
广西	32.35	30.27	4.86	14.49	15.98	2.04
江苏	30.35	30.93	7.81	11.29	16.88	2.74
河南	30.34	30.94	7.06	14.09	15.62	1.95
浙江	28.51	31.90	8.63	10.60	17.37	2.99
安徽	32.70	32.18	6.62	14.53	12.18	1.80
福建	29.24	32.42	9.28	9.69	16.00	3.38
贵州	31.18	32.44	6.13	10.69	15.57	4.00
山东	28.36	32.45	8.29	12.41	15.88	2.60
江西	29.01	32.93	7.48	13.43	14.69	2.47
广东	26.30	35.33	7.91	9.59	18.58	2.28

资料来源：根据《中国财政年鉴》计算。

在占地区生产总值的比重上，江西省科教文卫支出占地区生产总值的比重在 2018 年为 8.21%，在全国属于较高水平。由于财政支出占地区生产总值的比重在不同地区有差异，发达省份的财政支出占地区生产总值的比重较低，欠发达地区由于收到的转移支付较高，占地区生产总值的比重较高。但是与相同发展水平的省份相比，如四川、安徽、河南、湖南等，江西省的科教文卫支出占比也高于这些省份。江西省 2018 年社会保障支出占地区生产总值的比重为 3.35%，也在相同发展水平的省份中处于相对较高水平。

表 4-4　2018 年各省份各类支出占地区生产总值的比重

单位：%

省份	基建类支出	科教文卫支出	其他经济事务支出	社会保障支出	行政管理支出
江苏	3.80	3.87	0.98	1.41	2.11
福建	3.65	4.05	1.16	1.21	2.00
浙江	4.24	4.75	1.28	1.58	2.58
湖北	5.28	4.81	1.19	2.79	2.79
辽宁	5.48	4.90	1.59	6.23	3.33
山东	4.30	4.92	1.26	1.88	2.41
重庆	7.08	5.43	1.79	3.58	2.72
上海	9.05	5.56	3.24	2.59	2.19
广东	4.14	5.56	1.25	1.51	2.92
河南	5.60	5.71	1.30	2.60	2.88
湖南	6.36	5.72	1.52	3.02	3.38
天津	6.75	5.99	2.48	3.78	3.52
四川	6.96	6.17	1.79	3.83	3.35
安徽	6.32	6.22	1.28	2.81	2.35
内蒙古	11.97	6.36	2.36	4.38	3.77
陕西	6.83	6.43	1.81	3.32	3.19
北京	7.30	6.61	2.22	2.52	3.14
河北	6.67	6.98	2.26	3.50	3.52
黑龙江	13.51	7.25	2.74	7.97	4.36
山西	8.06	7.39	2.48	4.21	3.85
吉林	11.28	8.05	3.03	5.63	4.73
广西	8.75	8.19	1.32	3.92	4.32
江西	7.24	8.21	1.87	3.35	3.66

续表

省份	基建类支出	科教文卫支出	其他经济事务支出	社会保障支出	行政管理支出
云南	9.33	8.52	1.59	4.05	4.96
海南	11.88	9.28	2.69	4.25	5.02
新疆	12.91	9.48	2.77	4.52	8.04
宁夏	16.13	9.50	4.15	5.01	4.57
贵州	10.21	10.63	2.01	3.50	5.10
甘肃	16.77	12.40	3.68	6.23	6.57
青海	21.96	14.16	5.14	8.40	8.03
西藏	55.63	25.40	7.81	6.97	25.47

资料来源：根据《中国财政年鉴》计算。

三　基本建设类支出

在财政支出中，除了社会福利性支出与居民福利密切相关外，基本建设类支出也间接影响到居民收入。增加基本建设类支出虽然在当期减少了政府消费和财政用于社会福利性的支出，但是可以通过促进经济的发展而带动居民收入的提高。

根据我国 2007 年前财政年鉴中的说明，基本建设类支出指按国家有关规定财政用于基本建设投资范围内的支出，主要以新建、改建、重建为内容，是全社会固定资产投资的重要组成部分，包括房屋建筑物购建、办公设备购置、专用设备购置、交通工具购置、基础设施建设、大型修缮、信息网络购建、物资储备、其他基本建设支出等。政府基本建设类支出范围包括：农业、水利、林业、铁路、交通、通信、电力、市政设施建设投资支出，国防、教育、科学、文化、卫生、政法等社会公益设施建设投资支出，以及经法定程序确定的其他建设投资支出①。基本建设类支出是固定资产投资的一

---

①　财政部：《关于印发〈财政基本建设支出预算管理办法〉的通知》（财基字〔1999〕30号），1999 年。

个重要组成部分。固定资产投资支出包括基本建设支出和更新改造支出两个部分，更新改造支出是用于企业固定资产的挖潜、革新、改造等方面的支出，固定资产投资概念要宽于基本建设支出。在资金投向上，基本建设支出包括生产性支出和非生产性支出。由于财政统计分类口径的变化，2007年之后公开财政统计数据中不再公布基本建设支出。

这里用类似基建类支出的项目来粗略计算基建类支出，将城乡社区支出、农林水支出、交通运输支出、住房保障支出和灾后重建支出定义为基建类支出。这一定义下的基建类支出与2007以前的基建类支出存在很大差别[①]。从全国来看（见图4-8a），一般公共预算支出中基建类支出占比从2010年以来逐渐上升，到2015年接近30%，2015年之后下降。进一步计算基建类支出占GDP的比重，变化趋势一致，在2015年达到约7%，之后有所下降（见图4-8b）。因为现实中有不少基建类支出是从政府性基金预算安排的，因此有必要考虑政府性基金预算支出。而另一个重要问题是，政府基金中最大一部分是土地出让收入安排的支出，是否将这部分归为基建类支出对结果影响比较大。如果不考虑土地出让收入安排的支出，基建类支出占一般公共预算与政府性基金预算支出总和的比重变化趋势与一般公共预算中的基建类支出比重变化趋势一致。但是考虑土地出让收入安排的支出后，基建类支出占比波动较大，且2015年之后呈上升趋势（见图4-8a）。

江西省的一般公共预算支出中，基建类支出占比从2007年的20.56%提高到2015年的31.2%，其中2009年增长最快，2016年后一般公共预算中基建类支出占比下降。这一变化趋势与全国一般公共预算支出中基建类支出占比的变化趋势一致。从绝对值上看，江西省基建类支出的占比略高于全国一般公共预算支出中的基建类支出占比。

各省份对于基建类支出的差别比较大。从2018年各省份基建类支出占一般公共预算的比例来看，最高的可以达到43.71%（西藏），最低的仅

---

① 一是这里的基建类支出不包括教育卫生一般公共服务部门的基本建设支出，二是这里的基建类支出包括了城乡社区、农林水、交通运输、住房保障和灾后重建中的事业费性质的非基本建设支出。

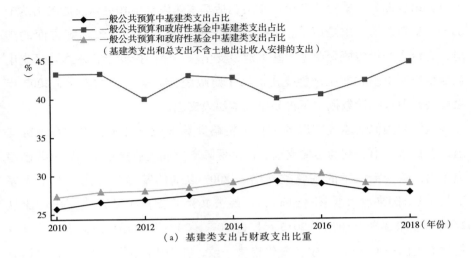

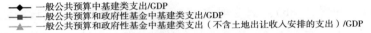

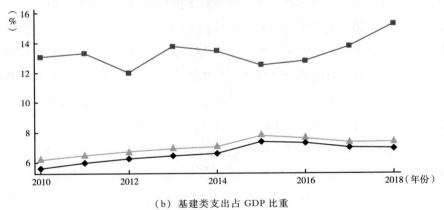

（b）基建类支出占 GDP 比重

图 4-8　全国基建类支出规模

资料来源：历年《中国财政年鉴》、财政部决算报告。

为 24.12%，2018 年各省份基建类支出占一般公共预算比重的平均值为 32.4%，这比 2018 年全国基建类支出占一般公共预算的比重更高，一定程度上反映了中央和地方政府之间的支出责任划分，也可能体现了地方政府对于基本建设的偏好。如果从低到高排列，江西省的基本建设占一般公共预算的占比在全国 31 个省（自治区、直辖市）中排第 6 位，处于较低水平，也低于相同发展水平的安徽。但是如果从基建类支出占地区生产总值的比重来看，江西省的这一比重为 7.24%，在全国属于中等水平，略高于相同发展水平的其他省份。

江西省的基建类支出中，农林水和城乡社区支出占比较大，并在 2014 年左右发生趋势性变化，农林水支出、交通运输支出占比均从 2014 年开始下降，而城乡社区支出占比在 2014 年之后快速上升（见图 4-9）。2014 年前农林水支出占一般公共预算支出的比重长期保持在 12% 左右，占地区生产总值的比重则逐步上升，从 2010 年的 2.46% 上升到 2014 年的 3.47%，2015 年之后两类比重都有所下降，到 2018 年，农林水支出占一般公共预算支出的比重降为 10.58%，占地区生产总值的比重降为 2.64%。城乡社区支出占比呈上升趋势，尤其是 2015 年之后，城乡社区支出占比快速上升。城乡社区支出占一般公共预算支出的比重从 2010 年的 5.33% 上升到 2018 年的 11.93%，占地区生产总值的比重从 2010 年的 1.08% 上升到 2018 年的 2.98%。交通运输支出占比则在 2014 年之前波动中上升，2014 年之后下降。交通运输支出占一般公共预算支出的比重从 2010 年的 5.58% 上升到 2014 年的 7.46%，2014 年后不断下降，到 2018 年降至 4.07%，占地区生产总值的比重也在 2014 年后下降，从 2010 年的 1.13% 上升到 2014 年的 2.01%，其后不断下降，到 2018 年下降为 1.02%。基建类支出中，住房保障支出占比最低，占一般公共预算支出的比重从 2010 年的 3.54% 上升到 2015 年的 5.47%，此后不断下降，到 2018 年下降为 2.43%，占地区生产总值的比重则从 2010 年的 0.72% 上升到 2015 年的 1.44%，然后不断下降，到 2018 年下降为 0.61%（见表 4-5）。

与全国对比来看，江西省农林水和城乡社区支出占比高于全国，各类支出占比变化趋势与全国总体一致，但城乡社区支出在 2015 年之后上升速度快于全国（见图 4-9）。2014 年以前，江西省农林水支出占一般公共预算支出的比重高于全国约 3 个百分点，2015 年之后这一幅度有所下降，到 2018 年，农林水支出占一般公共预算支出的比重高于全国 1.03 个百分点，占地

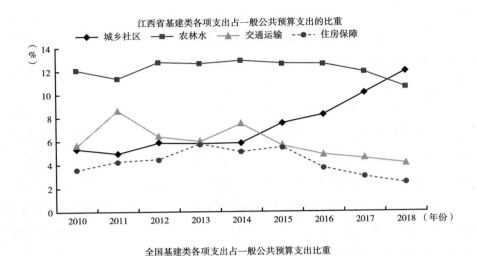

图4-9 基建类支出各组成部分占一般公共预算支出比重

资料来源：根据历年《中国财政年鉴》整理。

区生产总值比重高于全国 0.26 个百分点。江西省城乡社区支出占一般公共预算支出的比重在 2014 年之前低于全国约 2 个百分点，2015 年之后这一差距缩小，到 2018 年江西省城乡社区支出占一般公共预算支出比重高于全国 1.91 个百分点，占地区生产总值的比重高于全国 0.48 个百分点。2015 年之后江西省城乡社区支出占比上升速度远快于全国。2014~2018 年，江西省城乡社区支出占一般公共预算比重上升 6.09 个百分点，全国的这一比重仅提高 1.48 个百分

表4-5 江西省和全国基建类相关支出金额和占比

单位：亿元，%

		城乡社区			农林水			交通运输			住房保障		
		金额	占支出比	占地区生产总值	金额	占支出比	占地区生产总值	金额	占支出比	占地区生产总值	金额	占支出比	占地区生产总值
江西	2009年	79.71	5.10	1.04	203.41	13.02	2.66	112.96	7.23	1.48			
	2010年	102.47	5.33	1.08	232.34	12.08	2.46	107.31	5.58	1.13	68.08	3.54	0.72
	2011年	125.34	4.95	1.07	287.99	11.36	2.46	218.05	8.60	1.86	108.28	4.27	0.93
	2012年	176.70	5.85	1.36	384.77	12.74	2.97	192.79	6.39	1.49	134.43	4.45	1.04
	2013年	201.21	5.80	1.40	438.54	12.64	3.06	206.93	5.96	1.44	200.02	5.76	1.39
	2014年	226.81	5.84	1.57	500.15	12.88	3.47	289.46	7.46	2.01	197.11	5.08	1.37
	2015年	331.44	7.51	1.98	557.30	12.63	3.33	247.18	5.60	1.48	241.38	5.47	1.44
	2016年	380.12	8.23	2.05	580.90	12.58	3.14	223.49	4.84	1.21	171.65	3.72	0.93
	2017年	516.06	10.10	2.58	607.71	11.89	3.04	228.91	4.48	1.14	151.04	2.95	0.75
	2018年	676.15	11.93	2.98	599.41	10.58	2.64	230.74	4.07	1.02	137.60	2.43	0.61
全国	2010年	5987.38	6.66	1.46	8129.58	9.05	1.98	5488.47	6.11	1.34	2376.88	2.64	0.58
	2011年	7620.55	6.98	1.57	9937.55	9.10	2.04	7497.80	6.86	1.54	3820.69	3.50	0.79
	2012年	9079.12	7.21	1.68	11973.88	9.51	2.21	8196.16	6.51	1.52	4479.62	3.56	0.83

续表

年份	城乡社区			农林水			交通运输			住房保障		
	金额	占支出比	占地区生产总值	金额	占支出比	占地区生产总值	金额	占支出比	占地区生产总值	金额	占支出比	占地区生产总值
2013年	11165.57	7.96	1.87	13349.55	9.52	2.24	9348.82	6.67	1.57	4480.55	3.20	0.75
2014年	12959.49	8.54	2.00	14173.83	9.34	2.19	10400.42	6.85	1.61	5043.72	3.32	0.78
2015年	15886.36	9.03	2.27	17380.49	9.88	2.49	12356.27	7.03	1.77	5797.02	3.30	0.83
2016年	18394.62	9.80	2.47	18587.36	9.90	2.49	10498.71	5.59	1.41	6776.21	3.61	0.91
2017年	20585.00	10.14	2.52	19088.99	9.40	2.34	10673.98	5.26	1.31	6552.49	3.23	0.80
2018年	22124.13	10.02	2.50	21085.59	9.55	2.38	11282.76	5.11	1.28	6806.37	3.08	0.77

资料来源：根据历年《中国财政年鉴》整理。

点，占地区生产总值的比重上升 1.41 个百分点，全国这一比重仅上升 0.5
个百分点。与此同时，2015 年后交通运输和住房保障支出占比下降快于全
国，2014~2018 年江西省交通运输支出占地区生产总值比重下降 0.99 个百
分点，但全国仅下降 0.33 个百分点；2015~2018 年江西省住房保障支出占
地区生产总值比重下降 0.83 个百分点，但全国平均仅下降 0.06 个百分点。

从与其他省份对比来看，江西省农林水支出占一般公共预算支出的比重
和占地区生产总值的比重均处于中等水平，也与相同发展水平的安徽等省份
相近。江西省城乡社区支出占一般公共预算支出的比重和占地区生产总值的
比重也处于中等水平，也与相同发展水平省份相近。

表 4-6　各省份 2018 年基本建设各类支出占比

单位：%

省份	占一般公共预算支出比重			占地区生产总值比重		
	城乡社区	农林水	交通运输	城乡社区	农林水	交通运输
天津	18.09	5.34	2.67	4.20	1.24	0.62
上海	25.04	5.63	5.17	5.81	1.30	1.20
广东	13.24	5.78	3.92	2.08	0.91	0.62
北京	16.68	7.71	6.20	3.76	1.74	1.40
重庆	16.88	8.08	5.99	3.55	1.70	1.26
浙江	13.43	8.40	4.53	2.00	1.25	0.67
江苏	13.72	8.55	4.27	1.72	1.07	0.53
辽宁	8.66	8.65	3.97	1.97	1.96	0.90
福建	12.90	8.93	5.57	1.61	1.12	0.70
山东	10.99	9.89	4.09	1.67	1.50	0.62
江西	11.93	10.58	4.07	2.98	2.64	1.02
安徽	15.19	10.72	3.36	2.94	2.07	0.65
湖北	11.69	10.82	5.11	2.02	1.87	0.88
河南	12.50	10.86	3.07	2.31	2.00	0.57
河北	8.65	11.73	5.12	2.06	2.79	1.22
陕西	10.14	11.82	5.21	2.25	2.62	1.15
广西	12.22	12.36	5.31	3.31	3.35	1.44
湖南	10.53	12.37	4.58	2.17	2.55	0.94
贵州	4.90	13.22	7.58	1.60	4.33	2.48

省份	占一般公共预算支出比重			占地区生产总值比重		
	城乡社区	农林水	交通运输	城乡社区	农林水	交通运输
海南	8.86	13.46	8.37	3.05	4.64	2.88
四川	7.20	13.50	6.43	1.63	3.06	1.45
山西	8.65	13.57	4.87	2.32	3.64	1.31
云南	7.24	13.86	7.27	2.11	4.03	2.12
吉林	9.90	14.18	6.14	3.33	4.78	2.07
新疆	6.34	15.03	5.52	2.48	5.88	2.16
宁夏	13.99	15.44	6.65	5.65	6.24	2.69
青海	6.94	16.26	9.39	4.16	9.75	5.63
黑龙江	8.89	17.84	5.23	3.24	6.50	1.90
甘肃	4.52	17.98	9.35	2.10	8.37	4.35
西藏	5.34	18.50	16.96	6.80	23.55	21.59
内蒙古	8.59	18.71	8.91	2.57	5.60	2.67

资料来源：根据历年《中国财政年鉴》整理。

四　政府投资

本节进一步考察政府投资，政府投资通过影响 GDP 的增长而进一步影响居民收入，同时还直接影响就业。

（一）总投资的省际比较

目前可以获得的投资数据有两种。第一种来自资金流量表，其中提供了各年政府部门、住户部门、企业部门的资本形成总额，这一数据即计入 GDP 核算中的投资部分。第二种来自统计年鉴每年公布的全社会固定资产投资数据，按投资资金来源分为国家预算资金、国内贷款、利用外资、自筹资金和其他资金。其中国家预算资金反映了政府利用财政资金支出的固定资产投资。

GDP 核算中的资本形成总额包括固定资本形成总额和存货变动。全社会固定资产投资与固定资本形成总额相对应，但两种概念存在区别①，用公式表示如下：

固定资本形成总额＝全社会固定资产投资
－土地购置费、旧设备和旧建筑物购置费
＋城镇和农村非农户 500 万元以下项目的固定资产投资
＋固定资产的零星购置
＋矿藏勘探、计算机软件等无形生产资产方面的支出
＋商品房销售增值、新产品试制增加的固定资产以及未经过正式立项的土地改良支出。

即相比固定资本形成总额，全社会固定资产投资没有包括规模以下的投资、无形资产生产投资、商品房销售增值、新产品试制增加的固定资产以及未经过正式立项的土地改良支出，这将导致全社会固定资产投资低于固定资本形成总额。但是全社会固定资产投资包括土地购置和购置以前年度固定资产额，这会导致全社会固定资产投资高于固定资本形成总额。

从我国的实际数据来看（见图 4-10），20 世纪 90 年代中期以来，全社会固定资产投资额不断上升，2013 年之后，全社会固定资产投资额占 GDP 的比重达到 80%，远远超过固定资本形成总额占比（42%～45%），这可能是由我国近十几年来土地交易额逐步增长导致。不同的口径都显示中国政府投资在扩大。其中政府预算安排的固定资产投资占 GDP 比重从 1995 年的 1% 左右逐步增长，2017 年增长到 4.75%，其中在 1998～2002 年、2008 年之后均有较快的增长。政府资本形成总额占 GDP 的比重从 2000 年的约 3% 上升至 2017 年的约 6%。政府固定资产投资占全社会固定资产投资的比重也在不断上升，2000 年约为 4%，1998～2002 年有一个巨大的飞跃，之后下降，2008 年后又不断上升，2019 年达到约 6%。资本形成总额中的政府投资占比从 2000 年的约 9% 上升至 2019 年的约 15%。

江西省的投资占地区生产总值的比重总体不断上升，但从不同口径的投资数据得到的结果有所差异（见图 4-11）。江西省固定资本形成总额占地区

---

① 国家统计局：《投资及房地产统计》，2023 年 5 月 22 日，网址：http：//www.stats.gov.cn/hd/cjwtjd/202302/t20230207_1902275.html。2023 年 8 月 7 日访问。

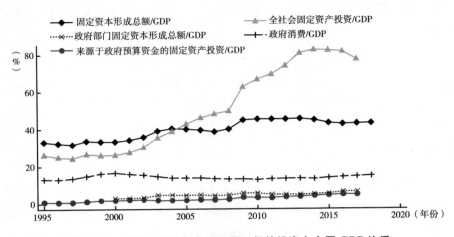

图 4-10　1995~2020 年全国不同口径的投资占全国 GDP 比重

资料来源：资本形成总额和政府消费来自统计年鉴中支出法 GDP。全社会固定资产投资和来源于政府预算资金安排的固定资产投资数据均来自统计年鉴。政府部门固定资本形成总额来自资金流量表。

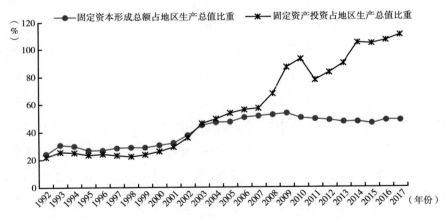

图 4-11　1992~2017 年江西省两种口径的投资占江西省地区生产总值比重

资料来源：国家统计局。

生产总值的比重自 1992 年以来不断上升，到 2009 年达到最高，从 1992 年的 23.9% 上升到 2009 年的 53.4%，2010 年之后，固定资本形成总额占地区生产总值比重开始下降，2015年降为46%，但2016~2017年又有所上升，提高到48.7%。但是如果从固定资产投资占地区生产总值比重来看，江西省的投资占比保持不断上升，从1992年的21.9%上升到2009年的86.9%，2010年之后仍然保持上升，2017年全社会固定资产投资占地区生产总值的比重已经达到110%。固定资产投资比重远高于固定资本形成总额比重，表明土地购置费或者购置以前年度的固定资产占比很大，并且这一占比在不断扩大。

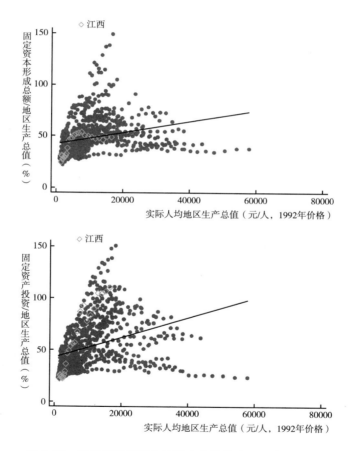

图4-12 不同口径投资占地区生产总值比重（省际比较）

资料来源：国家统计局。

省际比较中，两种不同口径得到的结果也不同。2017 年江西省固定资本形成总额占地区生产总值比重为 48.68%，低于但接近全国平均水平。但是江西省固定资产投资占地区生产总值比重达到 110.39%，远高于全国平均水平，从高到低排列，江西省固定资产投资比重在全国 31 个省（区、市）中排第 7 位。从全社会固定资产投资占比与固定资本形成总额占比的差来看，江西省这两种口径的投资占比的差达到 61.71 个百分点，在全国排第二高位，仅次于广西。这表明江西省土地购置费或者购置以前年度的固定资产占地区生产总值的比重在全国处于最高行列。

表 4-7　2017 年各省份不同口径投资占地区生产总值比重

省份	固定资本形成总额占地区生产总值比重（%）(1)	固定资产投资占地区生产总值比重（%）(2)	两者差（2-1）
上海	37.56	23.66	-13.90
辽宁	41.18	28.52	-12.66
北京	37.03	29.88	-7.15
山西	43.15	38.90	-4.25
宁夏	111.39	108.27	-3.12
青海	149.28	147.96	-1.32
广东	42.80	42.10	-0.70
天津	54.65	60.86	6.21
黑龙江	60.69	71.01	10.32
新疆	98.28	111.09	12.81
浙江	42.23	61.23	19.00
江苏	42.41	62.04	19.63
吉林	67.01	88.89	21.88
内蒙古	64.56	87.06	22.50
云南	90.53	115.63	25.10
福建	54.81	82.08	27.27
山东	47.78	76.00	28.22
甘肃	47.68	78.12	30.44
河南	68.27	99.87	31.60
海南	62.94	95.11	32.17
湖北	58.03	90.99	32.96
四川	47.83	86.27	38.44
重庆	51.00	90.28	39.28

续表

省份	固定资本形成总额占地区生产总值比重（%）（1）	固定资产投资占地区生产总值比重（%）（2）	两者差（2-1）
河北	55.96	98.21	42.25
湖南	50.61	94.27	43.66
陕西	64.59	108.77	44.18
西藏	104.73	150.71	45.98
贵州	67.10	114.50	47.40
安徽	50.22	108.35	58.13
江西	48.68	110.39	61.71
广西	48.77	110.67	61.90

资料来源：根据国家统计局历年《中国统计年鉴》计算。

（二）政府投资的省际比较

本部分进一步比较政府投资的差异。

政府投资与政府财政支出概念有所不同。政府财政支出＝消耗性支出＋转移性支出。其中，消耗性支出也称为政府购买，计入 GDP，消耗性支出包括政府消费和政府投资，政府投资指政府对资本品的支出。转移性支出指预算资金单方面无偿转移支出，如社会保障支出、财政补贴等。转移性支出只是简单地把收入从一些人或一些组织转移到另一些人或另一些组织，没有相应的物品或劳务的交换，不计入 GDP。在一般的财政学教科书中，根据财政支出分类将政府财政支出分为消费性支出、投资性支出和转移性支出。一般根据我国 2007 年之前的财政支出分类法，政府消费包括：教科文卫支出，行政管理支出，国防支出；政府投资包括：基本建设支出，企业挖潜改造资金，流动资金，农业、林业、水利和气象、地质勘探费，科技新产品试制、中间试验与重要科学研究补助；转移性支出包括：社会保障支出和财政补贴，其中社会保障支出包括社会保险、社会救助、社会优抚、社会福利。社会保障补贴、军人和文职人员的养老金、失业保险、福利支付（对有子女负担的家庭的援助）以及医疗保险均属于转移性支出。但这是一种较为粗糙的划分方法，GDP 核算中的政府消费和投资与以上财政支出分类还有所区别。这里在分析政府投资时，由于数据的可得性，在作国内比较分析时主要以政府固定资产投资来讨论，即全社会固定资产投资中来源于国家预算安排的资金。

江西省政府投资占地区生产总值的比重从 2003 年的 2.35% 上升至 2009 年的 5.2%，此后不断下降，到 2013 年下降到最低点 3.58%，此后逐步上升，2015 年之后上升更加明显，达到 6% 左右（见图 4-13）。与全国相比，江西省政府投资占地区生产总值比重在 2013 年之前高于全国平均水平，尤其是 2006~2009 年，江西省政府投资占地区生产总值比重高于全国平均水平约 2 个百分点。但是 2010 年之后这一差距缩小，到 2016 年之后又呈现远高于全国平均水平的态势。

江西省政府投资占全社会固定资产投资的比重在 2004~2006 年呈上升趋势，但是 2006 年之后呈下降趋势，从 2006 年的 7.6% 降至 2014 年的 3.7%，2014 年之后这一比重又有所上升，2016 年达到 5% 以上。与全国相比，江西省政府投资占全社会固定资产投资的比重在 2006~2008 年高于全国平均水平约 3 个百分点，此后这一差距不断缩小，2014~2015 年，江西省政府投资占全社会固定资产投资的比重甚至低于全国平均水平约 1.6 个百分点。但 2016 年之后又接近全国平均水平。

2017 年江西省政府投资规模为 1151 亿元，按从低到高排列，在全国 31 个省（区、市）中排第 16 位，处于中等水平。从政府投资占地区生产总值比重来看，按从低到高排列，江西省排第 17 位，高于全国平均水平，但是与相同发展水平的安徽相比（6.6%），则偏低。从政府投资占全社会固定资产投资比重来看，按从低到高排列，江西的政府投资占比排第 10 位，略低于全国平均（6.2%），也略低于相同发展水平的安徽（6.3%）。这表明江西省在通过政府投资拉动全社会固定资产投资方面有一定效果。由于无法得到江西省全部财政支出的数据，暂时无法计算政府投资占全部财政支出比重。

所以跨省来看，江西的政府投资占地区生产总值的比重高于全国平均水平，但是占全社会固定资产投资的比重低于全国平均水平或者相同发展水平的省份，说明政府在鼓励非政府投资或者政府投资在带动非政府投资方面并不落后。

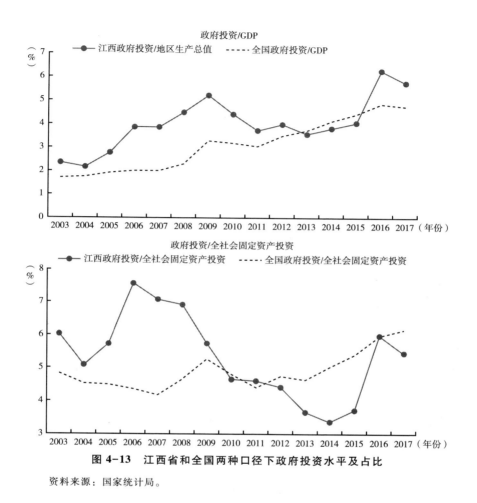

图 4-13　江西省和全国两种口径下政府投资水平及占比

资料来源：国家统计局。

　　从全国层面的政府固定资产投资的投向来看（见图 4-14），投入比例最高的是交通运输仓储邮政行业和水利环境公共设施行业。社会自筹资金和外资的投向则较为一致地偏向制造业和房地产行业，与政府投资方向差别很大。国内贷款投资比例最高的是房地产行业，其次是交通运输仓储邮政和制造业。国内贷款的投资方向综合了私人投资和政府投资的偏好。这符合经典经济理论给出的政策建议，即政府应该更多地投向那些有正外部性或者有准公共品性质的行业或领域，因为这些领域依靠市场会导致投资不足（低于社会最优水平）。我们没有找到江西省政府投资的行业分布，这里无法进一步分析。

表4-8　各省份政府投资水平及占比

区域	政府投资规模（亿元）		占地区生产总值比重（%）		占全社会固定资产投资比重（%）		占全部财政支出比重（%）	
	2016年	2017年	2016年	2017年	2016年	2017年	2016年	2017年
全国	36211.7	38741.7	4.9	4.7	6.0	6.2	15.3	14.6
江西	1160.55	1151.33	6.3	5.8	6.0	5.4		
西藏	1153.76	1037.32	100.2	79.1		64.9	70.2	58.6
青海	837.79	639.68	32.6	24.4	24.7	19.1		
新疆	1818.61	1831.86	18.8	16.8	19.4	17.8		37.0
云南	1772.9	1782.18	12.0	10.9	14.1	13.2		
甘肃	1226.27	791.25	17.0	10.6	13.7	15.5	34.4	20.7
广西	1669.3	1954.54	9.1	10.6	9.3	9.9		
海南	350.97	359.84	8.7	8.1	8.3	7.5	19.4	18.8
贵州	682.56	1085.23	5.8	8.0	6.1	8.2		
宁夏	244.31	254.75	7.7	7.4	8.5	9.0	17.3	16.9
陕西	1632.48	1614.51	8.4	7.4	8.5	7.4	31.4	27.7
内蒙古	1094.33	1176.86	6.0	7.3	7.8	9.3	22.3	23.9
安徽	1383.97	1783.91	5.7	6.6	5.2	6.3		
湖北	1804.51	2260.22	5.5	6.4	6.2	7.3	21.4	23.4
四川	2110.8	2249.95	6.4	6.1	7.5	7.2	21.1	19.8

续表

区域	政府投资规模（亿元）		占地区生产总值比重（%）		占全社会固定资产投资比重（%）		占全部财政支出比重（%）	
	2016年	2017年	2016年	2017年	2016年	2017年	2016年	2017年
福建	1901.72	1819.02	6.6	5.7	8.4	7.1		26.9
浙江	1702.21	2736.25	3.6	5.3	5.4	8.0		
重庆	942.1	1011.81	5.3	5.2	5.6	5.6		
湖南	1452.16	1611.7	4.6	4.8	5.1	5.2	19.6	19.9
北京	1080.83	1092.14	4.2	3.9	9.3	10.1	13.7	11.7
河南	1295.8	1616.68	3.2	3.6	3.3	3.8	13.7	15.1
河北	1260.4	1185.11	3.9	3.5	4.1	3.8		12.9
黑龙江	499	533.57	3.2	3.4	4.8	4.8	10.8	10.6
吉林	555.83	432.5	3.8	2.9	4.1	3.4	13.7	10.1
广东	1979.98	2481.98	2.4	2.8	5.0	5.8	11.6	12.3
上海	564.74	811.59	2.0	2.6	6.1	9.9	5.8	8.4
山西	707.79	337.78	5.4	2.2	6.1	6.5		
山东	1073.28	1316.89	1.6	1.8	2.0	2.4		
辽宁	276.4	305.59	1.2	1.3	3.8	4.4		5.4
江苏	990.43	1044.59	1.3	1.2	1.8	1.8	6.1	5.7
天津	232.18	187.52	1.3	1.0	1.6	1.5	5.3	4.1

注：政府投资规模来自国家统计局《中国统计年鉴》，这一概念指该省（区、市）资金来源为国家预算资金的固定资产投资。各省份全部财政支出数据来自决算报告所收集的数据，包括一般公共预算、政府性基金和国有资本三本账目的总支出，缺失为该省份层面报告全省全部财政支出时不完整。其他数据来自《中国统计年鉴》。

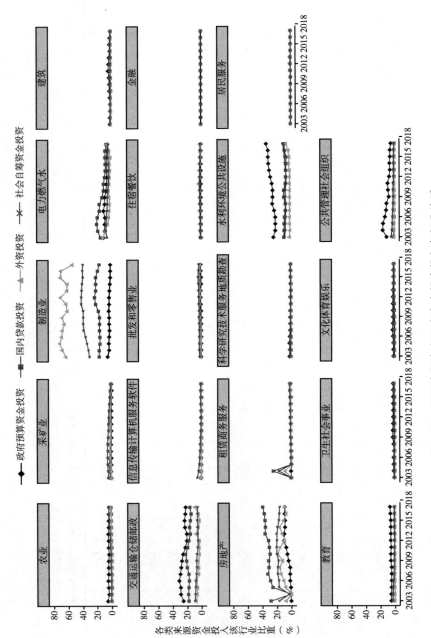

图 4-14 不同来源资金固定资产投资投向各行业比重

资料来源：国家统计局。

五 投资与就业

政府福利性支出对于居民收入形成福利性的转移，而政府基本建设支出或者政府投资则对经济发展直接产生促进作用，并带动就业。由于各省份全口径财政支出报告不全，而全社会固定资产投资和政府投资的数据则相对较全，因此本节利用投资数据和基于投入产出表计算得到的分行业就业结构数据，考察投资与就业结构的关系。

（一）政府投资、民间投资与就业

总体来看，江西省的全社会固定资产投资占地区生产总值的比重在全国处于较高水平，也高于相同发展水平的其他省份。而在全社会固定资产投资中，江西省政府投资的占比相对较低，非政府投资的占比则较高。这样的投资结构与就业有什么关系呢？

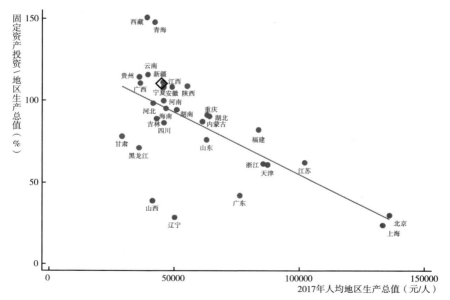

图 4-15 不同省份固定资产投资占比

资料来源：国家统计局。

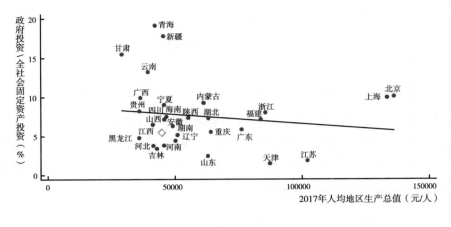

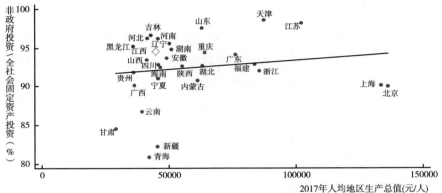

图 4-16　不同省份政府投资与非政府投资占比

资料来源：国家统计局。

　　我们简单比较了各省份的全社会固定资产投资占比与主要非农行业就业的关系（见图4-17）。从全国各省份的情况来看，固定资产投资占地区生产总值的比重与建筑业就业占比正相关，这是因为固定资产投资水平越高，基础设施建设较多，带动了建筑行业的发展和相应的行业就业。然而与相同投资水平的省份来比，江西省建筑业就业占比低于其他省份。从全国各省份情况来看，固定资产投资占地区生产总值比重一般与制造业就业负相关，这可能反映了发展阶段的差异。与相同投资水平的省份相比，江西省的制造业就业占比高于其他省份。批发零售业和住宿餐饮业就业占比与固定资产投资水

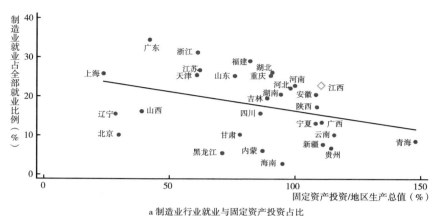

a 制造业行业就业与固定资产投资占比

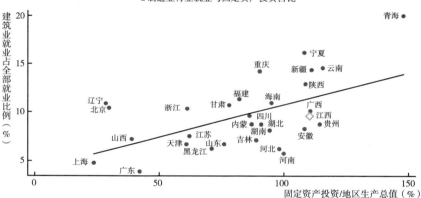

b 建筑业行业就业与固定资产投资占比

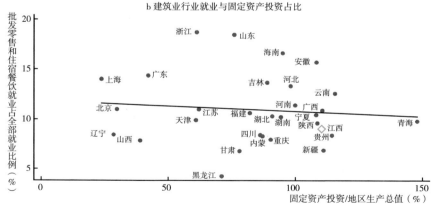

c 批发零售和住宿餐饮行业就业与固定资产投资占比

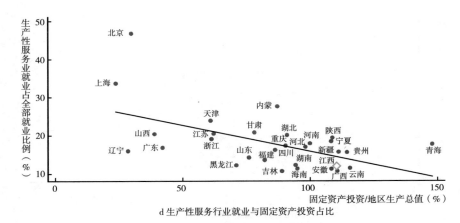

d 生产性服务行业就业与固定资产投资占比

图 4-17　固定资产投资占比与主要行业就业

资料来源：投资数据来自国家统计局，就业数据根据投入产出表计算。

平关系不明显，但是生产性服务业就业占比与固定资产投资水平负相关，与全国相同投资水平省份相比，江西省的批发零售业、住宿餐饮业和生产性服务业就业占比较低。总体上，江西省的固定资产投资对于制造业就业拉动较大。

政府投资占全社会固定资产投资的比重反映出政府参与投资的程度，也反映了政府投资对民间投资的带动效果。政府投资与制造业和建筑业就业结构的关系和全社会固定资产投资是一致的（见图 4-18）。政府投资占比越高，建筑业就业占比越高，制造业就业占比越低。但政府投资占比与批发零售和住宿餐饮、生产性服务业就业占比的关系不大。在相同的政府投资占比下，江西省的制造业和建筑业就业占比都明显较高。

非政府投资占全社会固定资产投资的比重体现了民间投资参与力度。比较发现，民间投资与制造业就业占比和批发零售、住宿餐饮就业占比都是正相关（见图 4-19）。在相同的民间投资水平下，江西省制造业就业占比更高，而批发零售和住宿餐饮行业就业占比低于相同水平其他省份。说明江西省民间投资对制造业就业带动作用更大，而对服务业带动作用较小。

总体上，江西省政府投资拉动了制造业和建筑业的就业，民间投资也带动了制造业的就业。这些行业的就业人员一般受教育水平较低，根据

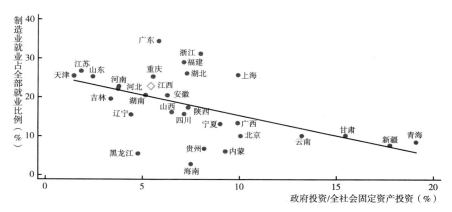

a 制造业行业就业与政府投资占比

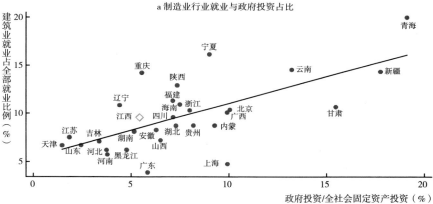

b 建筑业行业就业与政府投资占比

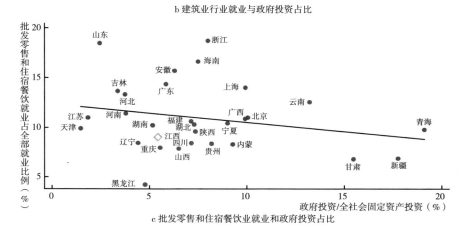

c 批发零售和住宿餐饮业就业和政府投资占比

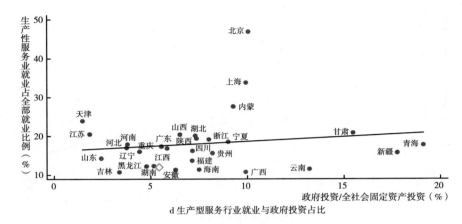

d 生产型服务行业就业与政府投资占比

图 4-18　政府投资占比与主要行业就业

资料来源：投资数据来自国家统计局，就业数据根据投入产出表计算。

《中国人口与就业统计年鉴》，制造业就业人员中，初中及以下学历工人的比例约达到 60%，而建筑业中初中及以下学历工人的比例达到 77%。在这些行业的就业人员中，农民工是主要的组成部分。根据国家统计局数据（见图 4-20），农村居民人均可支配收入中，工资性收入和转移性收入的比重越来越高。在工资性收入和转移性收入中，很大一部分来自农村居民的转移就业，如本地非农就业或者外出务工。而根据农民工监测调查报告，农民工从事制造业和建筑业的比例达到 50%。可见制造业和建筑业是吸纳农民工的重点行业。从这个角度来看，无论是江西省的政府投资还是民间投资都极大地拉动了农村的外出转移就业，进而提升了农民的收入水平。

　　然而，还需要看到，江西省的批发零售、住宿餐饮行业的就业比例较低。而这些行业也是吸纳农村劳动力的重要部门。根据农民工监测调查报告，农民工从事批发零售、住宿餐饮业的比例达到约 18%。虽然一般情况下非政府投资占比增加会提高批发零售、住宿餐饮行业的就业数，但江西的非政府投资似乎更多地带动了制造业的就业增长，而非服务业的就业。未来还需要进一步鼓励民间投资，鼓励相关服务业的发展，以进一步促进农村居民就业和收入增长。

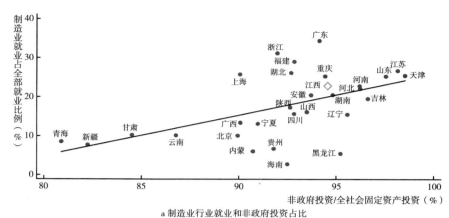

a 制造业行业就业和非政府投资占比

b 批发零售和住宿餐饮行业就业和非政府投资占比

图 4-19 非政府投资占比与主要行业就业

资料来源：投资数据来自国家统计局，就业数据根据投入产出表计算。

（二）对政府与市场关系的理解

为了更好地理解政府投资的作用和意义，理解政府投资与民间投资、政府与市场的关系，这里对相关理论进行了梳理。

政府与市场关系是经济学中一直关注的焦点问题。凯恩斯主义认为经济的健康发展离不开政府的宏观干预。第二次世界大战之后的结构主义也高度强调政府在资源动员和配置上的作用，并推行重工业优先发展策略。但是

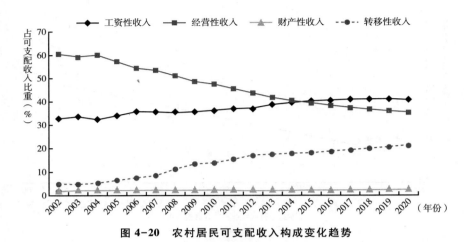

图 4-20　农村居民可支配收入构成变化趋势

资料来源：国家统计局历年《中国统计年鉴》。

20 世纪 20 年代的停滞性通货膨胀导致凯恩斯主义遭受质疑。而第二次世界大战之后发展中国家在政府干预实践中违背市场机制，造成资源错配、寻租和腐败盛行，使得经济发展与发达国家的差距越来越大，宣告了结构主义的失败。随后，理性预期学派认为政府的任何干预都会被公众的合理预期抵消，导致政府干预无效。新自由主义认为政府干预反而会影响市场自我调节机制发挥作用，造成经济波动，因此主张发展中国家应该推行私有化、自由化、市场化。然而，其后的政策实践发现这一主张反而导致这些国家普遍面临经济崩溃或停滞、陷入危机，从而对新自由主义理论提出挑战。随后新的理论的出现（如信息不对称、非理性人等），以及东亚国家的经济发展实践，使得人们再次关注政府的作用，尤其是 2008 年国际金融危机以来，政府的作用更加被强调。

虽然关于政府与市场关系的争论仍在持续，但两派学说开始不断融合，政府失灵和市场失灵已经同时被认识到，关键问题是如何进行激励机制设计。管制是政府干预市场的重要手段之一，Stiglitz（2009）认为由于市场失灵的存在，需要政府管制，同时存在政府因其自身利益目标导致政府失灵的现象，因此需要设计有效且公平的管制机制。Acemoglu et al.（2008）比较了政府主导的资源配置和市场主导的资源配置的差异，认为政府可以收集个人信息并实行个人之间的转移支付，而市场则依赖于交易，政府比市场可以更好地实现风险分担和消费平滑，但是由于政府有自身的利益，可能会带来比市场更严重的扭曲，因此他们探讨了不同条件下政府主导和市场主导的优劣，以及如何设计激励机制来避免政府主导带来的扭曲。政府干预的合理性不只因传统经济学理论中认为的信息不对称、市场不完全竞争、外部性和公共物品的存在、非理性人、分配不公平等带来的市场失灵，还有一个重要原因是市场无法充分进行如学习、知识积累和研发方面的投资，而这些是经济增长的重要驱动力（Stiglitz et. al，2013；Mazzucato et al. 2015）。

从政府投资与私人投资的关系来看，国内外研究发现政府投资可能挤入私人投资也可能挤出私人投资。挤入效应的代表性文献有：Aschauer（1989）分析了美国公共投资对私人投资的影响，作者采用时间序列回归方法，发现美国的基础设施投资对私人资本的生产形成互补作用，有助于提升私人资本的生产率和营利能力，公共投资挤入私人投资。Argimon 等（1997）进一步利用 14 个 OECD 成员国的面板数据分析了公共投资的挤入效应，同样认为基础设施投资有助于私人投资生产率的提升，并验证了公共投资对私人投资挤入效应的存在。挤出效应的代表性文献有：Fisher（1993）利用多国的面板数据发现随政府赤字增加，私人投资会减少，因而政府支出增加会增加赤字、挤出私人投资。Bairam 和 Ward（1993）分析了 1958～1988 年间 25 个 OECD 成员国的数据，结果支持挤出效应假说，作者发现在其考察的大部分国家，政府支出都与私人投资负相关。Mitra（2006）则分析了印度的情况，作者分析了印度 1969 年后约 35 年间的政府投资、私人投资及 GDP 增长数据，并构建 SVAR 模型，发现短期中政府投资确实挤出私人投资甚至不利于经济增长。这些研究结论为我们判断挤入、挤出效应提供了基本的参考。

国内实证研究大多认为我国的财政支出促进了民间投资。郭庆旺和赵志耘（1999）认为 1978 年以来我国的财政支出对于私人投资和经济增长均有一定的拉动作用，尤其是 1998 年以来拉动作用较大。郭庆旺和贾俊雪

（2005）运用 1978～2003 年数据，采用向量自回归和脉冲效应函数分析框架，全面分析财政投资对民间投资和经济增长的影响，认为我国的财政投资对民间投资的带动作用很强且时滞较短，财政投资有助于推动经济增长，还有助于引导民间投资结构优化。庄子银和邹薇（2003）也对全国层面的年度时间序列进行分析，发现我国政府公共支出并没有对私人投资产生挤出效应，而是存在互补效应。吴洪鹏和刘璐（2007）则采用 1997～2004 年的月度数据进行了分析，结果也支持公共投资促进民间投资的结论，由于我国民间投资对利率不敏感、公共投资也并未挤占银行可贷资金等原因，我国 1998 年以来的财政政策并没有挤出民间投资。赵志耘和吕冰洋（2007）则从财政投资的供给效应和财政投资外溢性的角度对此进行分析，认为财政投资提高了民间部门资本的生产率，这种外溢效应使得财政投资与民间投资正相关，从我国财政投资变化历程来看，财政投资逐步退出竞争性领域而更多投向基础设施等公共领域，有助于民间投资生产率的提高和民间投资的增长。陈浪南和杨子晖（2007）也支持政府公共投资挤入私人投资的观点，并认为不仅交通等基础设施投资有助于促进私人投资，技术研究等方面的投资也有助于促进私人投资收益率提升进而提升私人投资水平。张敏（2018）也发现政府投资对私人投资具有积极作用。但是也有部分文献认为财政政策不利于私人投资（戴园晨，1999），或者没有发现公共投资对私人投资产生影响（刘溶沧和马拴友，2001；余靖雯、郑少武、龚六堂，2013）。

产业政策是政府和市场关系讨论中集中关心的话题之一。整个 19 世纪和 20 世纪，无论是新兴的美国还是欧洲国家，后进国家在追赶先进国家时，都存在政府积极实施产业政策的现象，包括对新兴（幼小）产业的保护、制定研发政策和实施前沿科技项目、鼓励新设备的采用、价格管制、贸易关税及配额制度、知识产权保护等。美国、欧洲国家也都推行各自的产业政策。Hausmann and Rodrik（2003）指出，对于发展中国家，引入不同的产业项目带来的利润是不确定的，寻找有利可图的产业项目所带来的社会收益大于私人收益（与发达国家的研发创新性质相同），但是由于没有保护机制，其他经济个体很容易模仿这些可获利的产业项目，因此自由市场下企业家搜寻可盈利项目的激励很小，而实施针对性的产业政策来保护那些积极搜寻可盈利项目的企业家，有利于发展中国家的经济发展；作者以此来解释韩国等东亚国家经济产业政策干预的成功。Hodler（2009）进一步拓展此模型，同时引入政府失灵和市场失灵理论，允许政府有自身的利益目标，认为如果政府掌握的信息不充分，产业政策反而无效。如果政府有强烈的政治动机驱动，那么适度的产业政策会有效。

过去几年中，我国经济学界就政府与市场关系进行了热烈的讨论，尤其是针对产业政策中政府和市场功能的争论①。林毅夫（2016）提出有效市场和有为政府的观点，认为市场应该在产业发展中起决定性作用，产业选择应该依据市场中各种要素的相对稀缺性和要素资源禀赋的比较优势来进行，但是由于市场失灵的存在，实现产业和经济的持续发展还需要有为政府，有为政府应该能够鼓励创新，为技术创新和产业升级提供税收优惠、财政补贴、贷款优惠、关税壁垒、土地价格优惠等支持政策，还要提供基础设施和法律法规等完善的制度环境。张维迎（2016）则强调市场机制的作用，并否定市场失灵，认为任何形式的产业政策带来的选择性和歧视性会扭曲市场激励。田国强（2016）则承认市场失灵的存在，但提出有限政府的概念，认为政府的行为应该是有边界的，应该聚焦于维护和提供公共服务、公共产品。总体上，虽然对产业优惠政策的观点尚不统一，但是各方都认同政府在公共物品、基础设施投资、支持科研创新、法律制度完善方面的重要职能。

江西省政府在科教文卫等公共服务供给方面发挥了很好的作用，有助于

---

① 另有一些文献从政府激励角度分析了政府与市场关系，认为需要为作为利益主体的政府提供适当的激励来促进经济的发展（Qian，2003；周黎安，2004，2007）。地方分权和地区竞争形成的外部市场竞争约束有利于抑制地方政府的"预算软约束"问题（Qian and Weingast，1997；Qian and Roland，1998）。周黎安（2018）进一步认为政府和市场关系内生地决定于政府官员的政治竞争和企业的市场竞争。全国市场的一体化有利于强化政企合作，内生地遏制政府的乱作为，辖区企业和产业在市场上的表现有助于测试和检验地方政府对企业干预的"良性"程度。Bai，Hsieh & Song（2020）也认为地方政府有激励也有能力给私营企业提供特惠政策，进而促进经济发展。这些文献有助于解释中国如何在不完善的市场体制和强大的政府干预作用下获得快速经济发展。

提高居民福利。同时政府投资对支持产业政策、促进当地产业和经济发展、带动就业等也起到了积极作用。此外，江西省对政府投资和民间投资的关系也做了较好的处理，政府投资有效地带动了民间投资。相关投资增加了适于农村劳动力就业的岗位，促进了农村居民收入的提高。

六 总结和政策建议

本章对比了江西省与其他省份的收入分配结构、财政支出结构和投资结构，结合就业结构分析，主要有以下发现。

首先，2010 年以来，江西省实现了高于相同发展水平省份的经济增速，但是在这样的经济增长中，劳动者报酬份额下降幅度也大于相同发展水平省份。不过虽然劳动者报酬份额下降，但城乡收入差距仍在不断缩小，缩小幅度与全国其他省份接近，农村居民收入增长幅度与其他发展水平相近省份一致。这说明江西省的经济增长虽然惠及劳动者的程度还不够，但是对农村居民收入的提升并没有落后于其他省份。

其次，财政的福利性支出有助于对居民收入形成补充并形成对居民部门的福利转移。2018 年江西省的科教文卫支出占一般公共预算支出的比重在各省份中排名第二，仅次于广东省。在科教文卫支出占地区生产总值比重上，江西省的这一比重也高于相同发展水平的其他省份。这表明在财政支出结构上，江西省政府部门对居民部门的公共服务福利转移较大。

再次，江西省针对农村地区的农林水支出占一般公共预算支出的比重和占地区生产总值的比重均处于中等水平，也与相同发展水平的其他省份接近。用于城乡社区的支出占一般公共预算支出和地区生产总值的比重也处于平均水平。这表明江西省在财政支出中针对农村的投资并没有落后。

最后，江西省的投资和政府投资均促进了农村居民就业。在江西省的总投资中，政府投资占比较低，非政府投资占比较高，表明在处理政府投资和私人投资关系上，江西省重视政府投资的带动效应。总投资中土地购置费用占地区生产总值的比重不断扩大并在全国处于最高水平之一，促进了建筑业等相关产业的发展。政府投资和非政府投资都较好地带动了制造业和建筑业的就业增长，这些是吸纳农村劳动力的重要行业。但是江西省的民间投资对于批发零售、住宿餐饮等服务业的就业带动效果仍有待增强，而这些服务业也是农村劳动力就业的重要领域，未来要进一步鼓励相关投资。

参考文献

Acemoglu, D., Golosov, M., & Tsyvinski, A. (2008). Markets Versus Governments. *Journal of Monetary Economics*, 55 (1), 159-189.

Argimon, I., Gonzalez - Paramo, J., & Roldan, J. (1997). Evidence of Public Spending Crowding - out from a Panel of OECD Countries. *Applied Economics*, 29 (8), 1001-1010.

Aschauer, D. A. (1989). Does Public Capital Crowd out Private Capital? . *Journal of Monetary Economics*, 24 (2), 171-188.

Bai, C. E., Hsieh, C. T., Song, Z. (2020). Special Deals with Chinese Characteristics [J]. *NBER Macroeconomics Annual*, 34 (1): 341-379.

Bairam, E., & Ward, B. (1993). The Externality Effect of Government Expenditure on Investment in OECD Countries. *Applied Economics*, 25 (6), 711-716.

Fischer, S. (1993). The Role of Macroeconomic Factors in Growth. *Journal of Monetary Economics*, 32 (3), 485-512.

Hausmann, R., & Rodrik, D. (2003). Economic Development as Self - discovery. *Journal of Development Economics*, 72 (2), 603-633.

Hodler, R. (2009). Industrial Policy in an Imperfect World. *Journal of Development Economics*, 90 (1), 85-93.

Mazzucato, M., Cimoli, M., Dosi, G., Stiglitz, J. E., Landesmann, M. A., Pianta, M., Walz R. & Page, T. (2015). Which Industrial Policy Does Europe Need? *Intereconomics*, 50 (3), 120-155.

Mitra, P. (2006). Has Government Investment Crowded out Private Investment in India? . *American Economic Review*, 96 (2), 337-341.

Qian, Y., Roland, G. (1998). Federalism and the Soft Budget Constraint [J]. *American Economic Review*, 1143-1162.

Qian, Y., Weingast, B. R. (1997). Federalism as A Commitment to Reserving Market Incentives [J]. *Journal of Economic perspectives*, 11 (4): 83-92.

Qian, Y. (2003). How Reform Worked in China [J]. In Rodrik D. (Eds.). (2003). *In Search of Prosperity：Analytic Narratives on Economic Growth*, Princeton University Press.

Stiglitz, J. (2009). Government Failure vs. Market Failure：Principles of Regulation. In Balleisen E. & Moss D. (Eds.), (2009). *Government and Markets：Toward a New Theory of Regulation*. Cambridge：Cambridge University Press.

Stiglitz, J. E., Lin J. Y., and Patel E. (2013). *The Industrial Policy Revolution I：The Role of Government Beyond Ideology*. Basingstoke：Palgrave Macmillan.

陈浪南、杨子晖：《中国政府支出和融资对私人投资挤出效应的经验研究》，《世界经济》2007年第1期。

戴园晨：《"投资乘数失灵"带来的困惑与思索》，《经济研究》1999年第8期。

郭庆旺、贾俊雪：《财政投资的经济增长效应：实证分析》，《财贸经济》2005年第4期。

郭庆旺、赵志耘：《论我国财政赤字的拉动效应》，《财贸经济》1999年第6期。

林毅夫：《产业政策与国家发展：新结构经济学视角》，《比较》2016年第6期。

刘溶沧、马拴友：《赤字、国债与经济增长关系的实证分析——兼评积极财政政策是否有挤出效应》，《经济研究》2001年第2期。

田国强：《争议产业政策——有限政府，有为政府?》，《财经》2016年第64期。

吴洪鹏、刘璐：《挤出还是挤入：公共投资对民间投资的影响》，《世界经济》2007年第2期。

余靖雯、郑少武、龚六堂：《政府生产性支出、国企改制与民间投资——来自省际面板数据的实证分析》，《金融研究》2013年第11期。

张敏：《中央投资的增加是否挤出了私人投资?》，《投资研究》2018年第2期。

张维迎：《我为什么反对产业政策——与林毅夫辩》，《比较》2016年第6期。

赵志耘、吕冰洋：《财政投资的外溢效应分析》，《财贸经济》2007年第10期。

周黎安：《"官场+市场"与中国增长故事》，《社会》2018年第2期。

周黎安：《晋升博弈中政府官员的激励与合作——兼论我国地方保护主义和重复建设问题长期存在的原因》，《经济研究》2004年第6期。

周黎安：《中国地方官员的晋升锦标赛模式研究》，《经济研究》2007年第7期。

庄子银、邹薇：《公共支出能否促进经济增长：中国的经验分析》，《管理世界》2003年第7期。

第五章

乡村振兴背景下农村劳动力就业与收入研究

周应恒　杨宗之　赵梦琳[*]

随着我国经济不断发展，农民生活质量得到大幅提升，现行标准下全部农村贫困人口如期脱贫，农村居民收入增速连续 12 年超过城镇居民，向共同富裕的目标迈进一步。随着脱贫攻坚和全面小康的逐步实现，乡村振兴战略持续推进，农村基础设施不断改善，农村居民家庭收入不断增长。

但是随着全球经济发展的不确定性增强，逆全球化思潮不断加剧，我国经济增长面临下行压力，加上突如其来的新冠疫情冲击，我国出口的形势急剧恶化，大量出口加工企业面临订单不足，农民外出务工形势并不乐观，2020 年中国农民工总量较 2019 年减少 517 万人，2021 年本地农民工增速已高于外出农民工[①]，农民增收形势更加复杂。2004 年以来"中央一号文件"已连续十九年聚焦"三农"工作，反映出国家对于"三农"问题的高度重视，而在农业、农村、农民问题中，最为核心的依然是农民问题，最根本的是农民收入增长问题。农业及农村的现代化必须建立在农民收入增长的基础上，农业农村发展的目的也应该最终必须确保农民收入的提高、促进农民生活的改善。农民收入状况于国家经济社会的长期稳定发展都有着密不可分的

---

[*]　周应恒，江西财经大学经济学院教授；杨宗之、赵梦琳，江西财经大学研究生。

①　资料来源：《2020 年农民工监测调查报告》。

关系。进入新的发展阶段，农民的非农化和充分就业是提高农民收入、创新职业能力以及消费水平的前提保障，要实现农村居民的充分就业、提升农村居民的收入水平，需要通过更加细致的调查分析，才能更好地把握亟待解决的关键问题。

江西省地处华中地区，既是农业大省也是粮食主产区，还是革命老区。在中部崛起、老区振兴和乡村振兴等国家战略推进的过程中，开展江西省农村劳动力就业与收入的研究具有十分重要的意义。本课题组 2021 年通过走访调查获取了江西省 307 个农户、1081 位农村居民的样本数据，结合 2014年、2016 年和 2018 年中国劳动力动态调查（ChinaLabor－force Dynamics Survey，以下简称 CLDS）数据，以及《中国统计年鉴》《江西统计年鉴》和国家统计局等宏观层面数据，试图对江西省农村劳动力的就业与收入现状进行科学分析。通过分析，近年来江西省农村劳动力就业与收入主要呈现以下四点特征。

其一，乡村振兴助力农民增收，但不同地区和收入组间仍存在较大差异。随着我国乡村振兴战略的全面推进，江西省农村居民各类收入近年来持续增加，但劳动力年龄偏高、文化水平低限制了收入水平的进一步提升。从收入结构来看，工资性收入是江西省农村居民的最主要收入来源，农民财产性收入占比较小，城乡居民收入之间仍存在较大差距，农民抵御风险能力较弱。从地区差异来看，在精准扶贫等政策的帮扶下，欠发达地方农民收入增速快于省内平均水平，但各地市农民收入仍存在较大差距。从收入组间差异来看，近年来财政扶贫资金对于低收入人群的转移支付资金增长率最高，但不同收入分组的收入规模仍存在较大差异。

其二，农村劳动力整体文化程度偏低、技能不足导致其就业面狭窄、劳动权益缺乏保障。江西省农村劳动力整体受教育程度偏低、技能不足，多数进城务工的劳动力只能局限于强度大、就业面窄的简单劳动，劳动力素质与城市产业多样化和高级化的需要不相适应；农村青壮年劳动力普遍从事非农工作，从事农业生产的农民"老龄化"现象突出；同时，绝大部分农村劳动力以务农和自由工作者为主，农村劳动力就业主要集中在第一产业，没有固定的就业单位，难以签订正规的劳动合同，劳动报酬较低，农村劳动力就业的稳定性和规范性还有待提高。

其三，产业动力和政策扶持不足，对于本地劳动力的吸纳能力有待提升。劳动力转移方面，由于虹吸效应，大量农村劳动力外流入广东、浙江等经济大省，表现为外出就业劳动力数量持续增长，在省外就业人数多于在省内就业人数；随着乡村振兴的推进，江西省政府采取了一系列政策措施促进农民就地就近创业就业，拓展了农民的就业空间和增收渠道，近年来省内从业（离乡不离省）的比重持续上升，除个别年份外，省内从业劳动力增速高于省外从业劳动力增速；但家庭和身体原因是返乡农民打算长期留乡的主要原因，产业动力不足、政策扶持体系不健全仍是阻碍农村劳动力回流的重要瓶颈。劳动力创业方面，由于文化素质低、市场观念淡薄、鉴别信息的能力差，农民创业主要依靠自己发现和亲友介绍，缺乏政府引导；同时创业资金来源单一，主要依靠个人储蓄以及亲友的支持，导致创业资金获取困难、创业规模小、创业类型多为传统的农业产业和批发零售贸易业。

其四，新冠疫情对农民务工和经营活动产生较大冲击，农村劳动力本地就业比例上升，收入持续增长中断。2020 年受新冠疫情影响，农村家庭常住从业人员数量较 2019 年相比减少了 3.83%，农村劳动力各类收入名义增长率均有不同程度降低，平均受影响时长为 2.68 个月。经营性收入方面，由于疫情防控措施一定程度上阻碍了生产要素、商品和人员的自由流通，以致 3 成左右的农村经营主体收入出现"负增长"，尤其是非农经营性收入。工资性收入方面，有超过 6 成的农村劳动力受到了疫情的影响，其中青年劳动力和低收入群体受影响程度最深；同时，新冠疫情阻碍了较大一部分农村劳动力按时复工，农村劳动力出省务工人数出现较为明显的减少，接近一半的农村劳动力选择在本乡（镇、街道）内工作来获取收入。

通过江西省农村劳动力就业与收入特点分析，下文针对性地提出以下促进农村劳动力就业和农民增收的政策建议。

其一，重点关注低收入农民，加大信贷支农力度，广泛开辟欠发达地区农民增收渠道。

要厘清低收入农民的家底，找到需要重点关注的对象。随着劳动力流动程度加深，对由劳动力向外迁移导致的留守居民收入下降的问题，要重点关注。加大信贷支农力度，对于确有需要进行金融支持的农户，及时发现、及时帮助。要认识到财产性收入是提高农户收入的重要途径，要广泛开辟欠发达地区农民增收的各种渠道。

其二，加强就业服务和技能培训，加强农村劳动力就业权益保障。

应发挥政府公共就业服务部门的作用，根据市场用工需求，有针对性地分类加强对农村劳动力的就业技能培训，切实提高农民的就业能力，扩大就业选择范围；并为农民工提供就业失业登记、职业指导、企业岗位信息推介、就业创业政策宣传等针对性服务，引导农民工就地就近就业，鼓励企业优先聘用农村地区劳动力；还要加大对于企业用工行为的监管力度，保障农民利益，完善监察执法程序，健全举报投诉工作机制，畅通农民维权渠道，强化农民法律意识。

其三，多措并举推进乡村振兴，大力发展乡镇企业，提升就业吸纳力。

大力发展农产品加工业的本地龙头企业。乡镇企业的发展要与农业产业化紧密结合，提高劳动力的吸纳能力，促进工业和农业、城市和农村的有机结合。同时依靠地方农业特色，发展特色种植业、养殖业，进一步提高乡镇企业对于农村劳动力的吸纳能力，激发就业活力。

一 江西省农村劳动力就业情况

就业是民生之本、发展之基。促进农民充分就业，是解决"三农"问题的突破口，有利于缩小我国城乡之间的差距，并可以促进我国的劳动力资源得到较为合理的配置，这对于我国的乡村振兴战略的推进、实现农业农村的现代化都具有十分深远的意义（陈锡文，2022）。因此，本章将结合2014年、2016年和2018年中国劳动力动态调查（CLDS）数据，以及《中国统计年鉴》《江西统计年鉴》和国家统计局等宏观层面数据，对江西省农村劳动力就业情况进行分析。

（一）江西省农村劳动力就业情况（宏观层面）

从图 5-1 可以看出，江西省城镇化水平落后于全国平均水平，江西作为一个内陆欠发达省份，其城镇化基础薄弱，拥有的城市数量在中部地区最少，拥有的百万人口以上和 50 万~100 万人口的大城市数量在中部地区也最少（李恩平，2020）。

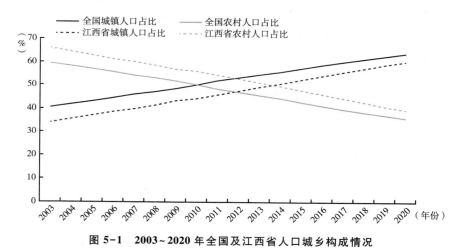

图 5-1　2003~2020 年全国及江西省人口城乡构成情况

资料来源：《江西统计年鉴》与《中国统计年鉴》。

如图 5-2 所示，江西省各市城镇化率差距较大、发展不平衡（王婷等，2010）。虽然江西省城镇化推进速度较慢，但城镇化仍在不断推进的事实将持续存在，农村人口准市民化数量增多。

1. 江西省农村劳动力就业类型分布情况

如图 5-3 所示，江西省农村劳动力就业方式较单一，就业类型以农业自营为主，可能是因为江西省的气候和地理环境适合农作物生长，且工业发展不足，对农村劳动力的吸引力不够，2019 年以前农业自营占比在 50% 左右，农业自营占比总体呈现先上升后下降的趋势，在 2016 年达到顶峰，占比为 53.64%，随后开始下降。与之相反的是其他雇员（受雇务工）类型，受雇务工是农村劳动力第二大就业类型，占比超过 30%，受雇务工占比总

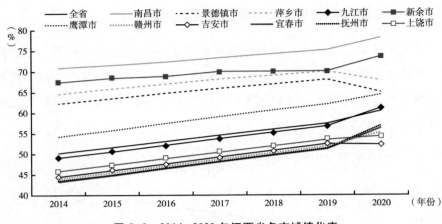

图 5-2　2014~2020 年江西省各市城镇化率

资料来源：《江西统计年鉴》与《中国统计年鉴》。

体呈现先下降后上升的趋势，2016 年达到最低点，占比为 33.13%，随后上升，受雇务工于 2019 年超过农业自营占比，成为农村劳动力第一大就业类型，2020 年其他雇员占比接近 50%，可能是因为土地确权促进了农村土地流转，再加上部分地区正在试点创建田园综合体（余永琦等，2022），进一步降低了农业自营占比。非农自营是农村劳动力第三大就业类型，其占比比较稳定，在 10% 左右，呈现缓慢下降的趋势。随后就业类型占比从大到小依次是事业单位人员、雇主和国有企业雇员，事业单位人员和雇主占比相差不大，均在 1% 左右，国有企业雇员占比在 0.50% 左右。

从江西省农村劳动力产业分布情况（见图 5-4）来看，第一产业是江西省农村劳动力的主要就业产业，占比在 50% 左右，第一产业就业人数占比呈现波动下降趋势，从 2013 年占比 55.16% 下降到 2020 年的 43.11%。第二产业就业人数占比在 25% ~31%，呈现缓慢上升趋势，第三产业就业人数占比同样呈现缓慢上升趋势，且增速高于第二产业。可以看出，近年来随着农村商品经济的日趋活跃和产业结构的调整，江西省农村第二、第三产业就业比重得到提高，发展速度要快于第一产业。2020 年，江西省地区社会总产值中，来自第二、三产业的产值之和达到 23449.91 亿元，比 2013 年增加了 10690.39 亿

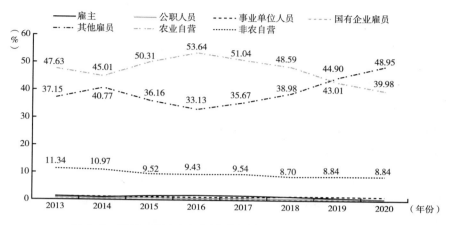

图 5-3　2013~2020 年江西省农村劳动力就业类型分布情况

资料来源：《江西统计年鉴》。

图 5-4　2013~2020 年江西省农村劳动力产业分布情况

资料来源：《江西统计年鉴》。

元，增长 84%，年均递增 9.51%，而同期一产的年均递增率仅为 5.73%，第二、三产业比第一产业分别快 0.43 个和 7.47 个百分点。同时，第二产业和第三产业由于生产、经营行业的不断拓展，由传统的制造业、商业、餐饮业、运输业等少数行业扩展到科技业、服务业、信贷业等多种行业，吸纳了大批农村劳动力，就业人数明显增加，由 2013 年的 1639.20 万人增加到 2020 年的 1809 万人，增加了 169.80 万人，增长 103.59%，年均递增 1.51%。

从图 5-5 可以看出，江西省农村劳动力第二产业就业主要集中在制造业和建筑业，2020 年二者占比之和超过 95%。2014 年以后建筑业就业占比超过制造业，成为第二产业就业人数占比最高的行业，建筑业就业占比呈现波动上升的趋势，2020 年其占比高达 53.46%。制造业就业占比在 40%～51%，呈现缓慢下降趋势，2020 年其占比为 41.80%。采矿业和电力业、热力业、燃气业及水生产供应业就业占比相差不大，均在 1%～3%，但是采矿业就业占比呈缓慢下降趋势，而电力业、热力业、燃气业及水生产供应业就业占比呈缓慢上升趋势，2018 年电力业、热力业、燃气业及水生产供应业就业占比超过采矿业。

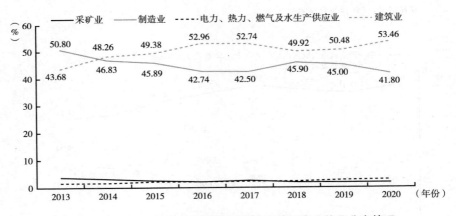

图 5-5　2013～2020 年江西省农村劳动力第二产业就业分布情况

资料来源：《江西统计年鉴》。

根据江西省农村劳动力第三产业就业分布情况（见图 5-6），从 2020 年的情况来看，各产业就业占比从大到小依次为居民服务、修理和其他服务业，批发和零售业，其他行业，交通运输、仓储和邮政业，住宿和餐饮业，卫生和社会工作，教育，文化、体育和娱乐业。居民服务、修理和其他服务业就业占比在 20%～30%，整体呈波动上升趋势，2020 年其就业占比为 25.61%，居民服务、修理和其他服务业就业占比在 2018 年超过批发和零售业成为第三产业中江西省农村劳动力第一大就业行业。批发和零售业就业占比呈波动下降趋势，2017 年其占比为 32.19%，达到最高值，随后开始下降，到 2020 年其占比为 22.06%。其他行业就业占比比较稳定，在 15% 上下波动。交通运输、仓储和邮政业就业占比呈现缓慢下降趋势，2013 年其就业占比为 15.53%，2020 年则为 12.35%，相较于 2019 年的 11.55% 有些许提升。住宿和餐饮业就业占比呈波动上升趋势，2013 年其占比为 8.46%，2020 年则为 10.02%。卫生和社会工作行业、教育行业就业占比相差不大，均在 5% 左右上下波动。文化、体育和娱乐业就业占比比较稳定，在 1% 左右波动。

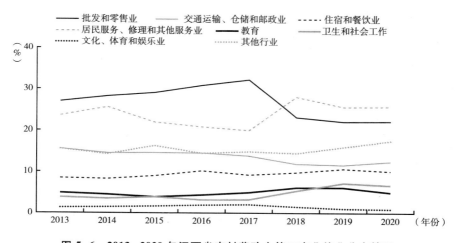

图 5-6 2013~2020 年江西省农村劳动力第三产业就业分布情况

资料来源：《江西统计年鉴》。

2. 江西省农村劳动力转移概况

国家统计局数据显示，截至 2020 年 11 月 1 日江西省共有人口 4518.90 万人，农村人口 1787.80 万人，农民工①占比很大，2020 年全省农民工总量为 1237.30 万人，占农村人口的 69.21%，其中，本地农民工 420.20 万人，

---

① 农民工是指年内在本乡镇以外从业 6 个月及以上的外出农民工和在本乡镇内从事非农产业 6 个月及以上的本地农民工。

同比下降 4.70%，而外出农民工多达 817.10 万人①。

从表 5-1 可以看出，2012 年至 2019 年江西省农村外出就业劳动力数量一直是提高的。进一步分析可知，《中国统计年鉴》显示 2020 年江西省 GDP 为 25691.50 亿元，江西省南昌市 GDP 为 5745.50 亿元，而与江西省接壤的各省份的省会城市 GDP 全部突破万亿元。随着各省份推行强省会战略，集全省之力打造省会城市，江西省与其他省份的经济差距越来越大。另外，各省会城市也提供了更多的工作岗位及更完善的福利政策，吸引周边省份的劳动力大量流入，而江西省的农村劳动力一直被周边经济强省虹吸，造成大量农村劳动力外流入广东省、浙江省，并成为全国排名前五的人口净流出大省。江西省的高新技术产业及金融业发展平缓，综观上海市金融中心陆家嘴，杭州市阿里巴巴集团，深圳市华为、中兴等企业均为各城市综合实力的体现，而江西省的综合实力尚存发展空间，产业尚未完全成熟（赵波等，2011）。

表 5-1　2012~2019 年江西省农村劳动力转移省内外对比情况

年份	外出就业劳动力（万人）	省外从业劳动力（万人）	省内从业劳动力（万人）	省外从业占比（%）	省内从业占比（%）
2012	756.30	522.70	233.60	69.11	30.89
2013	789.50	540.70	248.80	68.49	31.51
2014	822.40	553.50	268.90	67.30	32.70
2015	842.00	561.00	281.00	66.63	33.37
2016	867.80	585.90	281.90	67.52	32.48
2017	878.00	580.00	298.00	66.06	33.94
2018	894.90	595.40	299.50	66.53	33.47
2019	908.60	599.00	309.60	65.93	34.07

资料来源：根据历年江西省国民经济和社会发展统计公报整理所得，2016 年数据缺失，由 2017 统计公报中数据计算得出。

---

① 《江西省 2020 年国民经济和社会发展统计公报》，https://jiangxi.jxnews.com.cn/system/ 2021/03/22/019223163.shtml。

从省内外劳动力转移的具体数量来看，2019 年在省内就业的农村在外从业劳动力为 309.60 万人，显著高于 2012 年的 233.60 万人，增长了 32.53%，而 2019 年在省外进行就业的农村在外从业劳动力为 599.00 万人，比 2012 年增长了 14.60%。江西省农村劳动力省内从业（即离乡但不离省）的比重上升，一直以来农村省外从业劳动力占农村在外从业劳动力的比重超过 65%，省外转移是农村劳动力转移的主要方式，但是农村省内从业劳动力占比在升高，2019 年农村省内从业劳动力占比为 34.07%。

在外出就业的江西省农村劳动力中，在省外就业人数显著多于在省内就业人数，但是除个别年份外，省内从业劳动力增速高于省外从业劳动力增速（见图 5-7），省外从业劳动力平均增速为 1.98%，而省内从业劳动力平均增速为 4.14%。在省外就业的农村转移人口增速明显不如在江西省内就业的农村转移人口，省内转移人口数量逐渐增加。可以看出，在乡村振兴的背景下，江西省政府采取了一系列政策措施，围绕做好"六稳"工作、落实"六保"任务，促进农民就地就近创业就业，拓展农民的就业空间和增收渠道（唐晓天，2020）。截至 2022 年 3 月，江西省累计实施 32 个农业产业强镇项目，共新增就业岗位 7782 个，联农带农 2.40 万户，户均增收 1 万元；累计支持 289 家农业龙头企业开展农产品精深加工项目建设，共新增就业岗位 1.70 万个，联农带农 21.20 万户，户均增收 1.10 万元。此外，2021 年全省休闲农业经营主体带动农户 24.30 万户，吸纳 36 万农村居民就业[①]，江西省农民在本地就业的势头逐渐向好。就目前形势来看，能够紧跟时代潮流、吸引农村劳动力回流，并进一步推进乡村发展战略的实施，是推进未来农村现代化繁荣的重要前提。

（二）江西省农村劳动力就业情况（微观层面）

此部分资料来源于中国劳动力动态调查（CLDS），课题组收集了 2011 年、2012 年、2014 年、2016 年和 2018 年的数据，但为了保证问卷问题的

---

① 资料来源：《江西省"十四五"就业促进规划》新闻发布会。

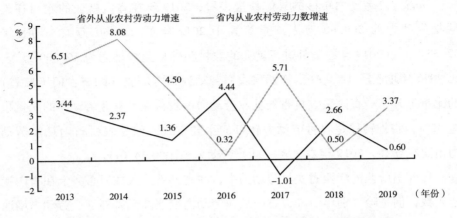

图 5-7　2013~2019 年江西省省内外农村劳动力增速情况

资料来源：根据历年江西省国民经济和社会发展统计公报整理所得，2016 年数据缺失，由 2017 年统计公报中数据计算得出。

一致性，采用 2014 年、2016 年和 2018 年中国劳动力动态调查（CLDS）数据。由于本文研究的是江西省农村劳动力就业情况，因此剔除了其他地区的数据以及江西省城市户籍居民和学生群体，共获得个体有效问卷 1160 份。

1. 江西省农村居民基本情况

通过数据清洗后，适用于年龄分布和教育水平分布部分分析的有效数据为 1160 份，适用于此部分的有效数据共 676 份。因此，本部分将运用这些数据从年龄特征和教育水平来分析江西省农村居民的基本情况。

（1）年龄特征

从图 5-8 可以看出，江西省农村居民的年龄分布如下：15~24 岁的居民三期平均占比为 6.19%，25~34 岁的居民三期平均占比为 8.58%，35~44 岁的居民三期平均占比为 16.41%，45~54 岁的居民三期平均占比为 32.67%，55~64 岁的居民三期平均占比为 27.28%，65 岁及以上的居民三期平均占比为 8.86%。从年龄结构来看，45~54 岁年龄段占比最高，其次是 55~64 岁。15~44 岁的青壮劳动力三期平均占比仅为 14.78%。青壮劳动力的大量缺失一方面会导致高学历人才流失，农村很多产业的科技水平、文化含量难以提升；另一方面会连带资金流出，削弱本地市场的消费能力，最终使得农村发展遭遇困境，让乡村振兴战略的实施面临严峻的挑战与考验。

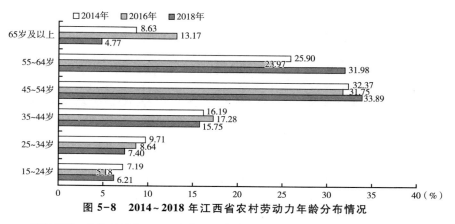

图 5-8　2014~2018 年江西省农村劳动力年龄分布情况

资料来源：根据 2014 年、2016 年和 2018 年中国劳动力动态调查（CLDS）整理所得。

（2）教育水平

本部分参考卢有泉等（2018）学者的分类方法，将普通高中、职业高中、技校和中专设为高中水平，将大专及大学本科设为大专及以上学历水平。从图 5-9 可以看出江西省农村劳动力教育水平分布情况，江西省农村劳动力小学/私塾文化程度占比最高，三期平均占比为 40.95%；初中文化程度其次，三期平均占比为 34.09%；然后是未上过学，三期平均占比为 14.39%；同时高中文化程度的三期平均占比 8.31%；大专及以上学历者三期平均占比为 2.27%。2014 年、2016 年和 2018 年高中文化程度和大专及以上文化程度占比之和分别为 9.71%、10.16% 和 11.85%，虽然从宏观层面上看江西省农村劳动力的文化水平有一定程度的提升，但是整体文化水平不高，农民工进城后需要适应，职业选择面较窄。

2. 江西省农村居民务工及务农情况

（1）务工情况

如表 5-2 所示，江西省农村居民有工作经历的占绝大多数，三期平均占比为 89.22%，其中有 80% 左右的居民 2014 年以来参加过工作。

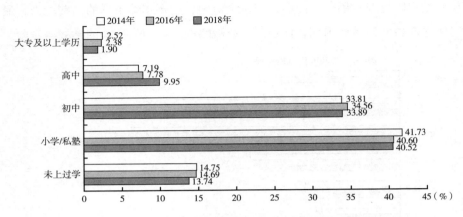

图 5-9　2014~2018 年江西省农村劳动力教育水平分布情况

资料来源：根据 2014 年、2016 年和 2018 年中国劳动力动态调查（CLDS）整理所得。

表 5-2　2014~2018 年江西省农村居民务工构成情况

单位：%

年份	2014	2016	2018
有工作经历	89.21	91.58	86.87
去年以来参加过工作	78.63	84.91	84.62
去年以来未参加工作	21.37	15.09	15.38
无工作经历	10.79	8.42	13.13

资料来源：根据 2014 年、2016 年和 2018 年中国劳动力动态调查（CLDS）整理所得。

从图 5-10 中可以看出，2014 年以来参加工作的农村居民中，45~54 岁年龄段的居民最多，占比为 34.93%；其次为 55~64 岁年龄段，占比为 24.53%；然后依次是 35~44 岁、65 岁及以上、25~34 岁和 15~24 岁年龄段，占比分别为 18.11%、10.16%、9.46% 和 2.80%。从总体上看，江西省农村劳动力年龄偏大，45~64 岁劳动力占比高达 59.46%。

（2）务农情况

数据清洗后，适用于本部分分析的有效数据共 904 份。通过分析得知，

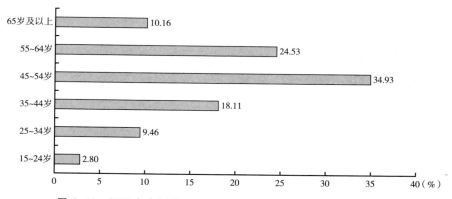

图 5-10　江西省农村居民不同年龄组 2014 年以来参加工作情况

资料来源：根据 2014 年、2016 年和 2018 年中国劳动力动态调查（CLDS）整理所得。

江西省大约 80% 的农村居民有农业生产经历，2014 年、2016 年和 2018 年平均农业生产经历年数分别为 28.42 年、17.66 年和 27.97 年，从图 5-11 可以看出，无农业生产经历的群体偏年轻，故农村青壮年劳动力更倾向于选择外出务工，而对于农村高龄劳动力而言，年龄大、没文化、没技能是他们选择在家务农的主要原因（黄宏伟等，2020）。

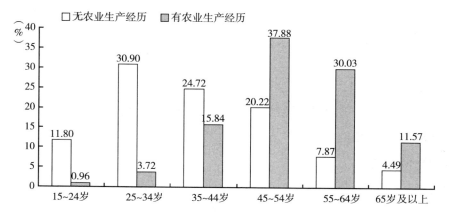

图 5-11　江西省农村居民不同年龄组有无农业生产经历分布情况

资料来源：根据 2014 年、2016 年和 2018 年中国劳动力动态调查（CLDS）整理所得。

3. 江西省农村居民工作情况

（1）江西省农村居民就业产业与行业分布

通过数据清洗，适用于本部分的有效数据共 836 份。从江西省农村居民就业产业分布情况（图 5-12）来看，第一产业是江西省农村劳动力的主要就业产业，三期平均占比为 56.27%，第二产业和第三产业占比相差不大，三期平均占比均超过 20%，但从时间趋势来看，第二产业就业人数占比逐渐下降，第三产业就业人数占比逐渐上升。

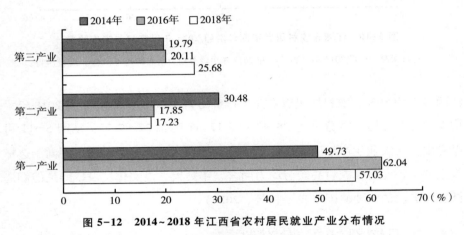

图 5-12　2014~2018 年江西省农村居民就业产业分布情况

资料来源：根据 2014 年、2016 年和 2018 年中国劳动力动态调查（CLDS）整理所得，三次产业划分参考《国民经济行业分类》（GB/T4754—2017）。

从图 5-13 可以看出，建筑业（占比为 52.05%）和制造业（占比为 45.93%）是江西省农村居民第二产业的主要就业行业，二者占比之和高达 97.98%，然后是电力、煤气及水的生产和供给业与采掘业，占比分别为 2.34% 和 0.58%。

从江西省农村居民第三产业就业分布情况（见图 5-14）可以看出，批发和零售贸易、餐饮业和交通运输、仓储及邮电通信业是第三产业中江西省农村劳动力最主要的就业行业，占比分别为 27.72% 和 19.03%；然后依次是其他行业，教育、文化艺术和广播电影电视业，国家机关、党政机关和社会团体，社会服务，占比分别为 18.48%、12.50%、10.87%、9.78%；房

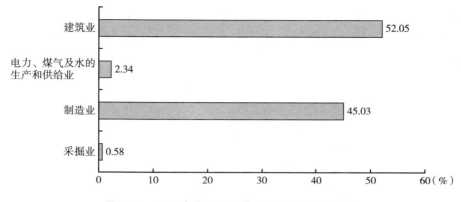

图 5-13　江西省农村居民第二产业就业分布情况

资料来源：根据 2014 年、2016 年和 2018 年中国劳动力动态调查（CLDS）整理所得。

地产业，卫生、体育和社会福利业，地质勘查业、水利管理业占比较小，均为 0.54%。

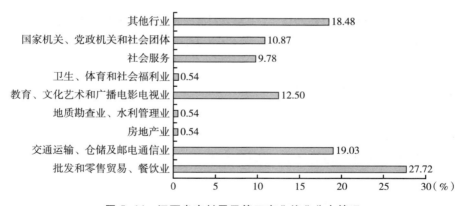

图 5-14　江西省农村居民第三产业就业分布情况

资料来源：根据 2014 年、2016 年和 2018 年中国劳动力动态调查（CLDS）整理所得。

（2）江西省农村居民的工作单位分布

通过数据清洗，适用于本部分分析的有效数据共 836 份。从图 5-15 可以看出，江西省农村居民以务农和自由工作者为主，三期平均占比分别为 54.91% 和 15.83%，二者之和高达 70.74%，这说明江西省农村居民大多数没有固定的工作单位。然后是民营、私营企业，个体工商户，村居委会等自治组织和国有/集体事业单位，三期平均占比分别为 12.30%、10.48%、2.34% 和 2.16%，其余单位三期平均占比均在 1% 以下。

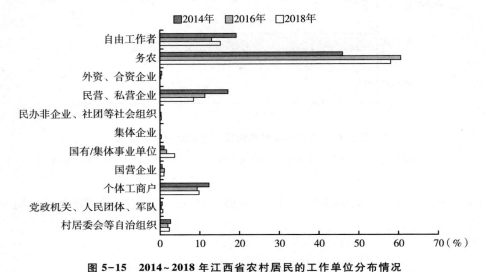

图 5-15　2014~2018 年江西省农村居民的工作单位分布情况

资料来源：根据 2014 年、2016 年和 2018 年中国劳动力动态调查（CLDS）整理所得。

（3）江西省农村居民就业身份分布情况

通过数据清洗，适用于本部分的有效数据共 827 份。从图 5-16 来看，江西省农村居民的工作以务农为主，三期平均占比为 56.62%，其次是雇员，三期平均占比为 26.72%，然后是自雇和雇主，三期平均占比分别为 14.18% 和 2.48%。

①务农情况。适用于农闲状态部分的有效数据共 449 份，适用于农闲时非农务工地点部分的有效数据共 49 份。从图 5-17 可以看出，江西省务农的农村居民在农闲时所从事活动主要是在家休闲，三期平均占比为 60.21%，其次是务农、从事非农工作和其他，三期平均占比分别为 23.48%、11.41% 和 4.90%。究其原因，一方面是由于农民文化程度低，缺乏其他技能，难以找到合适的岗位，只能"望岗兴叹"；另一方面是乡镇产业数量和规模有限，无法提供更多的就业岗位。

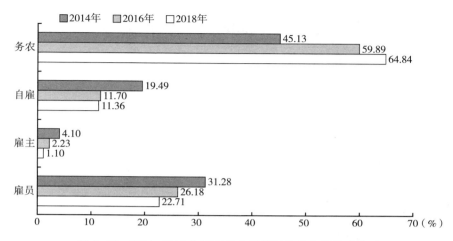

图 5-16　2014~2018 年江西省农村居民就业身份构成情况

资料来源：根据 2014 年、2016 年和 2018 年中国劳动力动态调查（CLDS）整理所得。

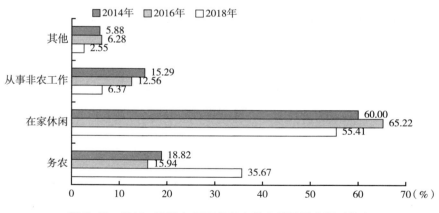

图 5-17　2014~2018 年江西省务农的农村居民农闲时状态

资料来源：根据 2014 年、2016 年和 2018 年中国劳动力动态调查（CLDS）问卷整理所得，其中从事非农工作的工作地点为多选项。

从图 5-18 可以看出，大多数江西省农村居民农闲时从事非农务工工作地点在本村居内，三期平均占比为 64.62%，可能是方便照顾家庭，其次是本乡镇的其他村居，三期平均占比为 20.00%，然后依次是本县/区以外、县/区内的其他乡镇和县/区城，三期平均占比分别为 10.51%、8.46% 和 6.41%。可以看出，江西省农村居民农闲时主要选择就近务工，在本乡镇内务工的农村居民三期平均占比高达 84.62%。

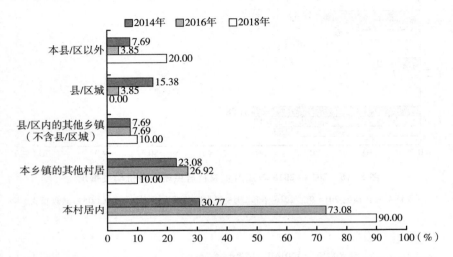

图 5-18　2014~2018 年江西省农村居民农闲时从事非农务工工作地点分布情况

资料来源：根据 2014 年、2016 年和 2018 年中国劳动力动态调查（CLDS）整理所得。

②雇主情况。适用于本部分分析的有效数据共 19 份。从图 5-19 可以看出，江西省农村居民非农经营主要集中在制造业，占比为 52.63%，其次是批发零售业和交通运输、仓储和邮政业，占比均为 10.53%，建筑业，住宿和餐饮业，电信、广播电视和卫星传输服务，科学研究和技术服务业与文化、体育和娱乐业占比均为 5.26%。

从图 5-20 可以看出，江西省农村居民非农经营以个体户为主，占比为 78.95%，未注册登记占比为 10.53%，私营企业占比为 5.26%，不清楚占比为 5.26%。

③雇员情况。适用于本部分的有效数据共 164 份，从江西省农村雇员签订书面劳动合同的情况（见图 5-21）来看，仅有 23.17% 的农村雇员已签订书面劳动合同，未签订合同的比例高达 76.83%。可以看出，目前农村劳动力就业虽然规模较大、时间较长，但就业行为仍体现为个人行为，组织化

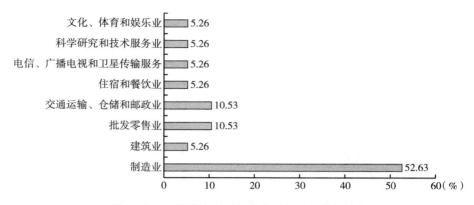

图 5-19　江西省农村居民非农经营行业分布情况

资料来源：根据 2014 年、2016 年和 2018 年中国劳动力动态调查（CLDS）整理所得。

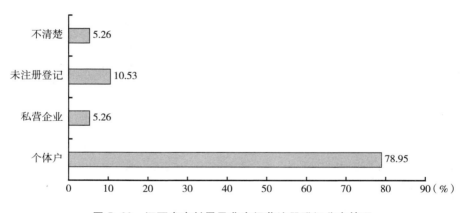

图 5-20　江西省农村居民非农经营注册登记分布情况

资料来源：根据 2014 年、2016 年和 2018 年中国劳动力动态调查（CLDS）整理所得。

程度低，权益得不到保障。在非正式合约的劳动关系中，一些企业违反《劳动法》延长劳动时间、增加劳动强度、剥削农民工的剩余价值以及不按协议兑现工资，更有甚者拖欠农民工工资、限制农民工的人身自由等（杜鹏程等，2018），保障农民工利益还需要在劳动合同等方面探索新的设计和办法。

④创业情况。创业包含雇主型和自雇型创业，由于 2014 年问卷缺少创

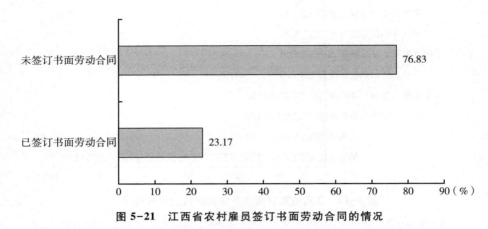

图 5-21 江西省农村雇员签订书面劳动合同的情况

资料来源：根据 2014 年、2016 年和 2018 年中国劳动力动态调查（CLDS）整理所得。

业机会来源和创业影响因素内容，故这两部分使用 2016 年和 2018 年的数据，创业资金来源使用 2014 年、2016 年和 2018 年数据，适用于创业机会来源部分的有效数据共 25 份，适用于创业影响因素部分的有效数据共 50 份，适用于创业资金来源部分的有效数据共 74 份。从图 5-22 可以看出，"自己的发现"是江西省农村居民创业机会最主要的来源，占比为 40.00%；其次是"亲友的介绍"，占比为 28.00%；然后是"原来的工作经历"、"其他"和"模仿身边的其他企业"，占比分别为 20.00%、8.00% 和 4.00%。可以看出，受到受教育程度的限制，农民创业容易失败（李长江等，2011）。许多农民都是靠亲戚、朋友、同学、老乡介绍这种渠道，创业类型主要是对于生活半径内经营主体的简单复制，还有一些农民是很盲目地先出去，到周边的城市进行短期的学习模仿，因此成功创业概率很低。

图 5-23 描述了江西省农村居民创业影响因素情况，从总体来看，有人脉关系支持（占比 72%）、有经营经验（占比 68%）、有经济支持（占比 66%）是对农民创业影响"重要"及以上程度的前三项因素。其次是有技术和有政府支持，"重要"及以上程度占比分别为 60% 和 42%。中国农村的"熟人社会网络"作为一种特殊的社会文化背景，不仅是村民日常生活的一种重要场域，也是创业的一种重要资本，农民通过建立紧密的社会网络以降

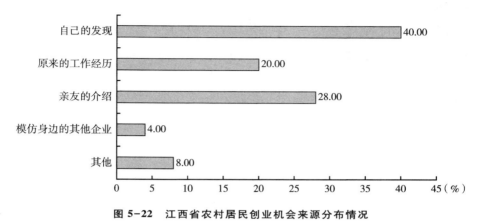

图 5-22　江西省农村居民创业机会来源分布情况

资料来源：根据 2014 年、2016 年和 2018 年中国劳动力动态调查（CLDS）整理所得。

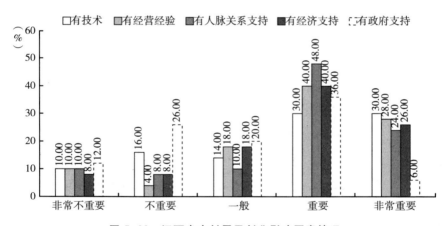

图 5-23　江西省农村居民创业影响因素情况

资料来源：根据 2016 年和 2018 年中国劳动力动态调查（CLDS）整理所得。

低资源的获取成本，社会网络孕育出的信任容易促成农户间的协同合作，增加创业成功的概率（张连德，2010）。在经营经验方面，通过先前经营的"干中学"，创业者能够提高信息吸收能力和解读能力，增强对潜在创业机会的发现能力，同时还能更加懂得如何围绕创业机会收集所需信息和作出有效决策。资金也是创业的前提和重要保障，资金不足的话，农民即使有创业的想法，也会因为创业风险大、缺乏后期资金的持续注入而望而却步，还会导致农民的创业规模较小，创业层次停留在传统的农业产业、批发零售贸易业等，难以进入要求资金积累较高的工业行业和新兴产业。

从图 5-24 可以看出，江西省农村居民创业资金最主要的来源是"个人储蓄"，占比高达 86.49%，其次是"家人和亲属"支持，占比为 52.70%，然后依次是"朋友、生意伙伴和其他社会关系"、"其他"与"政府或其他金融机构"，占比分别为 27.03%、12.16% 与 6.76%。江西省农村居民创业主要依靠自身积累和民间非正规金融渠道，仅有 6.76% 的居民会寻求政府或其他金融机构的帮助，这说明向正规金融机构贷款不是他们获取创业资金的主要渠道。创业资金获取困难，严重阻碍了农民实现其创业计划（蒋逸等，2014）。

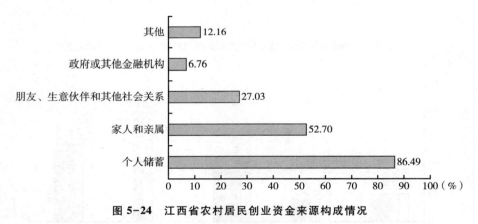

图 5-24　江西省农村居民创业资金来源构成情况

资料来源：根据 2014 年、2016 年和 2018 年中国劳动力动态调查（CLDS）整理所得，创业资金来源为多选项。

（4）江西省农村居民兼业基本情况

适用于兼业情况部分的有效数据共 770 份，适用于兼业行业分布部分的有效数据共 84 份，适用于兼业时长分布部分的有效数据共 83 份。从图 5-25 可以看出，江西省农村居民有兼业行为的比例只有 15% 左右，绝大多数居民除主业外没有从事其他有收入的工作，而且兼业居民比例呈现逐年下降的趋势。

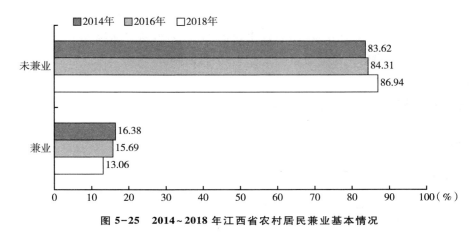

图 5-25 2014～2018 年江西省农村居民兼业基本情况

资料来源：根据 2014 年、2016 年和 2018 年中国劳动力动态调查（CLDS）整理所得。

从图 5-26 可以看出，江西省农村居民从事兼业的行业以农、林、牧、渔业（占比为 43.64%）和建筑业为主（占比为 20.00%），这与农民缺乏其他就业技能有很大的关系，然后是批发和零售贸易、餐饮业，其他行业和制造业，占比分别为 10.00%、9.09% 和 7.27%，其余行业占比均低于 5.00%。

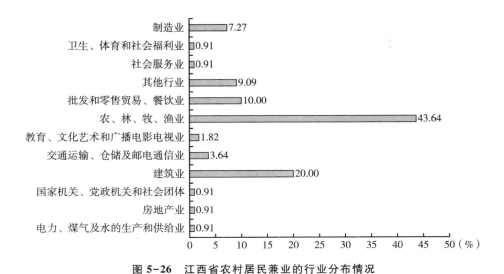

图 5-26 江西省农村居民兼业的行业分布情况

资料来源：根据 2014 年、2016 年和 2018 年中国劳动力动态调查（CLDS）整理所得。

从图 5-27 可以看出，江西省农村居民每周兼业时长主要在 0~10 小时，占比为 38.53%，其次是 50 小时以上，占比为 17.43%。从总体上来说，大约有一半的农村居民每周兼业时长在 20 小时以内。

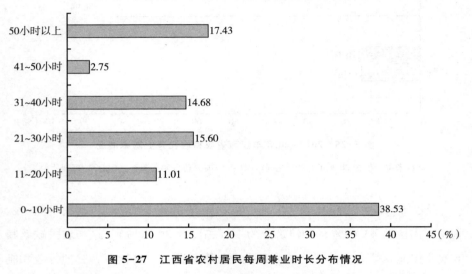

图 5-27　江西省农村居民每周兼业时长分布情况

资料来源：根据 2014 年、2016 年和 2018 年中国劳动力动态调查（CLDS）整理所得。

（5）江西省农村居民流动意愿

适用于返乡原因部分的有效数据共 55 份，适用于长期留乡原因部分的有效数据共 242 份。从图 5-28 可以看出，在外出劳动力返乡的群体中，除其他原因外，看望家人（占比为 16.36%），暂时不想工作、回家休息（占比为 14.55%），结束上一份工作、想找更好的工作（占比为 14.55%）和回来生小孩（占比为 12.73%）是江西省农村居民返乡的最主要原因，其他原因中家庭原因（包括回家盖房子、照顾家人小孩）也占有较大比例。

从图 5-29 可以看出，在不准备外出务工的群体中，有 47.11% 的人为了照顾家人选择长期待在家乡，15.29% 的人是受生病、受伤等身体因素限制而长期留乡，10.74% 的人认为回家乡也能获得较好的收入，10.33% 的人是受其他因素的影响，而其他因素中有 60% 是因为年纪大了而长期留乡。从总体上看，家庭和身体原因是农村劳动力选择长期留乡的主要原因，而选

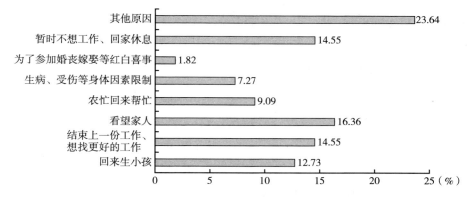

图 5-28 江西省农村居民此次返乡原因分布情况

资料来源：根据 2014 年、2016 年和 2018 年中国劳动力动态调查（CLDS）整理所得。

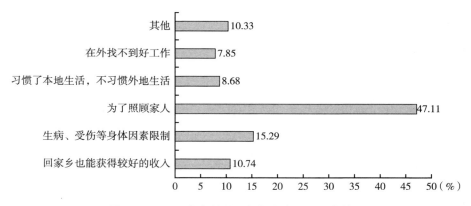

图 5-29 江西省农村居民长期留乡原因分布情况

资料来源：根据 2014 年、2016 年和 2018 年中国劳动力动态调查（CLDS）整理所得。

择"回家乡也能获得较好的收入"的比例仅有 10.74%，这说明江西省农村地区产业动力不足是阻碍农村劳动力回流的重要原因。江西省农村地区普遍存在产业水平低、竞争力弱等问题（乔海曙，2002）。一方面，许多劳动力留在农村无合适的就业岗位，往往会被动失业，从而导致大量农村劳动力再次外流。另一方面，青年劳动力回流选择在家乡自主择业、自主创业，离不开政府的政策支持，但目前部分地方政府在青年劳动力回流工作上做得还不够充分，劳动力返乡后的政策扶持体系不健全（何颖等，2020），青年劳动力难以获得发展平台，在一定程度上影响了劳动力返乡的积极性，影响了青年劳动力返乡自主创业的积极性。

4. 江西省农村居民失业原因分布情况

适用于本部分分析的有效数据共 222 份，从图 5-30 可以看出，家庭原因（包括怀孕、结婚、带孩子、家务劳动等），健康原因和年纪大了、身体状况不好是江西省农村居民失业的三个主要原因，占比分别 38.74%、17.57% 和 13.06%，其中因为健康问题失业的居民的平均年龄为 54.41 岁，因为年纪大了、身体状况不好而失业的居民的平均年龄为 59.59 岁，因为家庭原因失业的群体中女性占比为 84.06%，女性往往因为要承担家务劳动与照顾工作只能选择大幅减少工作收入甚至退出劳动市场（卿石松等，2015），这是农村女性群体失业的主要原因。

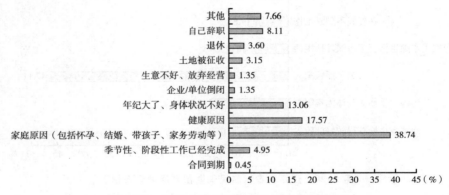

图 5-30 江西省农村居民失业原因分布情况

资料来源：根据 2014 年、2016 年和 2018 年中国劳动力动态调查（CLDS）整理所得。

江西省农村居民失业人群中有 92.79% 的人失业后没有找工作，从图 5-31 可以看出，为了照顾小孩（占比为 42.23%）、受自身健康状况的限制（占比为 29.61%）和年龄太大（占比为 28.64%）是江西省农村失业群体未找工作的三个主要原因，然后是为了照顾家中其他人、没有合适的工作、其他、缺乏学历/技能/经验，占比分别为 13.59%、12.14%、7.77% 和

5.34%，其余原因占比低于 5%。从总体来看，照顾家庭（包括照顾小孩和家中其他人）是农村居民不找工作的最主要原因，占比高达 55.82%。

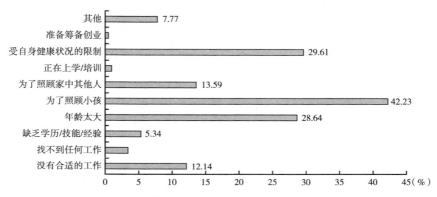

图 5-31　江西省农村居民失业后未找工作主要原因分布情况

资料来源：根据 2014 年、2016 年和 2018 年中国劳动力动态调查（CLDS）整理所得，未找到工作原因为多选项。

（三）本节小结

本节结合 2014 年、2016 年和 2018 年中国劳动力动态调查（CLDS）数据，以及《中国统计年鉴》《江西统计年鉴》和国家统计局等宏观层面数据，对江西省农村劳动力就业情况进行分析，得到以下主要结论。

其一，劳动力就业方面，江西省城镇化水平落后于全国平均水平，市域城镇化率差距较大、发展不平衡的矛盾依然突出。农村劳动力就业类型以农业自营和受雇务工类型为主；第一产业就业人数最多，但近年来由于生产、经营行业的不断拓展，第二、三产业吸纳了大批劳动力。

其二，劳动力转移方面，由于虹吸效应，大量农村劳动力外流入广东、浙江等经济大省，表现为外出就业劳动力数量持续增长，在省外就业人数多于在省内就业人数；随着乡村振兴的推进，江西省政府采取了一系列政策措施促进农民就地就近创业就业，拓展了农民的就业空间和增收渠道，近年来省内从业（离乡不离省）的比重持续上升，除个别年份外，省内从业劳动力增速高于省外从业劳动力增速；但家庭和身体原因是返乡农民打算长期留乡的主要原因，产业动力不足、政策扶持体系不健全是阻碍农村劳动力回流的重要原因。

其三，劳动力素质方面，江西省农村劳动力年龄偏大，主要集中在45~64岁年龄段，尤其是务农劳动力的"老龄化"现象突出，无农业生产经历的群体偏年轻，农村青壮年劳动力普遍从事非农工作；同时整体受教育水平偏低，大部分农村劳动力进城务工只能局限于强度大、就业面窄的简单劳动，劳动力素质与城市产业多样化和高级化的需求不相适应。

其四，劳动保障方面，绝大部分农村劳动力没有固定的就业单位，难以签订正规的劳动合同，一般多为低技能劳动者，劳动报酬较低，就业不稳定，劳动保障不够完善。

其五，劳动力创业方面，由于文化素质低、市场观念淡薄、鉴别信息的能力差，农民在农村的创业机会主要依靠自己发现和亲友介绍，缺乏政府引导；而且农村居民创业资金来源单一，主要依靠个人储蓄以及家人亲戚的支持，造成创业资金获取困难、创业规模小、创业类型多为传统的农业产业和批发零售贸易业等问题。

二 江西省农村劳动力收入情况

本节运用农村居民全年可支配收入来衡量其全年收入，按收入类型来分，可分为工资性收入、经营净收入、财产净收入和转移净收入；结合2014年、2016年和2018年中国劳动力动态调查（CLDS）数据，以及《中国统计年鉴》《江西统计年鉴》和国家统计局等宏观层面数据，对江西省农村劳动力收入情况进行分析。

（一）农村劳动力收入结构及变化

1.农村劳动力收入总体变化情况

从图5-32可以看出，近几年江西省农村居民人均可支配收入呈现稳中

有升的态势，其绝对值与增长速度均与全国水平相当。总体趋势上来看，江
西省农村居民的人均收入呈上升趋势。就全年总收入而言，2013~2020年，
农村居民的可支配收入保持稳定的增长，年均增长率约9.34%，这一方面
反映了农村居民也享受到了我国经济高速发展带来的成果及红利，另一方面
也反映了我国乡村振兴战略下新农村建设的成果造福了广大农村居民。然而
在2020年，江西省农村居民的全年可支配收入增长率出现了下滑，较上年
仅增长了7.50%，这主要是因为2020年初突发的新冠疫情使农村居民的收
入增长受挫。

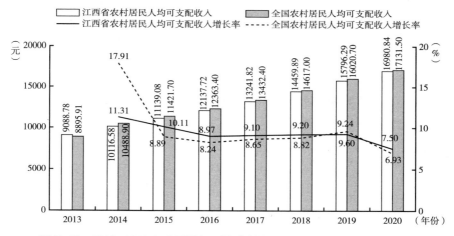

图5-32　2013~2020年全国及江西省农村居民人均可支配收入变化情况

资料来源：《江西统计年鉴》与《中国统计年鉴》。

从城乡居民收入变化情况来看（图5-33），江西省城乡居民的人均可支
配收入一直呈现增长趋势。江西省农村居民人均可支配收入从2013年的
9088.78元增长到2020年的16980.84元，增幅86.83%；城镇居民人均可支
配收入从2013年的22119.66元增长到2020年的38555.84元，增幅
74.31%。同时，农村居民人均可支配收入增速连续7年高于城镇居民，
2020年农村居民人均收入增速高出城镇居民2个百分点。并且，城乡居民
收入比值持续缩小，由2013年的2.43缩小到2020年的2.27，2020年农民

人均可支配收入为城镇居民的 44.04%，比 2013 年提升了 2.95 个百分点，但城乡收入差距的绝对值仍在不断扩大，由 2013 年的 13030.88 元增长到 2020 年的 21575.00 元。

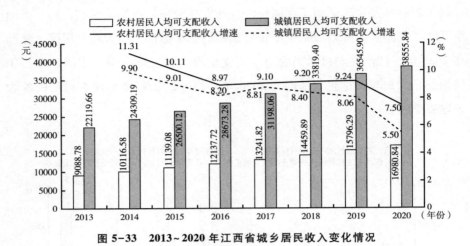

图 5-33　2013～2020 年江西省城乡居民收入变化情况

资料来源：《江西统计年鉴》。

收入水平与劳动者的文化程度密切相关，展进涛等（2016）认为劳动力能力往往与其可以获得的工资水平成正比，而能力则与其文化程度高度相关。如图 5-34 所示，农村居民中未上过学和小学/私塾文化程度个人年收入在 10000 元及以下占比在 50% 或以上；而初中及以上文化程度者收入在 10000 元以上占比接近 70%；初中以上文化程度者收入在 10000 元以上的占比远高于 10000 元及以下的。文化水平不高限制了江西省农村劳动力收入水平的提升，所以从待遇优化的角度来看，对劳动力进行职业培训以及重视下一代的教育问题就显得至关重要。

外出务工与否与收入水平也有着明显的相关关系，借助毛新雅等（2017）的分类方法，以本乡镇为界，在本乡镇以内务工为本地务工，在本乡镇以外务工为外出务工。从图 5-35 可以看出，本地务工的农村居民有 44.78% 年收入在 10000 元及以下，而在外务工的农村居民该比例仅为 25.23%。同时计算得出，在本地务工的农民平均年收入为 25367.33 元，外

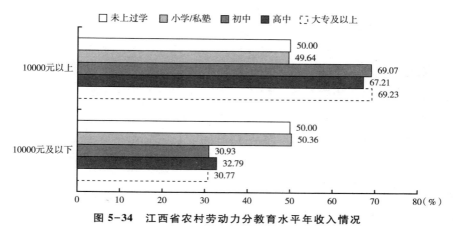

图 5-34 江西省农村劳动力分教育水平年收入情况

资料来源：根据 2014 年、2016 年和 2018 年中国劳动力动态调查（CLDS）整理所得。

出务工的农民平均年收入为 28736.58 元，平均高出本地务工农民 3369.25 元。当收入水平较低（年收入 10000 元及以下）时，农村劳动力会更多地选择外出务工来提高自己的收入。

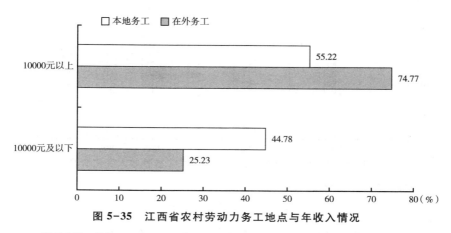

图 5-35 江西省农村劳动力务工地点与年收入情况

资料来源：根据 2014 年、2016 年和 2018 年中国劳动力动态调查（CLDS）整理所得。

下文将按照《中国统计年鉴》的收入分类标准，从工资性收入、经营净收入、财产净收入、转移净收入和可支配收入及其构成五个部分进行分析。

2. 工资性收入

从工资性收入来看（图 5-36），江西省城乡居民工资性收入呈上升趋势，农村居民的工资性收入增速一直高于城镇居民。2020 年江西省城镇居民人均工资性收入达到 24309.52 元，较 2013 年增长 73.53%；农村居民人均工资性收入 7301.18 元，较 2013 年增长 114.76%。2020 年，江西省农村居民人均工资性收入是城镇居民的 30.03%，城乡居民工资性收入差距的绝对数为 17008.34 元，城乡的工资性收入差距仍然明显。江西省农村居民的工资性收入在 2013~2020 年间呈平稳上升趋势，年增长值约为 500 元，年均增长率约为 11.54%，年均增长率稍高于全年总收入的增长率，占全年总收入的比例保持在 30% 以上，这说明江西省农村居民工资性收入的绝对金额和比例是较高的。

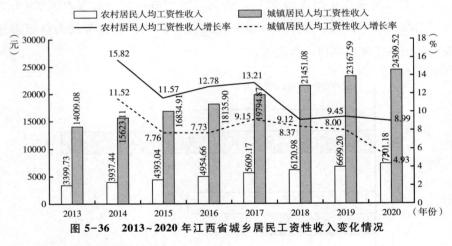

图 5-36　2013~2020 年江西省城乡居民工资性收入变化情况

资料来源：《江西统计年鉴》。

从图 5-37 可以看出江西省农村居民的现金工资性收入中工资的占比越来越高，其他工资性收入的绝对值和比例都在逐年降低，从 2013 年的 721.94 元，下降到 2020 年的 16.72 元，占比从 21.25% 下降至 0.23%，这说明江西省农村居民现金工资收入的绝对值和比例都在不断提高，农村居民工资性收入以现金工资收入为主，其他工资性收入绝对值和比例在逐渐降低。

图5-37 2013~2020年江西省农村居民现金工资性收入变化

资料来源：《江西统计年鉴》。

3. 经营净收入

从经营性收入情况来看（见图5-38），江西省城乡居民经营性收入呈上升趋势。2020年城镇居民人均经营性收入3089.04元，较2013年增长59.19%；农村居民人均经营性收入5865.97元，较2013年增长56%。江西省农村居民人均经营性收入高于城镇居民，城乡居民经营性收入差距的绝对数从2013年的1819.67元增长到2020年的2776.94元。

如图5-39所示，江西省农村居民经营净收入总额呈现上升趋势，从2013年的人均3760.19元上升到了2020年的5865.97元，上升56.00%，年均增长率为6.56%。以三产经营净收入来看，除了农业劳动所得之外，第三产业的经营净收入是最多的。由于新冠疫情影响，人均经营净收入增速在2020年出现了下滑，2020年的人均经营净收入为5865.97元，相较上一年增长率仅为2.89%，其中三大产业的经营净收入增速都出现了较大幅度的下滑，占比最大的第一产业从2019年的3742.11元增长到2020年的3819.81元，增长率仅为2.08%；第二产业从2019年的506.70元增长到了2020年的533.63元，增长率为5.31%，第三产业有小幅度的上涨，增长率为4.14%。由此可见，2020年新冠疫情对于农村家庭经营净收入的影响在

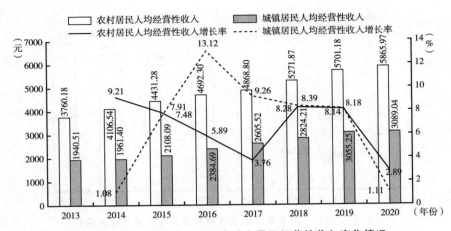

图 5-38 2013~2020 年江西省城乡居民经营性收入变化情况

资料来源:《江西统计年鉴》。

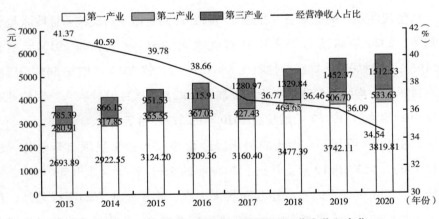

图 5-39 2013~2020 年江西省农村居民经营净收入变化

资料来源:《江西统计年鉴》。

三大产业中均有所体现,其中对第一产业的影响最大,这可能是由于新冠疫情的突发影响了农业物资和农产品等的流通,导致第一产业的收入增速大幅下降。目前农村的第三产业多以本地服务业和农村互联网业为主,新冠疫情对其影响相对较小。

在乡村振兴的大背景下，近年来经营性收入占人均可支配收入的比重在持续降低，这反映了江西省民间创新创业的发展受到了阻碍。这其中的原因是多样的。一是由于创新创业的发展反映在经营净收入上存在滞后性，需要一定的时间才能反映在收入数据上；二是江西省农村居民的创新创业以个体户为主，缺乏相应的资金帮扶，在收入数据上体现得不太明显；三是缺乏相关政策引导，在相关专业技能上也缺乏技术培训。

4.财产净收入

从财产性收入情况来看（见图5-40），江西省城乡居民财产净收入一直稳步增长，但从绝对数来看，城乡居民人均财产净收入有很大差距。农村居民财产性收入较低，平均值为236.43元，相对较为稳定，可见对于农村居民而言由其资产带来的收入较少。2013年江西省城镇居民财产净收入为2276.47元，而农村居民财产净收入仅为126.66元，二者差距的绝对值为2149.81元，2020年城乡居民财产净收入差距的绝对值扩大到3111.69元。

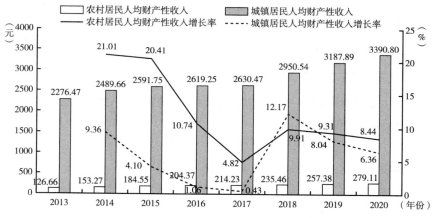

图5-40 2013～2020年江西省城乡居民财产净收入变化情况

资料来源：《江西统计年鉴》。

5.转移净收入

从转移性收入情况来看（见图5-41），江西省城乡居民转移性收入不断增长，2020年城镇居民转移性收入为7766.49元，较2013年增长了

99.47%；农村居民转移性收入为 3534.58 元，较 2013 年增长了 96.13%。
同时，2017 年江西省农村居民转移性收入增长率超过城镇居民，2017 年到
2020 年每年增速均超过 10%，城乡居民转移性收入之比由 2013 年的 2.16∶
1 扩大至 2016 年的 2.42∶1 再缩小到 2020 年的 2.20∶1。农村居民转移性
收入的年均增长率为 10.10%，在七年的时间从 1802.20 元增加到了
3534.58 元，增长了约一倍，可以看出转移性收入的增长快于可支配收入的
增长，这说明江西省的精准扶贫政策的成效是显著的，提高了农村居民转移
性收入的绝对数、占比和增速。

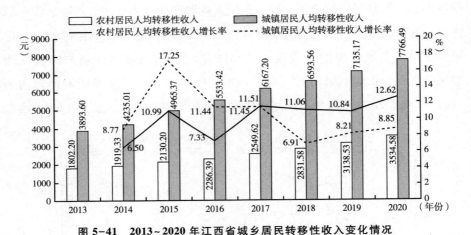

图 5-41　2013~2020 年江西省城乡居民转移性收入变化情况

资料来源：《江西统计年鉴》。

6. 可支配收入及其构成情况

从收入构成（见图 5-42）来看，工资性收入和经营性收入是江西省农
村居民最主要的收入来源，二者之和占比超过 75%。江西省是劳动力流出
大省和农业大省，外出务工人员占劳动力的比例较高，因而工资性收入占比
较高，经营性收入体现在农业相关的收入方面。以 2020 年为例，江西省农
村居民最主要的收入来源依次是工资性收入、经营性收入、转移性收入和
财产性收入，占比分别为 43.00%、34.54%、20.82% 和 1.64%。江西省农
村居民的工资性收入占比逐年增加，从 2013 年的 37.41% 增长到 2020 年的

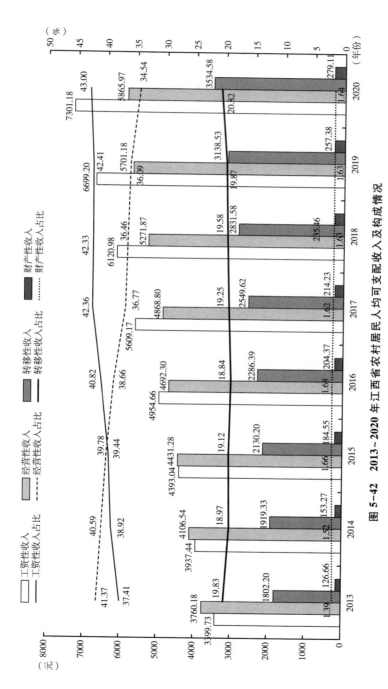

图 5-42 2013~2020 年江西省农村居民人均可支配收入及构成情况

资料来源:《江西统计年鉴》。

43.00%，工资性收入于 2016 年超过经营性收入，成为江西省农村居民第一大收入来源，而经营性收入占比逐年下降，从 2013 年的 41.37% 下降至 2020 年的 34.54%，转移性收入和财产性收入占比比较稳定，前者在 20% 左右，后者在 1.5% 左右。

（二）农村劳动力收入地区差异

江西省内各地区自然资源禀赋和经济发展基础各不相同，江西省农村居民收入存在着地区差异。本部分运用江西省各地市农村居民人均可支配收入来探讨江西省农村劳动力收入的地区差异。

江西省农村居民收入的地区差异如图 5-43 所示。从总体来看，江西省农村居民的收入在 2013~2020 年间呈现稳步上升的趋势。全省平均水平从 2013 年的 8781 元提高到了 2020 年的 16981 元，增长了 93.38%，年均增长率为 9.88%。在地区差异方面，可以看出赣州市在江西省 11 个地市中排名最后，且与其他几个地市及全省平均水平比都存在较大的差距，但赣州市农村劳动力收入的增长率却和其他几个地市相差不大，从 2013 年的 6014 元提高到了 2020 年的 13036 元，增长率为 116.76%，年均增长率为 11.68%，高于江西省平均的增长速度。在地理条件上，由于赣州市地形多为山地，同时在区位上靠近珠三角地区，加上本地产业发展较为落后，人口数量较大，贫困问题突出，许多劳动力都向珠三角地区转移（边俊杰等，2019）。党的十八大以来，我国加大了扶贫力度，进入了实现全面小康的快车道。可以看到赣州市在党和政府的帮扶下，农村居民人均收入的增长速度快于省内平均水平，这说明帮扶政策实实在在地惠及了每一个人。

南昌市、萍乡市和新余市是江西省内人均收入最高的地区，它们的收入水平、发展速度都较为接近，处于省内的领先位置。增长速度较快的是南昌市，其从 2013 年省内第三的人均收入水平突破到了 2020 年的省内第一。到 2020 年为止，这些地区农村居民人均收入已经突破两万元大关。处于中游位置的是景德镇市、九江市、鹰潭市、吉安市、宜春市和抚州市，而上饶市的农村居民人均收入水平仍有较大的提升空间。可以看出，应加大对落后农村

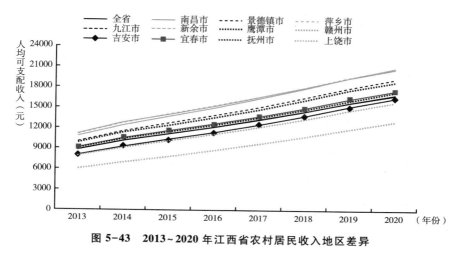

图 5-43　2013~2020 年江西省农村居民收入地区差异

资料来源：《江西统计年鉴》。

地区的产业帮扶，因地制宜制定发展战略，在农村经济的快速发展中实现乡村振兴。

（三）江西省农村居民按收入高低五等分组收入情况

1. 五等分组可支配收入变化情况

收入水平五等分组即农村居民按人均收入水平从低到高排序，平均分为五等，处于最低 20% 的收入人群为低收入组，依此类推分别为中低收入组、中等收入组、中高收入组和高收入组。江西省农村居民按收入五等分组人均可支配收入的变化情况如图 5-44 所示。总体来看，每一个收入组的农村居民的可支配收入都保持着增长。其中高收入组的人均可支配收入绝对值和增长率都高于其他四个收入组，增长率最高的 2018 年达到了 21.61%，年均增长率为 11.24%。总体来看，低收入组、中低收入组、中等收入组和中高收入组的增长率都比较接近，分别为 11.45%、9.21%、8.39%、8.20%，且都保持着平稳增长的态势，可见我国自党的十八大以来实行的精准扶贫、全面脱贫的政策有着比较好的效果。

图 5-44　2013~2020 年江西省农村居民五等分组人均可支配收入变化情况

资料来源：《江西统计年鉴》。

2. 五等分组工资性收入变化情况

从图 5-45 可以看出，在工资性收入方面，低收入组、中低收入组、中等收入组、中高收入组和高收入组整体都保持增长的态势。在 2014 年，五个收入组的工资性收入都有小幅度的波动，在之后基本都保持稳定增长的态势，其中高收入组的增长速度最快，从 2014 年到 2020 年增长了 88.88%，年均增长率为 11.18%。2020 年时中等收入组的工资性收入出现了小幅度的波动，相比 2019 年下降了 2.04%。而从各收入组的整体情况来看，工资性收入的增速也出现了下降，这说明新冠疫情影响了工资性收入的增长，在受到突发外来事件冲击时，政府应首先保障农村劳动力的稳定就业。

3. 五等分组经营性收入变化情况

如图 5-46 所示，在经营性收入方面，在低收入组、中低收入组、中等收入组和中高收入组中，除 2018 年出现了小幅波动外，整体保持着平稳的发展趋势。而高收入组在经营性收入上发展比较快，这可能是产业聚集效应的缘故。在乡村振兴和全面巩固脱贫成果的重要阶段，应充分发挥先富带动后富的效应，带动低收入人群实现收入增长。

图 5-45　2013~2020 年江西省农村居民五等分组工资性收入变化情况

资料来源：《江西统计年鉴》。

图 5-46　2013~2020 年江西省农村居民五等分组经营性收入变化情况

资料来源：《江西统计年鉴》。

4. 五等分组财产性收入变化情况

财产性收入在农村居民的收入中占比较小。如图 5-47 所示，整体来看，除中高、高收入组外，其他收入组的人均财产性收入都在 200 元以下。对于高收入组而言，财产性收入呈现先下降再上升的趋势。财产性收入因金额较小，整体变化不大，对农村居民人均可支配收入的影响较小。

图 5-47　2013~2020 年江西省农村居民五等分组人均财产性收入变化情况

资料来源：《江西统计年鉴》。

5. 五等分组转移性收入变化情况

转移性收入占比略高于财产性收入。如图 5-48 所示，整体来看，高收入组的财产性收入总体保持平稳，始终维持在 4000~5400 元的区间内。对于中低收入组、中等收入组和中高收入组而言，呈现较为平稳的增长趋势，中低收入组从 2014 年的 1484.90 元增加到 2020 年的 3325.19 元，增长率为 123.93%，年均增长率为 12.21%；中等收入组从 2014 年的 1660.80 元增加到 2020 年的 3974.22 元，增长率为 139.23%，年均增长率为 13.27%；中高收入组从 2014 年的 2511.40 元增加到 2020 年的 3652.71 元，增长率为 45.45%，年均增长率为 5.50%。而对于低收入组而言，增长速度明显更快，从 2014 年的 660.70 元增加到了 2020 年的 2760.15 元，增长率为 317.76%，年均增长率为 22.66%。可见对于不同收入的人群而言，政府在转移支付方面投入资金的增长率是不同的，对于低收入人群而言投入的转移支付资金的增长率最高，这也进一步体现了我国在精准扶贫方面做出的努力。2018 年中央财政拨付给江西省的扶贫专项资金为 28.10 亿元，2019 年为 30.80 亿元，比 2018 年增加了 2.70 亿元，增幅达 9.6%，2020 年为 27.87 亿元，可见中央财政对于江西省扶贫工作给予了大力支持。到了 2021 年，中央财政衔接推进乡村振兴补助资金 38.13 亿元，可以看出财政扶贫资金的投入促进了农村居民转移性收入的增长。

图 5-48　2014~2020 年江西省农村居民五等分组转移性收入变化情况

资料来源：《江西统计年鉴》。

（四）本节小结

本节结合 2014 年、2016 年和 2018 年中国劳动力动态调查（CLDS）数据，以及《中国统计年鉴》《江西统计年鉴》和国家统计局等宏观层面数据，对江西省农村劳动力收入情况进行分析，得到以下结论。

收入规模方面，江西省农村居民各类收入近年来持续增加，说明我国实行的乡村振兴战略取得了明显成效；但劳动力年龄偏高、文化水平低限制了收入水平的进一步提升，需要提升农村地区整体受教育水平、加强对劳动力的职业培训。

收入结构方面，工资性收入是农村劳动力的最主要收入来源，农民财产净收入占比较小；城乡居民收入之间仍存在较大差距，农村居民抵御风险能力相对较弱。

地区差异方面，在精准扶贫等政策的帮扶下，欠发达地市农民收入增速快于省内平均水平，但各地市农民收入仍存在较大差距，应加大对落后农村地区的产业帮扶，因地制宜制定发展战略，在农村经济的快速发展中实现乡村振兴。

收入差异方面，近年来财政扶贫资金对于低收入人群的转移支付资金增长率最高；但不同收入分组的收入规模仍存在差异，仍应该更多关注低收入人群，形成先富带动后富的社会氛围，早日实现共同富裕。

三　新冠疫情对江西农村劳动力就业与收入的影响

2020年突发的新冠疫情波及中小企业等就业密集型企业，对农村居民的就业和收入产生重要影响。本部分利用2019年与2020年《江西统计年鉴》宏观数据与课题组2020年所调研的307个农户和1081位农村居民的微观数据来探究新冠疫情对江西省农村劳动力就业与收入的冲击影响。

（一）新冠疫情对江西农村劳动力就业与收入的影响（宏观层面）

1. 新冠疫情对江西省农村居民收入的影响

本节利用2019年与2020年《江西统计年鉴》数据进行分析，2020年初新冠疫情的突发对我国农村劳动力的总体收入产生了较大的负面影响。由于农村公共卫生服务体系薄弱、面向农民工的公共服务体系不完善，且小微企业和个体工商户抗风险能力低，新冠疫情的突然到来使得大量农村劳动力无法返岗复工，停工停产导致其收入中断，因此江西省农村劳动力各类性质收入的名义增长率较上一年均有不同程度的降低，经营性收入出现"负增长"。

同时，在新冠疫情的冲击下，农村居民各类收入的增长均受到了不同程度的降低。2020年江西省农村居民人均总收入为22552.12元，相较于2019年的21849.73元仅仅增长了3.21%，名义增速比2019年的19.94%缩减了16.73¥；2020年江西省农村居民人均工资性收入的名义增长率较2019年的9.45%仍降低了0.46个百分点；而在新冠疫情的冲击下，江西省农村居民的经营性收入受到了较大的负面影响，2020年人均经营性收入的名义增速低于2019年33.84个百分点，出现了2.42%的"负增长"，一方面可能是交通封锁导致农民销售农产品不畅，进而导致农业经营性收入下降；另一方面，在新冠疫情影响下，各地采取不同程度的人员隔离防控措施，人口流动受阻，导致个体户暂停营业，使得农村居民的非农经营性收入下降。2020年江西省农村居民人均财产性收入为302.35元，较2019年的291.92元增长了3.57%，但依然低于2019年的名义增长率6.96个百分点；转移性收入的名义增长率较上一年仍呈下降趋势。

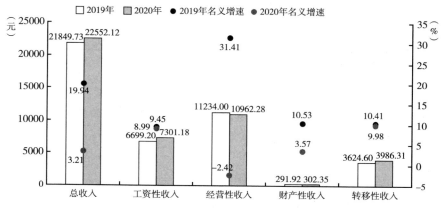

图 5-49　2019~2020 年江西省农村居民人均收入变化情况

资料来源：《江西统计年鉴》。

2. 新冠疫情对江西省农村居民就业的影响

从图5-50可知，新冠疫情对江西省农村劳动力就业带来了不同程度的冲击，其中2020年家庭常住从业人员数量较2019年减少了3.83%，就从业类型而言，公职人员、事业单位人员、国有企业雇员、农业自营以及非农自营都出现了不同比例的降低，其原因可能是由于新冠疫情的严重冲击，全球经济急速下滑，企业、个体户经营困难，只能进行减员降薪以应对危机。

在新冠疫情影响下，江西省不同产业农村劳动力就业变化情况如图5-51所示，在三大产业中，第一产业就业人数受新冠疫情影响最为严重，2020年第一产业就业人数较2019年下降了7.16%；第二产业就业人数也呈下降趋势，并且就业人数的下降主要体现在制造业；2020年第三产业就业人数相比上一年增长了2.81%，并且增长主要体现在居民服务、修理和其他行

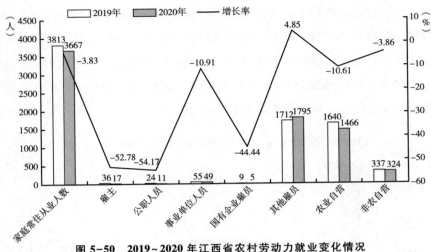

图 5-50　2019～2020 年江西省农村劳动力就业变化情况

资料来源:《江西统计年鉴》。

业中,可能是因为新冠疫情管控使得人们居家时间增加,从而对居民服务、修理等的需求增加,进而扩大了农村劳动力就业规模。

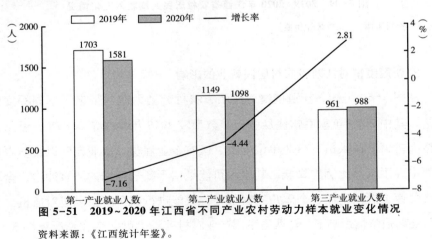

图 5-51　2019～2020 年江西省不同产业农村劳动力样本就业变化情况

资料来源:《江西统计年鉴》。

(二)新冠疫情对江西农村劳动力就业与收入的影响(微观层面)

1.样本来源及基本概况

为了解微观层面新冠疫情对江西省农村劳动力就业与收入的冲击影响,

2021 年课题组通过对江西省的实地走访，调查了 2020 年新冠疫情期间农村劳动力收入与就业状况。

（1）抽样方案

为取得较全面的微观数据，本课题组走访调查了南昌、赣州、九江、吉安、宜春、抚州的部分村庄，根据农村人口数量、农村人口分布、外出打工人数以及农村收入情况等，从南昌市抽取新建县（上坪村、大堂坪村、金桥村、峰桥村、艾溪村、西恒村）、经开区（瀛上村）、东湖区（庙后村）共 8 个行政村，从赣州市抽取兴国县（增溪村、小获村、华坑村）、南康区（元岭村、黎边村）共 5 个行政村，从九江市抽取永修县（鄱坂村、张公渡村、河岭村、宝田村、双丰村）共 5 个行政村，从吉安市抽取永丰县（洲头村）、拿山县（胜利村）、吉水县（白鹭村、洲桥村、育贤村、新建村）、安福县（集丰村、岗口村、株木江村、新屋村、上里村、啼鸡村、山湖村、竹李村）共 14 个行政村，从抚州市抽取临川区（龙溪村）、宜春市抽取丰城市（社梅村、墩头村、杭桥村）共 3 个行政村，本部分调查执行期从 2021 年 7 月 6 日开始到 2021 年 9 月 6 日执行结束，历时 62 天，共获取 307 户农户、1081 个农村居民的调查数据，样本分布见表 5-3。

表 5-3 报告农户样本分布情况

地区	农户样本量（户）	农村居民量（人）	户数占比（%）
南昌市	43	168	14
赣州市	92	317	30
九江市	63	202	21
吉安市	79	292	26
抚州市	16	57	5
宜春市	14	45	5
总数	307	1081	100

资料来源：根据调研数据整理所得。

（2）江西省农村家庭成员构成情况

如图 5-52 所示，从抽样的性别来看，个人样本中男性平均占比为 53.60%，女性占比为 46.40%，可见抽样性别比与社会现实基本一致。从家庭人口数来看，样本家庭以 2~4 人的家庭规模为主，占比 71.80%；其次是 5~7 人的家庭规模，在总样本中的占比为 20.70%；1 人的家庭占比为 6.50%；8~10 人的家庭占比则为 1.00%；1 人和 8~10 人的家庭占比最少，总共占比为 7.50%。

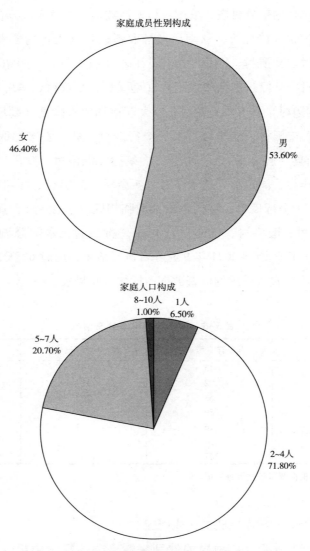

图 5-52　样本农户家庭成员的性别构成及家庭人口数

资料来源：根据调研数据整理所得。

如图 5-53 所示，此次调查的个人样本年龄情况为：0～18 岁的居民占比为 21.83%；19～29 岁的居民占比为 14.33%；30～39 岁的占比为 12.21%；

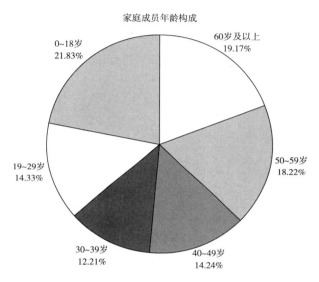

家庭成员年龄构成

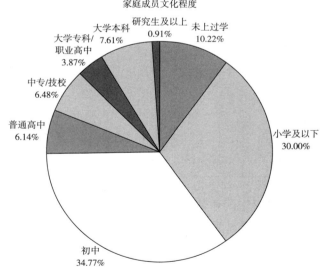

家庭成员文化程度

图 5-53　样本农户家庭成员的年龄构成及文化程度

资料来源：根据调研数据整理所得。

40~49 岁的占比为 14.24%；50~59 岁的占比为 18.22%；60 岁及以上的居民占比为 19.17%，人口年龄分布较为平均。文化程度方面，从全省情况来看，文化程度占比最高的是初中文化程度，达到 34.77%；其次占比高的为小学及以下文化程度，占比 30.00%；同时仍有 10.22% 的农村居民未上过学；而大专及以上文化程度的比重总和在 12.39%，农村居民的文化程度仍然有待提高。

2. 江西省农村劳动力收入方面

（1）样本农村居民收入基本情况

从户均可支配收入来看（图 5-54），户均可支配收入为 105846.73 元，户均工资性收入 85517.92 元，户均经营性收入 14787.29 元，户均转移性收入 3737.78 元，户均财产性收入 1803.75 元。从收入构成来看，全样本农户最主要的收入来源为工资性收入，占比为 80.79%，随后依次为经营性收入、转移性收入和财产性收入，占比分别为 13.97%、3.53% 和 1.70%。

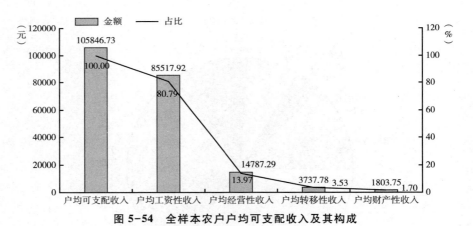

图 5-54 全样本农户户均可支配收入及其构成

资料来源：根据调研数据整理所得。

人均可支配收入及构成显示（见图 5-55），全样本人均可支配收入为 30060.08 元，人均工资性收入 24286.77 元，人均经营性收入 4199.54 元，人均转移性收入 1061.51 元，人均财产性收入 512.26 元。全样本人均工资性收入占比超过 80%，远高于 2020 年全国水平 40.71%，可能是因为江西人多地少，剩余劳动力较多，且农业经营带来的纯收入有限，所以农民更依赖务工带来的收入。

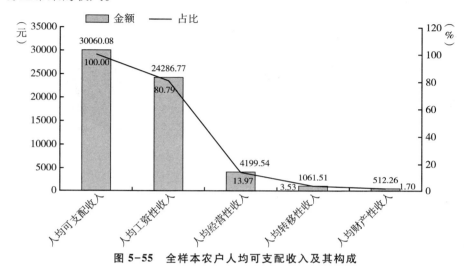

图 5-55　全样本农户人均可支配收入及其构成

资料来源：根据调研数据整理所得。

　　全样本农户户均财产性收入情况分析显示（见图 5-56），拥有财产性收入的农户占样本的 38.76%，户均财产性收入为 1803.75 元，其中户均金融资产收入为 511.91 元、户均土地租金收入为 861.55 元、户均出租房屋收入为 418.57 元、户均出租其他资产净收入为 11.73 元。从结构上来看，土地租金收入是样本农户最主要的财产性收入来源，占财产性收入的 47.76%，究其原因是江西作为一个农业大省，同时也是劳动力输出大省，劳动力外出务工推动土地流转，再加上部分地区正在试点创建田园综合体，进一步提高了农户的土地租金收入。财产性收入来源随后依次是金融资产收入（占比为 23.21%）、出租房屋净收入（占比为 28.38%）、出租其他资产净收入（占比为 0.65%）（见图 5-56）。

　　全样本农户户均转移性收入情况显示，82.41% 的农户有转移性收入，户均转移性收入为 3737.78 元，占户均可支配收入的 3.53%。从结构上看，转移性收入最主要来源为养老金和赠送与赡养收入，占比分别为 40.51% 和

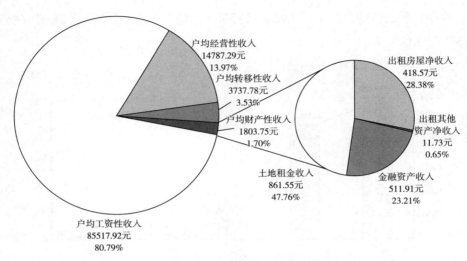

图 5-56 全样本农户户均可支配收入情况及其构成

资料来源：根据调研数据整理所得。

39.64%，其次是农业补贴、社会救济与政策性社会补贴和其他，占比分别为 10.75%、7.95%和 1.14%（见图 5-57）。

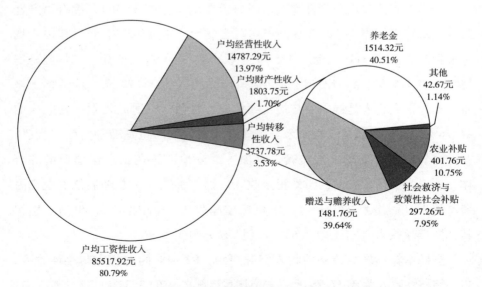

图 5-57 全样本农户户均转移性收入情况及其构成

资料来源：根据调研数据整理所得。

（2）新冠疫情对江西省农村劳动力工资性收入的影响程度

由于新冠病毒存在传染性高、潜伏期长的特点，防控难度大，为避免人员聚集和大规模流动，全国多地先后推出了交通封锁、人员隔离和财政扶持等防控措施（姚金伟等，2022）。因此，新冠疫情对农村居民的工资性收入和经营性收入影响显著，为进一步研究新冠疫情对农村劳动力工资性收入的影响程度，通过对微观层面农户调研数据的整理分析，发现新冠疫情使得农村劳动力工资性收入情况的确发生了较大的改变。从整体上看，2020 年有187 户农民的工资性收入受到新冠疫情的影响，占比为 60.91%；全年户均受影响金额为 21721.75 元，全年户均受影响时长为 2.68 个月。从图 5-58来看，受疫情影响的户均工资性收入部分占该群体户均可支配收入的17.60%，说明新冠疫情对农户收入产生了较大的冲击，特别是停工停产导致工资性收入减少。

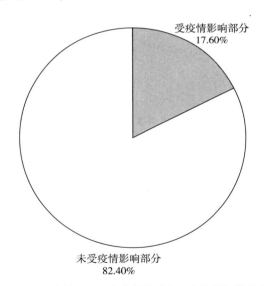

图 5-58　新冠疫情对江西省农村劳动力工资性收入的影响程度

资料来源：根据调研数据整理所得。

将调研所得 856 个有效农村劳动力样本调查数据按照年龄三等分组，青年组年龄范围为 18～44 岁、中年组年龄范围为 45～59 岁、老年组年龄范围为 59 岁以上。如表 5-4 所示，青年组中有 45.89% 的农村劳动力的工资性收入受到了新冠疫情的影响，受影响金额占总收入的 25.00%，其人均受影响金额以及受影响程度为三个年龄组中最高，说明农村青年劳动力工资性收入受新冠疫情的冲击程度最大，其原因可能是由于青壮年劳动力是获取家庭收入的主力军，这部分群体外出务工的可能性更高，而受新冠疫情的影响，各地政府采取防控措施、封闭交通，导致农村劳动力外出务工受阻，进而影响了青壮年劳动力的外出务工，导致工资性收入受到冲击；中年组中有 48.99% 的农村劳动力工资性收入受到了新冠疫情的影响，人均受影响时长 2.74 个月，受影响收入占比 20.13%，说明新冠疫情在中年组群体中对其工资性收入的冲击影响范围最广、影响时长最长；老年组中工资性收入受新冠疫情冲击影响的人数并不多，仅有 14.98% 受到了影响，并且受影响收入占比为 15.84%，说明新冠疫情对老年组工资性收入方面影响最弱，其原因可能是农村老年人多数在本村工作，疫情防控对这部分群体的工作影响较小，因此新冠疫情对这部分群体的工资性收入的影响程度较低。

表 5-4　新冠疫情对不同年龄组农村劳动力工资性收入影响

项目	青年组	中年组	老年组	全样本
总人数（人）	353	296	207	856
受影响人数（人）	162	145	31	338
受影响人数占比（%）	45.89%	48.99%	14.98%	39.49%
年人均工资性收入（元）	58069.14	51565.52	40129.03	53633.73
年人均受影响金额（元）	14515.43	10382.54	6354.84	11993.99
受影响收入占比（%）	25.00%	20.13%	15.84%	22.36%
人均受影响时长（月）	2.62	2.74	1.79	2.6

资料来源：根据调研数据整理所得。

　　将调研所得 307 个有效农户样本调查数据按照人均可支配收入五等分组。如表 5-5 所示，低收入组含 62 户，户均 2.94 人，人均可支配收入在 0~10155

元；中低收入组含 61 户，户均 4.00 人，人均可支配收入在 10156～17600 元；中等收入组含 61 户，户均 3.70 人，人均可支配收入在 17601～27840 元；中高收入组含 61 户，户均 3.48 人，人均可支配收入在 27841～42433 元；高收入组含 62 户，户均 3.50，人均可支配收入在 42434～323620 元。

表 5-5　样本农户各收入组基本情况

项目	低收入组	中低收入组	中等收入组	中高收入组	高收入组	全样本
平均每户人口（人）	2.94	4.00	3.70	3.48	3.50	3.52
样本规模（户）	62	61	61	61	62	307
样本规模的比例（%）	20.00%	20.00%	20.00%	20.00%	20.00%	100.00%

资料来源：根据调研数据整理所得。

在五等分组的基础上，对每一收入组工资性收入受新冠疫情影响的情况进行进一步整理，结果如表 5-6 所示。在五个收入组中，低收入组群体的工资性收入受新冠疫情影响最大，受影响时间也是最长的，为 4.09 个月，并且受影响的工资性收入占全年工资性收入占比最高，为 41.53%，其原因可能是低收入群体的工作具有较高的不稳定性，而新冠疫情的冲击使得这种不稳定性加剧，导致低收入群体的收入相对较大幅度下降。

表 5-6　样本农户各收入组工资性收入受新冠疫情影响的情况

项目	低收入组	中低收入组	中等收入组	中高收入组	高收入组	全样本
总人数（人）	181	245	226	212	217	1081
受影响人数（人）	22	62	75	79	101	339
受影响人数占比（%）	12.15	25.31	33.19	37.26	46.54	31.36
年人均工资性收入（元）	17681.82	31435.48	43426.67	51782.28	83865.35	45638.32
年人均受影响金额（元）	7344.00	6750.81	11255.33	10644.30	17790.10	11982.21
受影响的工资性收入占比（%）	41.53	21.48	25.92	20.56	21.21	26.25
年人均受影响时长（月）	4.09	2.52	2.73	2.59	2.23	2.60

资料来源：根据调研数据整理所得。

（3）样本农村居民家庭经营情况

在这一部分中，将分析 2020 年新冠疫情背景下样本农村劳动力的家庭经营情况，具体包括家庭经营类型、经营规模的具体情况。样本农村居民家庭经营类型见表 5-7，有 102 户（占全样本的 33.22%）从事农业经营，45户（占全样本的 14.66%）从事非农经营，其中有 9 户同时从事农业经营和非农经营。农业经营以粮食作物、经济作物和畜禽养殖为主，占比分别为59.80%、26.47% 和 31.37%（有 16 户农户同时进行多种农业经营，占从事农业经营农户的 15.57%）。非农经营最主要的类型依次为商业、餐饮业、工业/手工业、服务业和修理业，占比依次为 31.11%、24.44%、20.00%、15.56% 和 8.89%。

表 5-7　样本农村居民家庭经营类型及其构成

经营类型	样本户数量	占比（%）
农业经营	102	33.22
粮食作物	61	59.80
经济作物	27	26.47
畜禽养殖	32	31.37
水产养殖	1	0.98
林木种植	0	0.00
非农经营	45	14.66
餐饮业	11	24.44
服务业	7	15.56
商业	14	31.11
工业/手工业	9	20.00
修理业	4	8.89

资料来源：根据调研数据整理所得。

从调研数据来看（见表 5-8），有 24.51% 的农户年农业经营收入不超过 1000 元，34.32% 的农户年农业经营收入在 1001～4000 元，另有 21.57%的农户年农业经营收入在 10000 元以上，从事农业经营农户的年经营收入较低，结合调研时农户反馈的情况，可能是因为多数农户从事农业经营的主要目的是自给自足。从事非农经营的农户年经营收入主要在 30001~60000 元，占比为 26.67%，其次是 15001~30000 元区间和 15000 元及以下，占比均为 20.00%。

表 5-8 样本家庭经营年收入分布情况

单位：户，%

农业经营年收入	数量	占比
1000 元及以下	25	24.51
1001~2000 元	15	14.71
2001~4000 元	20	19.61
4001~7000 元	15	14.71
7001~10000 元	5	4.90
10000 元以上	22	21.57
非农经营年收入		
15000 元及以下	9	20.00
15001~30000 元	9	20.00
30001~60000 元	12	26.67
60001~100000 元	7	15.56
100000 元以上	8	17.78

资料来源：根据调研数据整理所得。

（4）新冠疫情对江西省农村居民经营性收入的影响

通过计算发现，2020 年有 29.93% 的农户的经营性收入受到了影响，这其中超过九成的农户非农经营性收入有所减少，全年平均每户经营性收入减少 10531.43 元，年户均受影响时长为 2.97 个月。从新冠疫情对样本农户经营性收入的影响我们得知（见图 5-59），户均经营性收入的减少占该群体户均可支配收入的 5.25%，其中新冠疫情影响主要造成非农经营性收入的减少，从事非农经营的农户受到新冠疫情影响的占该群体的 76.19%，其原因可能是新冠疫情防控背景下，人员流动受到约束，从而导致非农经营受到较大影响。

受疫情影响的经营性收入占比

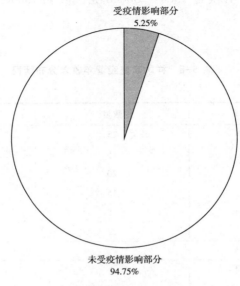

受疫情影响部分
5.25%

未受疫情影响部分
94.75%

受疫情影响的非农经营占比

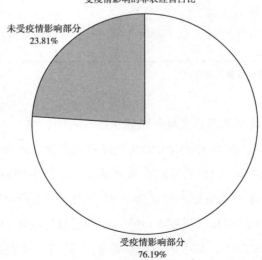

未受疫情影响部分
23.81%

受疫情影响部分
76.19%

图 5-59　2020 年新冠疫情对样本农户经营性收入影响程度

资料来源：根据调研数据整理所得。

（三）江西省农村劳动力就业方面

在这一节中，我们将分析 2020 年新冠疫情背景下样本农村劳动力的就业情况，具体包括 16 岁及以上人口的构成，就业人员的工作地点、单位类型。16 岁及以上人口工作情况及构成见图 5-60，样本的就业率为 60.34%，未就业人员比例为 39.66%。未就业人员中，在校学生占比 24.36%，家务劳动者占比 22.35%，离退休者占比 21.78%，这是未就业人员最主要的组成部分。由此可见，人口老龄化和照顾家庭是农村人口未参与就业的主要原因。

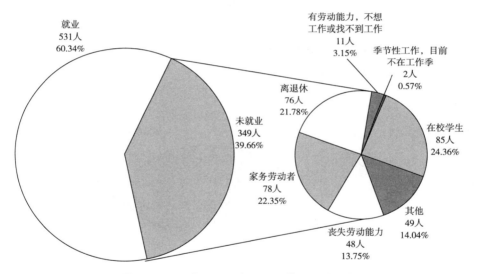

图 5-60　16 岁及以上人口工作情况及其构成

资料来源：根据调研数据整理所得。

图 5-61 显示，样本农村劳动力最主要工作类型为自由职业/打零工，占比高达 45.01%，其次分别是私营企业、个体工商户、耕作经营承包地、机关团体事业单位、国有及国有控股企业、集体企业和其他，占比分别为 25.42%、12.81%、6.78%、5.08%、2.07%、2.07% 和 0.75%。

结合样本农村劳动力的工作地点分布（见图 5-62），可以看出样本农村

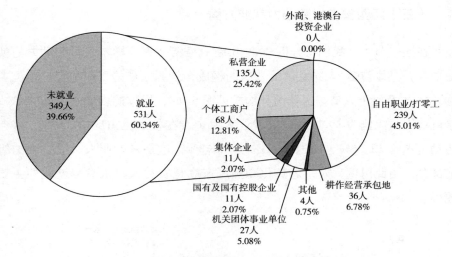

图 5—61 样本农村劳动力工作单位类型及其构成

资料来源：根据调研数据整理所得。

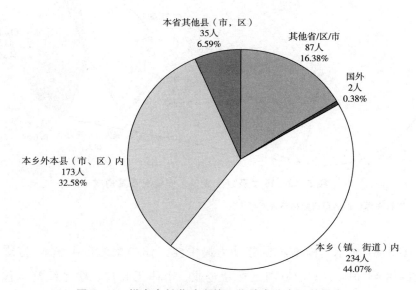

图 5—62 样本农村劳动力的工作地点分布及其构成

资料来源：根据调研数据整理所得。

劳动力主要在本乡（镇、街道）内工作（占比为 44.07%），出省工作的农村劳动力占比仅为 16.76%，这与表 5-1 中 2012~2019 年江西省省外就业劳动力占比 60%~70% 的水平有较大差异，很可能是新冠疫情阻碍了较大一部分农村劳动力按时复工，进而选择在家附近打零工来获取收入，故农村劳动力出省务工人数明显减少。

（四）本节小结

本节利用 2019 年与 2020 年《江西统计年鉴》宏观数据与课题组所调研的 2020 年 307 个农户和 1081 位农村居民的微观数据来探究新冠疫情对江西省农村劳动力就业与收入的影响，得到以下结论。

——江西省农村家庭常住从业人员数量较 2019 年减少了 3.83%；农村劳动力各类收入名义增长率均有不同程度的降低，平均受影响时长为 2.68 个月，经营性收入甚至出现"负增长"。

——工资性收入方面，2020 年江西省有超过 6 成的农村劳动力受到了疫情的影响，其中青年劳动力和低收入组群体受影响程度最深；经营性收入方面，由于疫情防控措施影响了生产要素、商品和人员的流通，以致 3 成左右的经营主体收入出现"负增长"，尤其是非农经营性收入。

——2020 年新冠疫情的暴发阻碍了较大一部分江西省农村劳动力按时复工，农村劳动力出省务工人数出现较为明显的减少，有 44.07% 的农村劳动力选择在本乡（镇、街道）内工作来获取收入。

四 结论及政策建议

（一）主要结论

课题组 2021 年通过走访调查获取了江西省 307 个农户、1081 位农村居民的样本数据，结合 2014 年、2016 年和 2018 年中国劳动力动态调查（CLDS）数据，以及《中国统计年鉴》《江西统计年鉴》和国家统计局等宏观层面数据，对江西省农村劳动力就业与收入情况进行分析，同时探讨新冠疫情对农村劳动力就业和收入所产生的影响，得到以下主要结论。

1. 乡村振兴战略助力农民增收，但不同地区及收入组间仍存有差距

随着我国乡村振兴战略的全面推进，江西省农村居民各类收入近年来持续增加，但劳动力年龄偏高、文化水平低限制了收入水平的进一步提升。从收入结构来看，工资性收入是江西省农村居民的最主要收入来源，农民财产性收入占比较小，城乡居民收入之间仍存在着较大差距，农民抵御风险能力较弱。从地区差异来看，在精准扶贫等政策的帮扶下，欠发达市域农民收入增速快于省内平均水平，但各地市农民收入仍存在较大差距。从收入组间差异来看，近年来财政扶贫资金对于低收入人群的转移支付资金增长率最高，但不同收入分组的收入规模仍存在较大差异。

2. 农村劳动力文化水平不高、就业竞争力弱、缺乏劳动权益保障制约着农村劳动力的就业发展

江西省农村劳动力文化水平整体不高，难以从事一些技术性工作，以致农村劳动力就业结构简单、就业形式单一，主要是从事劳动密集型产业和第三产业。随着经济发展和产业升级，许多企业都进行机械化、电子化生产，需要劳动力具有一定的知识储备和学习能力，对劳动力的要求有所提高，但劳动力素质与城市产业多样化和高级化的需要不相适应。同时，绝大部分农村劳动力以务农和自由工作者为主，没有固定的就业单位，难以签订正规的劳动合同，农村劳动力进城从事非农产业，流动性强，处境艰难，在自身权益受到侵犯时，法律意识薄弱，无法有效维护自己的权利。

3. 本地产业发展不足，劳动力吸纳能力有限，农民创业信息来源有限，资金来源单一

劳动力转移方面，由于东部沿海地区有大量的劳动密集型产业，对农村劳动力的需求较大，加上本地产业发展不足，劳动力吸纳能力有限，大量农村劳动力向省外转移，在省外就业人数多于在省内就业人数；随着乡村振兴的推进，江西省政府采取了一系列政策措施促进农民就地就近创业就业，拓展了农民的就业空间和增收渠道，近年来省内从业（离乡不离省）者的比重持续上升，除个别年份外，省内从业劳动力增速高于省外从业劳动力增速；但劳动力长期留乡意愿较低，家庭和身体原因是返乡的主要原因。在农民创业方面，农村居民创业机会主要依靠自己发现和亲友介绍，缺乏政府引导。由于农村条件有限，地处偏远，受交通、通信等各种条件的限制，农民个人接触市场、了解市场、熟悉市场的机会少，难以有效地抓住机会。而且农村居民创业资金来源单一，主要依靠个人储蓄以及家人亲戚的支持，容易导致创业资金不足，无法满足创业的需要，资金来源渠道的单一使农民即使有创业的想法，也会因为创业风险大、缺乏后期资金的持续注入而望而却步。除此之外，资金不足还会导致农民的创业规模较小，创业层次多停留在传统的农业产业、传统的交通运输业、较低层次的服务业以及批发零售贸易业，而难以进入要求资金积累较多的新兴产业领域。

4. 新冠疫情对农民务工和经营活动产生较大冲击，农村劳动力本地就业比例上升，收入持续增长中断

在新冠疫情的冲击下，江西省农村劳动力的收入情况与就业情况都受到了不同程度的影响，其中农村家庭常住从业人员数量较 2019 年减少了 3.83%，而在收入方面，农村劳动力各类收入名义增长率均有不同程度的降低。在工资性收入方面，有超过 6 成农村劳动力的工资性收入在新冠疫情期间受到了不同程度的影响，其中工资性收入受新冠疫情影响最大的群体为青年劳动力以及低收入群体；在经营性收入方面，有近 3 成的经营主体收入出现"负增长"，尤其进行非农经营的农户所受冲击更大；在就业地点方面，大部分农村劳动力在疫情防控期间延期复工甚至无法复工，进而导致农村劳动力出省务工人数明显减少，有近一半的农村劳动力选择在本乡、镇或街道内工作。

（二）政策建议

通过江西省农村劳动力就业与收入特点分析，针对性地提出以下促进农村劳动力就业和农民增收的政策建议。

1.重点关注低收入农民，加大信贷支农力度，广泛开辟欠发达地区农民增收渠道

首先，要厘清低收入农民的家底，找到需要重点关注的对象。随着劳动力流动程度加深，对于由劳动力向外迁移导致的留守居民收入下降的问题，要重点关注。加大信贷支农力度，对于确有需要进行金融支持的农户，及时发现、及时帮助。要认识到财产性收入是提高农户收入的重要手段，要广泛开辟欠发达地区农民增收的各种渠道。

2.加强就业服务和技能培训，提升农村劳动力就业保障

应发挥政府公共就业服务部门的作用，根据市场用工需求，有针对性地分类加强对农村劳动力的就业技能培训，切实提高农民的就业能力和职业转换能力，提升农民工职业技能素质，扩大就业选择范围；为农民工提供就业失业登记、职业指导、企业岗位信息推介、就业创业政策宣传等针对性服务，引导农民工就地就近就业，鼓励企业优先聘用农村地区劳动力；还要加大对于企业用工行为的监管力度，保障农民利益，完善监察执法程序，健全举报投诉工作机制，严厉打击各种违法违约行为，切实维护广大农村劳动者的合法权益，加强劳动保障监察，加大劳动合同签订不稳定因素排查力度，全面扩大劳动保障监察覆盖面，畅通农民维权渠道，强化农民法律意识。

3.多措并举推进乡村振兴，大力发展乡镇企业，提升就业吸纳能力、激发就业活力

大力发展农产品加工业的本地龙头企业。乡镇企业的发展要与农业产业化紧密结合，提高劳动力的吸纳能力，促进工业和农业、城市和农村的有机结合。同时依靠地方农业特色，发展特色种植业、养殖业，进一步提高乡镇企业对于农村劳动力的吸纳能力，激发就业活力。

参考文献

边俊杰、赵天宇：《精准扶贫政策对农村贫困居民家庭消费的影响——基于赣南苏区的入户调查数据分析》，《江西财经大学学报》2019 年第 1 期。

陈锡文：《充分发挥农村集体经济组织在共同富裕中的作用》，《农业经济问题》2022 年第 5 期。

杜鹏程、徐舒、吴明琴：《劳动保护与农民工福利改善——基于新〈劳动合同法〉的视角》，《经济研究》2018 年第 3 期。

何颖、刘洪：《乡村振兴战略背景下劳动力回流机制与引导对策》，《云南民族大学学报》（哲学社会科学版）2020 年第 5 期。

黄宏伟、潘小庆：《子女外出务工会加重农村老年人"老而不休"现象吗?》，《农村经济》2020 年第 11 期。

蒋逸、马九杰：《产业组织形态、商业信用与农户融资困境的缓解——基于四川省生猪产业的三个典型案例》，《东岳论丛》2014 年第 1 期。

李恩平：《城镇化驱动力与绩效逻辑——以内陆省江西经济转型发展为例》，《江西社会科学》2020 年第 7 期。

李长江、陶诚华：《中国农村信息化境况与公共信息服务网络平台建构——以浙江省金华市为例》，《华东经济管理》2011 年第 11 期。

卢有泉、李新爽：《从网民结构看网络民意与真实民意的偏差》，《编辑之友》2018 年第 7 期。

毛新雅、魏向东：《务工经历与返乡农民工收入——以中西部 7 省（市）为例的研究》，《社会科学》2017 年第 9 期。

乔海曙：《中部地区工业结构调整：现状与路径》，《当代财经》2002 年第 2 期。

卿石松、田艳芳：《家庭劳动是否降低工资收入——基于 CHNS 的证据》，《世界经济文汇》2015 年第 4 期。

唐晓天：《扎实抓好"六稳六保"推动经济行稳致远——江西省安远县落实"六稳六保"工作的调研报告》，《财政监督》2020 年第 19 期。

王婷、严卫：《"梅佐乔诺陷阱"与江西经济发展分析》，《江西社会科学》2010 年第 10 期。

姚金伟、张兰心：《中国应对新冠疫情防控政策研究——基于国家治理现代化的视角》，《人文杂志》2022 年第 3 期。

余永琦、王长松、彭柳林、余艳锋：《乡村振兴战略背景下江西省田园综合体建设发展研究》，《安徽农业科学》2022 年第 13 期。

展进涛、黄宏伟：《农村劳动力外出务工及其工资水平的决定：正规教育还是技能培训?——基于江苏金湖农户微观数据的实证分析》，《中国农村观察》2016 年第 2 期。

张连德：《进城农民工熟人社会网络何以延续?——基于信任视角的分析》，《人口与发展》2010 年第 5 期。

赵波、韩坤：《产业结构变化对江西经济发展的导向作用研究》，《江西社会科学》2011 年第 8 期。

第六章

江西的新型城镇化和劳动力流动

邓仲良[*]

中国城镇化水平存在显著的区域差异,推进新型城镇化需要因地制宜地处理好城乡劳动力流动和农业转移人口进城落户的关系。本报告在依托中国社会科学院院级江西国情调研基地工作的基础上,以江西省为主要研究对象,聚焦中部地区新型城镇化和劳动力流动的关系,在剖析中部地区推进新型城镇化面临问题的基础上提出相应的对策建议。研究发现,推进新型城镇化有利于实现经济持续增长,目前中部地区的城镇化水平还滞后于全国水平,同时中部地区外流人口较多,外流劳动力持续流动时间较长,在外流劳动力回流趋势下,有必要立足劳动力流动的经济规律,打通城乡要素双向流动壁垒,扩大医疗、教育等城市公共服务对农村地区和常住地外来流动人口的覆盖面,激发中部地区农业转移人口进城落户潜在需求,有效提升农业转移人口市民化和城镇化质量。

一 对影响中国城镇化发展趋势因素的几个判断

根据国际和国内代表性数据,本文对中国城镇化发展趋势进行研究,总结目前中国城镇化进程中存在的典型事实和面临的挑战。

---

* 邓仲良,中国社会科学院人口与劳动经济研究所副研究员。

（一）目前中国城镇化所处阶段的判断

目前中国城镇化处于"提质增效"的关键阶段，人口转型成为推进新型城镇化的重要影响因素。

从全球城镇化的发展趋势来看，世界银行 WDI 数据表明，不同地区的城镇化水平始终呈现上升趋势，如图 6-1 所示，首先，非洲和南亚地区城镇化水平低于全球平均水平，欧洲、拉美、中东和北美的城镇化水平都显著高于全球平均水平，中国城镇化水平在 1960~2012 年都低于全球平均水平，从 2013 年开始，中国城镇化水平开始超过世界平均水平，且增幅逐年增加，已有 2013 年高于世界平均 0.01% 增加至 2020 年 5.28%。

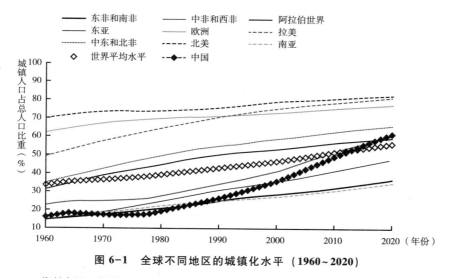

图 6-1　全球不同地区的城镇化水平（1960~2020）

资料来源：世界银行 WDI，提取时间 2021 年 12 月 3 日。

其次，城镇化水平越高的国家或地区，其收入水平也越高，如图 6-2 所示。

从世界银行 WDI 数据和国家统计局数据对中国城镇化测算结果表明，二者测算结果基本一致，2020 年 WDI 数据比国家统计局公布数据偏低近 2%，如图 6-3 所示。

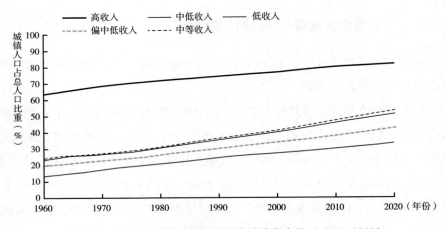

图6-2 全球不同收入水平地区的城镇化水平（1960~2020）

资料来源：世界银行 WDI，提取时间 2021 年 12 月 3 日。

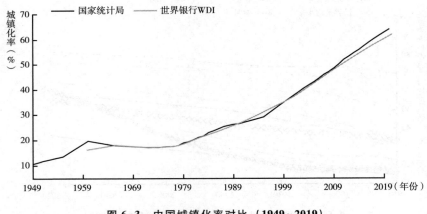

图6-3 中国城镇化率对比（1949~2019）

资料来源：2021 年《中国统计年鉴》和世界银行 WDI（提取时间 2021 年 12 月 3 日）。

从世界城市化发展规律进一步看（Northam，1979），城镇化在时间维度上体现为一个横向拉长的"S"形曲线[①]，存在城镇化率 30% 和 70% 两

---

① 严格意义上讲，诺瑟姆（Northam，1979）曲线应名为"城市化曲线"，1974 年由联合国在《城乡人口预测方法》中首次讨论了城市化轨迹问题。

个关键节点，城镇化率 0%～30% 为城镇化初始阶段，30%～70% 为加速阶段，在大于 70% 后为城镇化的稳定阶段。第七次人口普查数据表明，2020 年中国常住人口城镇化率为 63.89%，按照 Northam（1979）对城镇化的阶段划分，目前中国城镇化水平位于加速阶段。从城乡户籍来看，2020 年中国户籍人口城镇化率仅为 45.40%，户籍城镇化率明显低于常住人口城镇化率，这表明大量农村人口在城市工作、生活，但并未有效融入流入地。

在城市化加速阶段，城市化更加注重城市发展的质量提升，城市经济发展更加受到人口变动和人力资本影响，人口转型可能促使中国城市增长峰值（第二拐点）提前到来。从全球城镇化和人口结构变动关系来看，城镇化水平和 65 岁以上人口比重呈现显著的正相关关系，且这种趋势明显，2000 年二者的正相关系数（斜率）比 1960 年、1980 年和 2000 年都大。国家统计局公布的《2021 年中国统计年鉴》也表明城镇化率和老龄化率的正向关系存在，上海、天津、北京、四川、重庆、江苏、辽宁等东北地区的老龄化率都较高，分别为 16.28%、14.75%、13.30%、16.93%、17.08%、16.19%、17.42%。从中国人口转型趋势来看，中国人口老龄化规模巨大，且增速逐步加快。2020 年第七次人口普查数据表明，中国 65 岁及以上人口有近 1.91 亿人，约占全国人口的 13.5%，较 2010 年增加 4.63%，65 岁及以上人口比重年均增速逐年提高，2020 年较之 2019 年提高 0.9 个百分点，远高于 2011～2020 年平均增速。目前承载大量流动人口的超大和特大城市老龄化率都较高，北京和上海 65 岁及以上人口占城市总人口数的 13.3%、16.3%，较之 2010 年提高了 4.6 个百分点、6.2 个百分点，更为重要的是，流动人口老龄化趋势也日益突出，流动人口家庭平均年龄逐年上升，这在超大城市和中小城市增幅尤为明显，与此同时，农村劳动力外流引起农村地区留守老人比例较高，即农村地区的老龄化水平也较高。

（二）城镇化进程与中国经济增长

关于城镇化和经济增长的研究文献浩如烟海，相关理论研究可追溯至

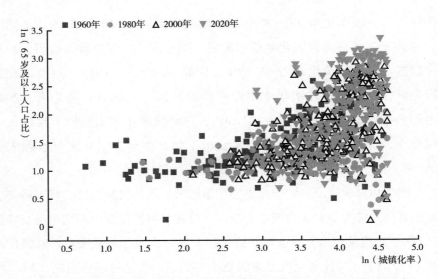

图 6-4　世界城镇化率和老龄化关系（1960 年、1980 年、2000 年和 2020 年）

资料来源：世界银行 WDI（提取时间 2021 年 12 月 3 日）。

刘易斯的城乡二元结构（Lewis，1954）、空间一体化理论（Friedmann，1966）、托达罗（Todaro，1969）与哈里斯－托达罗模型（Harris and Todaro，1970）、核心－边缘理论（Krugman，1991）及空间经济学（Fujita et al.，1999）等。城镇化进程的本质就是农村居民由农村转移到城市，由农业转移到工业和服务业部门，衡量城镇化水平的标准就是城镇居民占总人口比值，从全国城镇化和经济增长规律来看，城镇化水平和经济发展存在显著的正相关关系，从中国不同省市的相关数据也可看出，城镇化和经济发展的正相关关系依然稳健，城镇化水平越高的省份，其人均经济产出也越高，北京、上海、天津和江苏的城镇化水平和经济水平都高于甘肃、贵州、四川等省份。

从已有研究工作进一步来看，赵显洲（2006）根据刘易斯城乡二元结构模型研究表明中国城镇化水平和经济增长存在短期效应和长期效应，二者是相互影响的。进一步地，朱孔来等（2011）利用 1978~2009 年城镇化和人均 GDP 的时间序列数据和省级面板数据研究表明中国城镇化水平和经济发展水平存在长期稳定的相关关系，当城镇化率提高 1%，中国经济可实现 7.1% 增长幅度。利用城镇化和工业化发展关系的国际比较，简新华和黄锟（2010）研究表明中国城镇化水平总体滞后于经济发展水平，具体体现为滞后于经济增速和工业化进程，并预计 2020 年达到 60% 左右，从 2020 年第七次人口普查数据来看，实际城镇化水平略高于简新华和黄锟（2010）的预测。陈昌兵等（2009）进一步研究表明城镇化引起集聚效应，并对工业化和服务业发展产生正向效应，但住房和租房等城市居住成本过快上升可能影响城市内服务业的经济效率。从城镇化水平滞后的相关研究来看，王小鲁（2010）认为中国城镇化滞后导致了大城市数量较少，出于都市圈内产业分工等原因，不同规模城市及周边中小城镇之间存在互补关系，处在大城市经济辐射范围内的中小城市和小城镇具有更好的发展优势，研究预测未来大城市数目还会进一步增加，这与 2020 年人口普查数据也是吻合的。从城镇化水平影响来看，城镇化水平越高的地区，其劳动者就业收入越高，则更能推动居民消费，但过快的城镇化率也会阻碍居民消费率增长（雷潇雨，龚六堂，2014），研究也同时表明不同区域城镇化进程影响居民消费的效果不同，中部地区城镇化具有较大潜力。从城镇化快速发展阶段和空间结构来看，在 2010 年后城镇化快速发展阶段，部分城市发展呈现无序状态，尤其是在大中城市边缘，当城市过度扩张时，城市规模对经济增长的外部性将会减弱，这意味着城市无序蔓延可能降低城市经济的集聚效应（姚士谋等，2014；秦蒙，刘修岩，李松林，2019）。

（三）劳动力跨省流动的长期趋势

劳动力跨省流入沿海地区等经济发达地区就业的趋势不变，且流入经济发达地区的持续流动时间存在增长趋势。

从 2000 年和 2010 年人口普查数据来看，长三角、珠三角和京津冀等沿海地区是吸纳外来流动人口的主要区域，其中，流动人口向内陆地区的省会等特大城市集中趋势明显，2000~2010 年流动人口流入地区的空间分布重心呈现明显北移，省内流动和跨省流动比重基本持平（刘涛等，2015）。从城

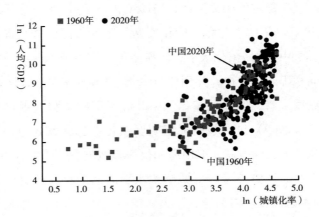

图 6-5 全球不同国家或地区城镇化率和经济增长关系（1960 年和 2020 年）

资料来源：世界银行 WDI，提取时间 2021 年 12 月 3 日。

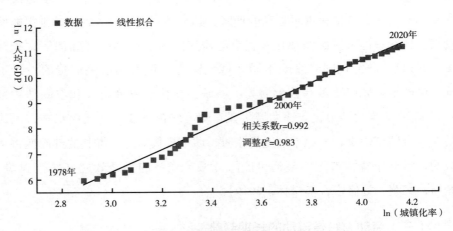

图 6-6 中国城镇化率和经济增长（1978~2020 年）

资料来源：2021 年《中国统计年鉴》。

镇化空间模式来看，中国城镇化呈现政府主导、大范围规划、整体推动等典型特征，具体而言，城镇化推进模式分别为建立开发区、建设新区和新城、城市扩展、旧城改造、建设中央商务区、乡镇产业化和村庄产业化（李强等，2012）。2020 年第七次人口普查进一步表明在北京、上海、江苏、浙

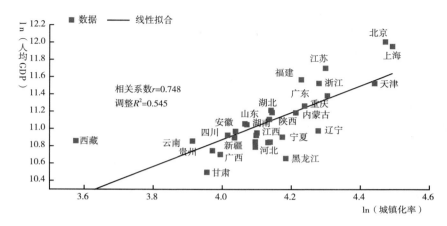

图 6-7　2020 年中国不同省份的城镇化率和经济增长

资料来源：2021 年《中国统计年鉴》。

江、广东等省份跨省流动人数较多，北京吸纳外来流动人口中跨省比重为 62.78%，天津为 54.55%，上海为 62.24%，江苏和浙江分别为 34.39%、53.76%，广东为 48.85%，如图 6-8 所示，这表明劳动力跨省流入经济发达地区的趋势并未改变。进一步地，从图 6-8 还可以看出，中部地区和西部地区的常住人口中省内流动比重高，以中部地区为例，山西、安徽、江西、河南、湖北和湖南省内跨市流动人口占流动人口比重分别为 36.17%、43.08%、30.29%、40.63%、42.62% 和 41.46%。

　　从 2010~2020 年省外和省内流动人口比重变化来看，总体而言，较之 2010 年，2020 年全国水平的省外流动人口比重下降 7.58%，省内流动人口比重则增加 3.96%。从不同省份来看，较之 2010 年，大多数省份吸纳省外流动人口比重都下降，下降最多的为陕西（降低约 23%），其次为广西、江西、云南、宁夏等，河北、重庆、甘肃、辽宁、吉林和黑龙江等省份的流动人口中省内流动增幅较大，吸纳省外流动人口较少，具体可见图 6-9。从流动人口的流动时间来看，利用 2020 年"七普"数据分析可知，相对于全国流动人口规模，较之 2010 年，流动人口的持续流动时间呈现增加趋势，对省内流动人口而言，广东（10.76%）、山东（6.54%）、四川（6.00%）、江苏（5.21%）、河北（4.11%）、辽宁（4.40%）等省份省内流动时间 10 年以上的人口比重最高，其中，在中部地区各省份中，山西和湖北省内流动的人口占比一直较高，江西、河南和湖南省内流动人口大多呈现短期流动。对跨省流动人口而言，北京、上海、江苏、浙江和广东吸纳流动 10 年以上跨省流动人口的比重最高，分别为 7.84%、11.52%、7.95%、13.43% 和 24.08%，其余省份跨省流动人口大多呈现短期流动趋势，具体如图 6-11 所示。

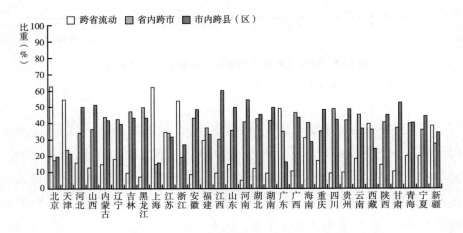

图 6-8　2020 年中国不同省份流动人口的流动模式

资料来源：国家统计局第七次人口普查数据。

（四）制约农业转移人口市民化进程的因素

城乡要素双向流动壁垒和城乡基本公共服务可及性差制约了农业转移人口市民化进程。

农村流动人口占流动人口比重大于城市间流动人口占比，因而促进农业转移人口市民化是推进城镇化进程无法回避的核心问题。由于农村和城市存在显著的差异，劳动力转移和农业转移人口市民化需要适应农村经济和城市经济的发展方式（张红宇等，2011）。1978 年以来随着改革开放深入发展，

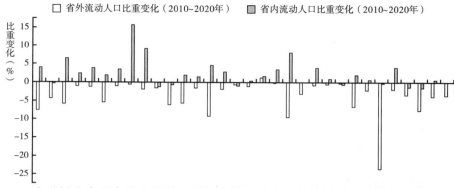

图 6-9　2010~2020 年中国不同省份人口流动模式变化

资料来源：国家统计局第六次和第七次人口普查数据。

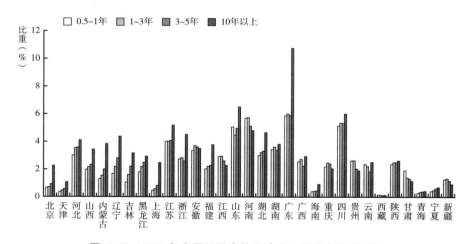

图 6-10　2020 年中国不同省份流动人口的省内流动时间

注：该比重为不同省份的不同流动时间组别人口占全国相应组别流动人口的比重。

资料来源：国家统计局第七次人口普查数据。

影响城乡人口迁移的户籍制度改革有序推进，总体来看，中国户籍制度改革呈现渐进模式，但城乡人口流动仍然是单向的，户籍制度门槛降低并未有效促进农业转移人口市民化（田明等，2019）。对流入城市而言，大规模的流

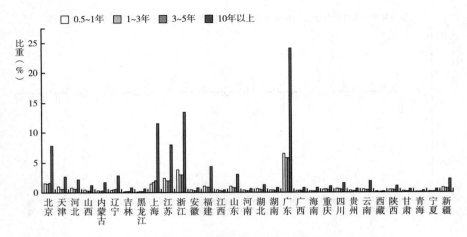

图 6-11　2020 年中国不同省份流动人口的跨省流动时间

注：该比重为不同省份的不同流动时间组别人口占全国相应组别流动人口的比重。

资料来源：国家统计局第七次人口普查数据。

动人口增大了人口集中流入地的劳动力供给，但长期以来外来流动人口在常住地平等享受基本公共服务还存在制度壁垒，加上城乡要素分割，二者都制约了农业转移人口市民化（周文等，2017；王丽莉，乔雪，2020）。在严格的土地控制和户籍限制下，只有拥有较高人力资本的农村劳动力会迁往城市，同时，与户籍挂钩的城市公共服务供给制度制约了农业转移人口市民化，随着中国经济转型的不断发展，城市公共服务与流动人口需求的空间错配制约了城镇化发展，从长期来看，这不利于实现经济持续增长。与此同时，农村居民不能由农村向城市有效流入也制约了城乡收入缩小（陈斌开，林毅夫，2013），降低农村劳动力进入城市的制度壁垒有利于提高劳动力配置对经济增长的贡献率（王丽莉，乔雪，2020）。

对城市而言，城市公共服务应继续向常住人口开放；对农村来说，农地流转会影响农村劳动力的乡城转移意愿，但具有显著的个体和空间异质性，相关研究也表明户籍制度改革的正效应对大城市农村流动人口更有效（伍蒉霖，卢冲，2020），同时农地退出权的财产性功能也对迁移意愿具有负向影响（陈丹等，2017），相关研究建议应建立承包地、宅基地和集体经营权收益与落户的转化机制（张国胜，聂其辉，2019）。土地流转和户籍制度松绑的综合性改革能够加快中国城市化进程及促进城市化红利的共享（周文等，2017）。

　　进一步从农村流动人口的土地权益来看，2017 年外出就业的农村流动人口拥有农村土地权益的比重较高，拥有农村土地承包权、宅基地使用权和集体收益分配权的农村流动人口分别占流动人口的 53.62%、68.77% 和 2.46%，如图 6-12 所示。进一步地，本文提取了农村流动人口个体在流入地城市的留居意愿和落户意愿，并将其与流入地城市农村流动人口样本在城市层面求均值，以农村承包地为例，可见在流入地农村流动人口的进城落户意愿和拥有农村承包地的农村流动人口比例呈现显著的负相关关系，但从留居意愿来看，农村流动人口是否在流入地继续留居与是否拥有农村承包地关系呈现弱正相关关系，如图 6-13 和图 6-14 所示，农村流动人口留居意愿、进城落户意愿与是否拥有农村承包地产权存在明显异质性，这表明农村流动人口是倾向于继续留在流入地城市工作，但农村承包地产权对农村流动人口的影响大于其进城落户的潜在收益。

　　从城乡基本公共服务可及性来看，以医保参保地为例，根据 2015～2017 年国家卫健委流动人口动态监测数据计算发现，城市流动人口和农村流动人口享受医保公共服务存在显著的空间差异。对农村流动人口，近 80% 农村流动人口在户籍地缴纳医保，仅有不足 3% 农村流动人口样本的医保是在流入地城市缴纳的。对城市流动人口而言，近 40% 城市户籍流动人口在流入地城市缴纳医保，22% 左右城市户籍流动人口在户籍来源地缴纳医保，其余为样本缺失值。城乡医保缴纳地差异表明城市户籍流动人口在常住地享受医保等公共服务比重显著高于农村户籍流动人口，这种差异意味着城市和农村户籍流动人口在享受流入地公共服务上还存在差异，医疗等城乡基本公共服务对流动人口覆盖率还不高。相关研究也表明农地权益保障是农业转移人口市民化的重要影响因素，农地权益的不充分保障对农业转移人口市民化具有负面影响（李国正，2020）。

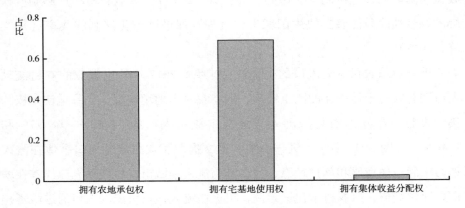

图 6-12　中国农村流动人口的土地权益（2017 年）

数据来源：作者根据国家卫健委 2017 年流动人口动态监测数据（CMDS）计算。

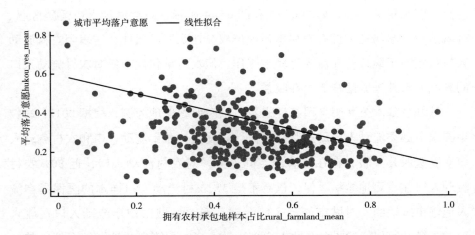

图 6-13　中国农村流动人口的进城落户意愿和农村承包地的关系（2017 年）

注：该数值为具有农村承包地的农村流动人口人数与流入地城市流动人口抽样样本比值。

资料来源：作者根据国家卫健委 2017 年 CMDS 数据计算。

（五）农民工回流趋势

农民工总量增加，但增速降低，农民工存在向中西部地区回流趋势。

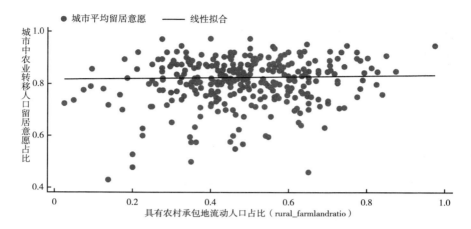

图 6-14 中国农村流动人口的城市留居意愿和农村承包地的关系（2017 年）

注：该数值为具有农村承包地的农村流动人口人数与流入地城市流动人口抽样样本比值。

资料来源：作者根据国家卫健委 2017 年 CMDS 数据计算。

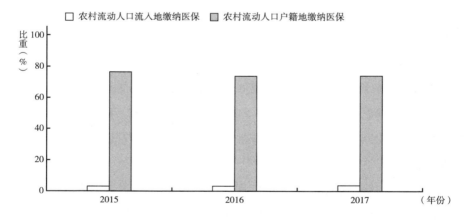

图 6-15 农村流动人口不同医保缴纳地比重

上述劳动力流动趋势和城乡要素、城乡基本公共服务可及性的分析表明，目前城乡劳动力迁移受到客观经济规律和制度壁垒的影响，在这样的现实背景下，中国农民工总量存在稳步增加的趋势，2010~2021 年，除 2020 年受新冠疫情大流行影响存在下降外，其余年份农民工总量保持

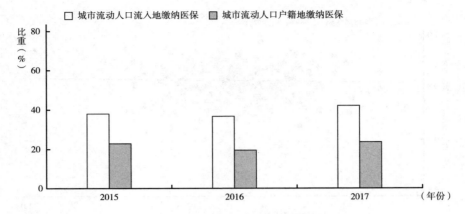

图 6-16　城市流动人口不同医保缴纳地比重

注：由于农村户籍流动人口样本占近 85%，而城市户籍流动人口样本约占 15%，本图相关变量比重是相对于农村和城市各自样本数的比重，而非流入地城市抽样总样本数，因存在缺失值，故二者之和小于 100%。

资料来源：作者根据 2015~2017 年 CMDS 数据整理计算。

稳步增长；从增速来看，除 2021 年外（受 2020 年农民工总量下降影响），2010 年以来农民工总量增加速度逐年降低。根据国家统计局《2021 年农民工监测调查报告》，2021 年全国农民工总量为 29251 万人，较之 2020 年多近 691 万人，如图 6-17 所示。本地农民工 12079 万人，比上年增加 478 万人，增长 4.1%，外出农民工 17172 万人，比上年增加 213 万人，这表明本地农民工增速高于外出农民工，农民工外出就业趋势正在减弱。

从农民工常住地来看，2021 年底，在城镇居住的进城农民工为 13309 万，比 2020 年增加 208 万人，增幅 1.6%。进一步地，从外出农民工地区分布来看，如表 6-1 所示，跨省流动 7130 万人，比上年增加 78 万人，增长 1.1%；省内流动 10042 万人，比上年增加 135 万人，增长 1.4%①。对跨省流动农民工，中部地区外出跨省就业比重最大，占全国比重 56.6%，西部

───────────────

① 国家统计局：《2021 年农民工监测调查报告》，"表 1 2021 年外出农民工地区分布及构成"，2022 年 4 月 29 日。

地区外出跨省流动农民工占 47.8%，略低于省内流动农民工比例（占比 52.2%），对东部和东北地区而言，外出农民工则以省内流动为主，分别占 84.9% 和 71.1%。从不同区域农民工规模的绝对数来看，尽管东部地区省内流动农民工规模最大，但中西部省内流动农民工之和远大于东部地区，与此同时，中西部地区跨省流动农民工规模也最大。限于数据获得性，本文采用 2017 年返乡流动人口占本省流动人口比重测算发现，除上海、江苏、福建外，河南、湖南、四川、甘肃、西藏等返乡流动人口比重都相对较高，这表明农民工存在向中西部地区回流趋势。

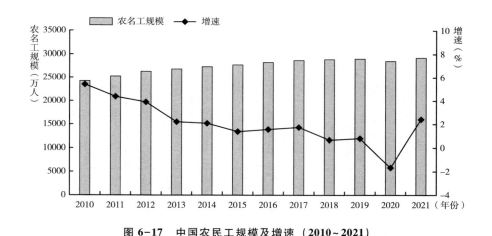

图 6-17 中国农民工规模及增速（2010~2021）

资料来源：作者根据国家统计局公布的 2011~2022 年《农民工监测调查报告》计算。

表 6-1 2021 年外出农民工地区分布及构成

按输出地分	规模（万人）			构成（%）		
	外出农民工			外出农民工		
	总量	跨省流动	省内流动	比重	跨省流动	省内流动
合计	17172	7130	10042	100	41.5	58.5
东部地区	4636	700	3936	100	15.1	84.9
中部地区	6320	3578	2742	100	56.6	43.4

按输出地分	规模(万人)			构成(%)		
	外出农民工			外出农民工		
	总量	跨省流动	省内流动	比重	跨省流动	省内流动
西部地区	5582	2669	2913	100	47.8	52.2
东北地区	634	183	451	100	28.9	71.1

资料来源：国家统计局：《2021年农民工监测调查报告》，"表1 2021年外出农民工地区分布及构成"，2022年4月29日。

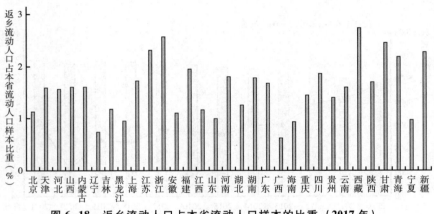

图6-18　返乡流动人口占本省流动人口样本的比重（2017年）

资料来源：作者根据国家卫健委2017年CMDS数据计算。

二　江西省以及中部地区其他省份的城镇化阶段性特征

从劳动力外流的区域来源角度来看，中部地区外出农民工规模较大，2021年外出农民工为6320万人，是中国农民工主要来源地区，这与中部地区城镇化特征和发展趋势紧密相关。但是2020年第七次人口普查数据和历年流动人口动态监测数据研究表明，中部省份城镇化水平还滞后于全国水平，这表明它推进新型城镇化战略潜力空间巨大，但也面临中部地区农村流动人口进城落户意愿低于全国平均水平、农村流动人口拥有土地产权比重较

高等现实挑战，因此推进城镇化和实现城乡融合是实现中部地区崛起的必然
路径。

（一）中部地区新型城镇化潜力

中部地区城镇化进程滞后于全国，推进高质量新型城镇化战略潜力巨大。

从城镇化水平来看，根据国家统计局公布数据，东部地区城镇化水平最
高，中西区域的大多数省份的城镇化水平低于全国平均水平。进一步从中部
地区各省份城镇化变化趋势来看，如图6-19所示，可知中部地区城镇化水
平还低于全国水平，山西和湖北在1990~2000年左右城镇化水平超过全国
水平，但随后略有下降，2008~2020年山西和湖北的城镇化水平与全国水平
基本持平，如图6-20所示。对2020年城镇化水平而言，2020年湖北和山
西的城镇化水平在中部地区也是最高的，2020年湖北和山西的常住人口城
镇化水平分别为62.89%、62.53%，高于江西（60.44%）、安徽
（58.33%）、河南（55.43%）和湖南（58.76%）。从不同省份城镇化水平
和全国水平相比来看，北京、天津、上海、广东、江苏、浙江和辽宁高于全
国水平较多，分别为23.66个百分点、20.81个百分点、25.41个百分点、
10.26个百分点、9.55个百分点、8.28个百分点和8.25个百分点。

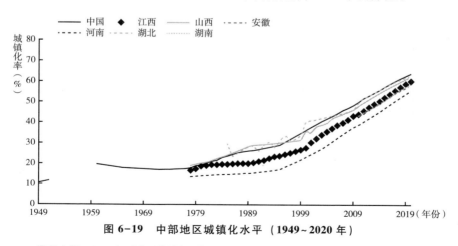

图6-19　中部地区城镇化水平（1949~2020年）

资料来源：2021年《中国统计年鉴》及各省市统计年鉴。

表 6-2 2011～2020 年中国不同省份城镇化水平

单位：%

省份	2011年	2012年	2013年	2014年	2015年	2016年	2017年	2018年	2019年	2020年
全国	51.83	53.1	54.49	55.75	57.33	58.84	60.24	61.5	62.71	63.89
北京	86.2	86.29	86.39	86.5	86.71	86.76	86.93	87.09	87.35	87.55
天津	80.43	81.55	82.29	82.55	82.88	83.27	83.57	83.95	84.31	84.7
河北	45.59	46.6	48.02	49.36	51.67	53.87	55.74	57.33	58.77	60.07
山西	49.79	51.32	52.88	54.3	55.87	57.27	58.59	59.85	61.29	62.53
内蒙古	57.04	58.42	59.82	60.97	62.09	63.4	64.6	65.51	66.46	67.48
辽宁	64.05	65.65	66.45	67.05	68.05	68.87	69.49	70.26	71.21	72.14
吉林	53.4	54.54	55.74	56.81	57.64	58.75	59.71	60.85	61.63	62.64
黑龙江	56.49	56.88	58.04	59.22	60.47	61.09	61.9	63.46	64.62	65.61
上海	89.3	89.3	89.6	89.3	88.53	89	89.1	89.13	89.22	89.3
江苏	62.01	63.01	64.39	65.7	67.49	68.93	70.18	71.19	72.47	73.44
浙江	62.29	62.91	63.94	64.96	66.32	67.72	68.91	70.02	71.58	72.17
安徽	44.8	46.3	47.87	49.31	50.97	52.62	54.29	55.65	57.02	58.33
福建	58.11	59.32	60.8	61.99	63.22	64.39	65.78	66.98	67.87	68.75
江西	45.75	47.39	49.04	50.55	52.3	53.99	55.7	57.34	59.07	60.44
山东	50.86	52.03	53.46	54.77	56.97	59.13	60.79	61.46	61.86	63.05
河南	40.47	41.99	43.6	45.05	47.02	48.78	50.56	52.24	54.01	55.43
湖北	51.78	53.23	54.51	55.73	57.18	58.57	59.88	61	61.83	62.89
湖南	44.97	46.22	47.63	48.98	50.79	52.7	54.62	56.09	57.45	58.76
广东	66.57	67.15	68.09	68.62	69.51	70.15	70.74	71.81	72.65	74.15

续表

省份	2011年	2012年	2013年	2014年	2015年	2016年	2017年	2018年	2019年	2020年
广西	41.9	43.48	45.11	46.54	47.99	49.24	50.59	51.82	52.98	54.2
海南	50.34	51.02	52.28	53.3	54.91	56.7	58.04	59.13	59.37	60.27
重庆	54.98	56.64	58.29	59.74	61.47	63.33	65	66.61	68.24	69.46
四川	41.85	43.35	44.96	46.51	48.27	50	51.78	53.5	55.36	56.73
贵州	35.03	36.3	37.89	40.24	42.96	45.56	47.76	49.54	51.48	53.15
云南	36.57	38.47	39.99	41.21	42.93	44.64	46.29	47.44	48.67	50.05
西藏	22.81	22.87	23.93	26.23	28.87	31.57	33.38	33.8	34.51	35.73
陕西	47.35	49.71	51.57	53.01	54.74	56.39	58.07	59.65	61.28	62.66
甘肃	37.25	38.78	40.5	42.28	44.24	46.07	48.12	49.69	50.7	52.23
青海	46.53	47.85	49.29	50.84	51.67	53.55	55.45	57.27	58.78	60.08
宁夏	50.2	51.15	52.84	54.82	56.98	58.74	60.95	62.15	63.63	64.96
新疆	43.73	44.22	44.94	46.79	48.78	50.42	51.9	54.01	55.51	56.53

资料来源：2021年《中国统计年鉴》。

将在常住地经常居住的农业转移人口就近转化为本地城镇人口是促进城镇化水平提升的重要途径，从中国不同区域常住人口占全国比重来看，东部地区集聚人口的趋势较为明显，2011~2020 年东部地区常住人口占全国比重逐步增加，由 2011 年的 38.27% 逐步上升至 2020 年 39.96%，较之 2011 年，2020年上升 1.69 个百分点。中部地区常住人口占全国比重略有下降，2011 年中部地区常住人口占全国比重为 26.54%，到 2020 年略降低为 25.81%，下降 0.73个百分点。2011 年以来西部地区常住人口比重呈稳步上升趋势，从 2011 年占26.94% 上升至 2020 年的 27.13%，上升 0.19 个百分点。东北地区常住人口占比负增长趋势较为明显，2011 年以来常住人口始终呈现下降趋势，从 2011 年的 8.07% 下降至 2020 年的 6.96%，下降幅度为 1.11 个百分点。

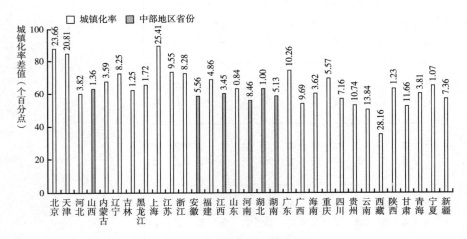

图 6-20　2020 年中国各省份城镇化率

注：柱状数字为与全国城镇化率差值，单位为百分点。
资料来源：2021 年《中国统计年鉴》。

（二）中部地区流动人口结构

中部地区以工作就业为目的跨省流动人口比重低于全国水平，而省内以随迁/投靠亲友、照料孙子女和为子女就学的流动人口比重高于全国。

对流动个体而言，流动是出于对人口流动收益和流动成本的权衡，从中

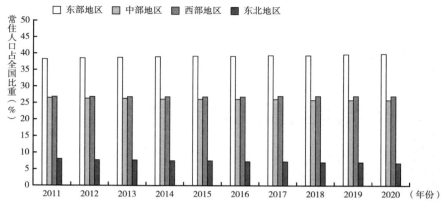

图 6-21　中国不同区域的常住人口比重（2011~2020 年）

资料来源：2021 年《中国统计年鉴》。

部地区和全国流动人口对比来看（见图 6-22），首先，对跨省流动个体而言，外出工作就业是劳动力流动的主要原因，这与童玉芬和王莹莹（2015）、踪家峰和周亮（2015）研究一致，但是从中部地区的流动个体来看，工作就业占本省份跨省流动比重均低于全国水平，这表明中部地区提供吸纳跨省流动的工作机会与全国相比并不占优，仅安徽省吸纳跨省流动人口占比与全国水平基本持平。其次，学习培训和家庭随迁、投靠亲友比重大多都高于全国水平，其中江西、河南、湖北和湖南的学习培训迁移人口占本省跨省流动人口比重分别为 21.68%、22.81%、25.80% 和 19.66%，高于全国学习培训迁移人口比重 11.86%。家庭随迁和投靠亲友迁移流动人口除山西、河南和湖北外，其余中部地区省份比重都低于全国水平 10.87%。除山西、江西和湖南外，中部地区的照料孙子女迁移人口占本地跨省流动人口比重略高于全国水平 2.08%，安徽、河南、湖北的照料孙子女迁移人口比重分别为 2.20%、2.22%、2.17%。教育资源分布和教育质量也是影响人口迁移的重要因素（夏怡然，陆铭，2015），从为子女就学迁移人口占跨省人口比重来看，除江西（0.43%）、湖北（0.42%）和湖南（0.45%）略低于全国水平外，中部地区其余省份为子女就学迁移人口占本省份跨省人口比重都高于全国水平（0.46%），山西、安徽和河南为子女就学迁移人口占跨省人口比重分别为0.58%、0.89%、0.84%，第七次人口普查调查数据表明高收入就业机会是劳动力跨省迁移的主要原因，随迁、养老/康养和为子女教育跨省迁移比重不高。

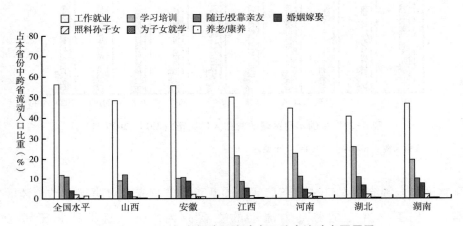

图6-22　2020年中部地区流动人口跨省流动主要原因

资料来源：国家统计局第七次人口普查数据。

　　如图6-23所示，对省内流动人口而言，工作就业仍为省内流动人口的主要流动原因，对中部地区而言，除山西（21.55%）、安徽（25.67%）、江西（23.38%）和湖北（25.54%）外，仅河南（28.85%）和湖南（27.86%）的工作就业迁移人口占省内流动人口比重大于全国水平（26.80%），这表明尽管外出就业是人口流动主要原因，但较之跨省迁移，其比重已大幅度下降。除山西（11.97%）和湖北（10.97%）外，安徽、河南、江西和湖南的学习培训流动占省内流动人口比重分别为14.91%、19.19%、17.06%、14.83%，均高于全国水平（12.02%），随迁/投靠亲友占省内流动人口比重则与全国水平基本持平。从照顾孙子女的省内流动比重来看，除山西（1.31%）、河南（2.02%）外，其余中部地区省份比重都大于全国平均水平（2.09%），安徽、江西、湖北和湖南照顾孙子女的省内流动比重分别为3.37%、2.78%、2.63%和2.19%。从为子女就学的省内流动

比重来看，除山西（4.64%）和安徽（4.26%）的比重大于全国水平
（2.37%）外，江西、河南、湖北和湖南的比重为 2.27%、2.18%、1.36%、
1.41%。省内流动人口的这些迁移特征进一步表明，省内流动人口在追求高
工资的同时也受医疗、教育等公共服务资源影响。

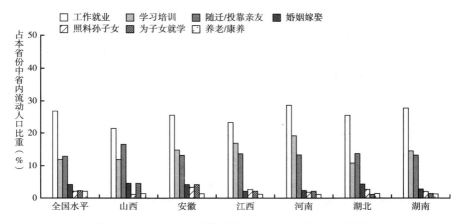

图 6-23　2020 年中部地区流动人口省内流动主要原因

资料来源：国家统计局第七次人口普查数据。

（三）江西省流动人口基本特征

江西省内流动人口和外省流入人口的学历以高中及以下为主，江西吸引
高学历人群在中部地区各省份中不具有比较优势。

除城乡户籍差异外，流动人口的受教育水平是影响其就业及薪酬待遇的
重要因素，从 2020 年"七普"来看，若以受教育水平高低来度量劳动力人
力资本水平，人力资本水平越高的地区，其经济发展水平也越高，从图 6-
24 可知，北京、天津、上海的人力资本水平显著高于其他省份，北京、天
津和上海的 15 岁及以上大学本科和研究生占常住人口比重分别约为 32.5%、
18.0%、24%，高于全国水平（9.07%），其余省份高于全国水平的有山西、
内蒙古、辽宁、吉林、江苏、浙江、陕西和宁夏，中部地区除山西外人力资
本水平都低于全国水平，仅湖北省接近全国平均水平。

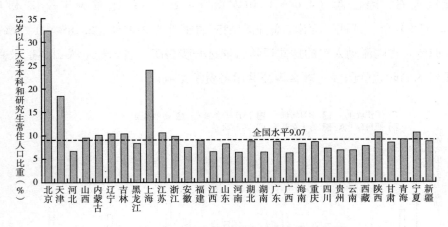

图6-24 2020年中国不同省份人力资本水平

资料来源：国家统计局第七次人口普查数据。

从中部地区各省份的流动人口受教育水平来看，首先，对省内流动人口，如表6-3所示，第一，高中及以下学历流动人口，中部地区大多数省份都高于全国平均水平，其中，以小学及以下流动人口的教育水平为例，中部地区省内流动人口占比也大于全国，从小学组别来看，江西省小学学历的省内流动人口占省内流动人口比重（20%）最高，其次为安徽（18.49%）。第二，中部地区省内流动人口中大学本科及以上学历流动人口比重小于全国水平。以大学本科为例，2020年江西、山西、安徽、河南、湖北和湖南省内流动人口中大学本科学历占比分别为8.09%、10.62%、10.44%、10.26%、10.68%和9.76%，都低于2020年省内流动人口中大学本科占比的全国水平（11.17%）。对江西省而言，大学本科、硕士和博士在省内流动人口中的占比在中部地区各省份中是最低的，分别为8.09%、0.51%和0.04%。

其次，对省外流动人口，如表6-4所示，可见中部地区吸纳外省初中及以下学历流动人口比重低于全国平均水平，以初中学历外省流动人口为例，2020年江西、安徽、河南、湖北和湖南省内流动人口中初中学历占比分别为31.24%、36.59%、30.49%、28.14%和30.38%，都低于初中学历

表6-3 中部地区各省份中省内流动人口不同教育水平比重

单位：%

省份	未上过学	学前教育	小学	初中	高中	大学专科	大学本科	硕士研究生	博士研究生
全国水平	1.77	3.57	16.97	30.39	21.98	13.07	11.17	0.96	0.12
江西	1.35	3.80	20.00	32.95	22.23	11.03	8.09	0.51	0.04
山西	1.05	3.58	15.19	33.97	21.93	12.80	10.62	0.79	0.06
安徽	2.68	3.84	18.49	30.78	20.11	12.76	10.44	0.80	0.08
河南	1.08	3.97	14.61	28.66	26.60	14.06	10.26	0.69	0.07
湖北	1.32	3.18	15.16	30.22	25.01	13.28	10.68	1.01	0.13
湖南	0.95	3.62	15.32	28.90	27.06	13.67	9.76	0.64	0.08

资料来源：作者根据国家统计局第七次人口普查数据计算。

表6-4 中部地区各省份中省外流动人口不同教育水平比重

单位：%

省份	未上过学	学前教育	小学	初中	高中	大学专科	大学本科	硕士研究生	博士研究生
全国水平	1.37	2.28	16.50	41.73	17.29	9.24	10.03	1.40	0.16
江西	0.74	2.26	11.64	31.24	18.99	13.20	20.10	1.67	0.15
山西	1.26	2.45	17.30	42.29	16.80	7.85	11.05	0.90	0.08
安徽	1.45	2.54	15.37	36.59	18.29	11.05	12.69	1.72	0.31
河南	0.99	2.80	12.62	30.49	18.87	11.75	20.80	1.49	0.19
湖北	0.98	2.10	12.78	28.14	16.12	13.86	22.27	3.23	0.52
湖南	0.80	2.41	11.72	30.38	20.41	12.94	19.04	2.03	0.27

资料来源：作者根据国家统计局第七次人口普查数据计算。

跨省流动人口的全国平均水平（41.73%）。

最后，中部地区高中学历的跨省流动人口比重与全国水平相差不大。大学本科以上的高学历人群，除山西（0.98%）外，其余中部地区省份硕士和博士省外流动人口比重都高于全国水平（1.56%），江西、安徽、河南、湖北和湖南省外流动人口中硕士和博士学历人群占比分别为 1.82%、2.03%、1.68%、3.75% 和 2.30%，可见中部地区中江西省吸纳的硕士及以上学历省外流动人口占比仅比全国水平高 0.26 个百分点。

由上述测算结果可知，对中部地区而言，留在省内的江西户籍流动人口以高中及以下学历人群为主。江西省吸纳省外流动人口则以高中、大学专科、本科及以上学历为主，高中及以上学历外来人口占比为 54.11%，显著高于教育水平为初中及以下者的占比 45.88%，这表明中部地区集聚外来高学历流动人口的比较优势较为明显。

（四）农业转移人口落户意愿

中部地区拥有农业承包地的农业转移人口比重最高，但中部地区的流动人口落户意愿并不高。

由于农村户籍流动人口规模较大，在以后一段时间促进农业转移人口市民化仍是推进新型城镇化的重点任务，农业转移人口市民化不仅涉及进城落户，而且也受农村土地制度影响（陶然，徐志刚，2005；陈钊、陆铭，2008；陈丹等，2017；周文等，2017；张国胜，聂其辉，2019），因此，推进户籍制度和农村土地制度配套的系统改革是有效推进农业转移人口市民化的关键。

目前，国内对农业转移人口市民化的具有代表性的专项数据调查有国家卫健委 2017 年流动人口（CMDS 2017）、CHIP（2013 和 2018）等，限于数据获取和指标完整性，本文选用 CMDS 2017 来进行分析。本文提取了农村户籍流动人口在流入地城市的落户意愿（是为 1，否或不确定为 0）、是否具有农村承包地（有为 1，否或其他为 0）、是否有农村宅基地（有为 1，否或其他为 0）、是否有农村集体收益分配权（有为 1，否或其他为 0），并依据流入地城市的区域划分进一步提取中部地区的农村流动人口样本。在上述数据基础上,本文进一步以地级市作为细分空间尺度,将城市内流动人口样本按上述变量取均值,具体方式同图 6-13 和图 6-14,可知中部地区农村流动人口的进城落户意愿与拥有农村承包地的比重呈现显著的负相关关系,如图 6-25 所示,其趋势和全国农业转移人口样本一致(如图 6-13 所示),从二者相关性的斜率来看,中部地区农业转移人口进城落户意愿较之全国更低。

进一步测算不同区域的农业转移人口土地权益、平均落户意愿和留居意愿后发现,以农业承包地为例,如表 6-5 所示,较之其余地区,中部地区中拥有农业承包地的农村流动人口占比相对较高,在中部地区各省份中,近 43% 农村流动人口拥有农业承包地,东部地区、西部地区和东北地区该比重为 38%、43% 和 49%,可见中部和西部地区 CMDS 抽样样本中拥有农业承包地的农村流动人口比重基本持平,东部地区较低,这也从侧面表明东部地区流动人口多为城市户籍流动人口和无农业承包地的农村流动人口。从农村流动人口的城市平均落户意愿来看,在中部地区的农村流动人口的城市平均落户意愿最低,仅 30% 农村流动人口愿意在流入地城市落户,东部地区流入地城市的落户意愿最高,有 57% 农村流动人口愿意在东部地区流入地城市落户,西部地区和东北地区的平均落户意愿分别为 34%、38%。进一步地,从农村流动人口的城市平均留居意愿来看,中西部地区农村流动人口的留居意愿相对较低,分别为 83% 和 81%,东部地区和东北地区的平均留居意愿为 86% 和 84%。从农村流动人口的城市平均留居意愿和落户意愿的差值可看出,总体而言,农村流动人口的留居意愿并不意味着放弃农村土地权益而进城落户。从中部地区的各省份而言,中部地区各省份内农村流动人口的留居意愿和中部地区的平均水平相差不大,但平均落户意愿差异较大,湖北和山西的农村流动人口落户意愿相对较高,分别为 40% 和 39%,都高于中部地区平均水平 30%,其中江西仅为 27%,与中部地区其他省份对比来看,江西省内农村流动人口的平均落户意愿和留居意愿并不占优势,同时其拥有农村承包地的农村流动人口占比为 40%,仅高于山西(34%)和湖北

（37%）。从江西省内农村流动人口样本来看，如图 6-26 和图 6-27 所示，可见江西省内农村流动人口进城落户意愿和拥有农村承包地的关系呈现负相关关系，但这些农村流动人口在江西省内流入地城市的留居意愿和其拥有农村承包地的关系是正相关的，这是与全国水平有区别之处。

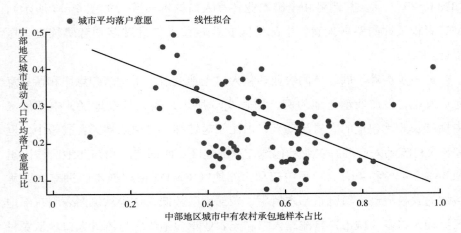

图 6-25　中国农村流动人口的进城落户意愿和农村承包地的关系（2017 年）－中部地区

注：该数值为具有农村承包地的农村流动人口人数与流入地城市流动人口抽样样本比值。

资料来源：作者根据国家卫健委 2017 年 CMDS 数据计算。

表 6-5　2017 年不同区域流动人口平均落户意愿、留居意愿及拥有农业承包地的农村流动人口样本占比

不同区域	拥有农业承包地的农村流动人口占比	农村流动人口城市平均落户意愿	农村流动人口城市平均留居意愿
东部地区	0.38	0.57	0.86
中部地区	*0.43*	*0.30*	*0.83*
西部地区	0.43	0.34	0.81
东北地区	0.39	0.38	0.84

注意：表中数值为相对于流入地农村流动人口而言。

资料来源：作者根据国家卫健委 2017 年 CMDS 数据计算。

表 6-6　2017 年中部地区农村流动人口在流入地城市平均落户意愿、
留居意愿和拥有农村承包地占比

不同区域	农村流动人口 城市平均落户意愿	农村流动人口 城市平均留居意愿	拥有农村承包地的 农村流动人口占比
中部地区	0.30	0.83	0.43
山西	0.39	0.83	0.34
安徽	0.22	0.88	0.57
江西	*0.27*	*0.80*	*0.40*
河南	0.30	0.81	0.57
湖北	0.40	0.87	0.37
湖南	0.21	0.78	0.44

注：表中数值为流入地城市的农村流动人口的相对数值。资料来源：作者根据国家卫健委 2017 年 CMDS 数据计算。

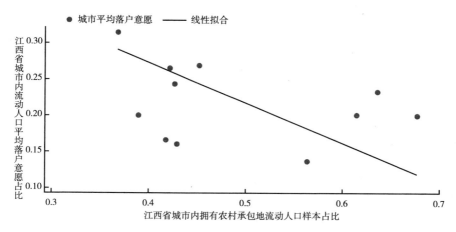

图 6-26　中国农村流动人口的进城落户意愿和农村承包地的关系（2017 年）－江西省

注：该数值为具有农村承包地的农村流动人口人数与流入地城市流动人口抽样样本比值。
资料来源：作者根据国家卫健委 2017 年 CMDS 数据计算。

（五）农村流动人口参保情况

中部地区的农村流动人口倾向于在户籍地参加医保，城市流动人口享受流入地医保比重仅高于东北地区。如前文所述，医疗、教育等城乡基本公共

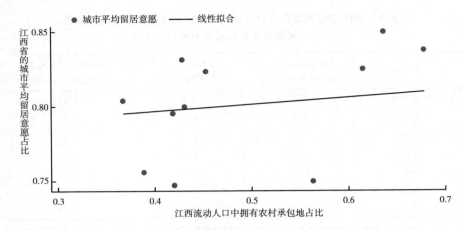

图 6-27　江西流动人口的留居意愿和农村承包地的关系（2017 年）

注：该数值为具有农村承包地的农村流动人口人数与流入地城市流动人口抽样样本比值。

资料来源：作者根据国家卫健委 2017 年 CMDS 数据计算。

服务分割不利于推进农业转移人口市民化。本文利用 CMDS 2017 进一步聚焦中部地区流动人口异地参加医保情况，如表 6-7 所示，从不同区域与全国水平对比来看，对农村户籍流动人口，中部地区农村流动人口在户籍地参加医保比重最高，为 81%，不仅显著高于全国农村流动人口在户籍地参加医保的比重 74%，而且也显著高于其余区域，东部地区为 71%，西部区域为 76%，东北地区最低（66%）。对城市户籍流动人口，中部地区的城市户籍流动人口在流入地参加医保比重仅高于东北地区，为 32%，低于全国平均水平 41%，也低于东部地区 55% 和西部地区 33%，而中部地区的城市户籍流动人口在户籍地参加医保比重为 28%，高于东部地区吸纳的城市户籍流动人口参加医保比重 18%，但低于西部地区和东北地区。从在流入地参加医保和户籍地参加医保的比重之差进一步可看出，如图 6-28 所示，东部地区给予其吸纳的城市户籍流动人口公共服务的覆盖面高于其他地区及全国水平，中部地区农村流动人口在流入地城市未参加医保的比重最高，这也从侧面表明中部地区城乡医疗服务对农村户籍流动人口覆盖比例还不高。

表 6-7　2017 年不同区域的农村和城市流动人口异地享受公共服务：以医保为例

不同区域	农村户籍流动人口		城市户籍流动人口	
	农村流动人口在流入地参加医保占比	农村流动人口在户籍地参加医保占比	城市流动人口在流入地参加医保占比	城市流动人口在户籍地参加医保占比
全国水平	0.04	0.74	0.41	0.26
东部地区	0.02	0.71	0.55	0.18
中部地区	0.03	0.81	0.32	0.28
西部地区	0.06	0.76	0.33	0.31
东北地区	0.09	0.66	0.28	0.33

注：相关占比数据是相对于农村和城市各自样本数的比重，而非流入地城市的抽样总样本数，因存在缺失值，故二者之和小于 100%。

资料来源：作者根据国家卫健委 2017 年 CMDS 数据计算。

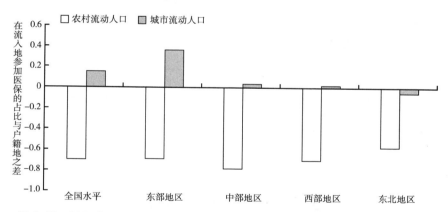

图 6-28　2017 年不同区域流动人口在流入地参加医保与在户籍地参加医保差值

注：相关占比数据是相对于农村和城市各自样本数的比重，而非流入地城市抽样总样本数。

资料来源：作者根据国家卫健委 2017 年 CMDS 数据计算。

进一步从中部地区六个省份来看，如表 6-8 所示，以江西省为分析重点，可以看出，对农村户籍流动人口而言，江西省的农村流动人口在流入地城市参加医保比重和山西省持平，均为 3%，仅高于河南省 1% 和湖南省 2%，而湖北省农村户籍流动人口在湖北省地级市辖区内参加医保比重最高；江西省的农村户籍流动人口在户籍地参保比重也较高，高于全国水平 1%。

对城市户籍流动人口而言，江西省城市户籍流动人口在江西省内流入地参保比重是中部地区各省份中最低的，仅为 20%，而在户籍地参保比重为 33%，在中部地区内各省份中依然较高，这也进一步表明，江西省内城乡户籍流动人口享受城市统一公共服务的比重还不高。

表 6-8　2017 年中部地区各省份的农村和城市流动人口异地享受公共服务：以医保为例

中部地区	农村户籍流动人口		城市户籍流动人口	
	农村流动人口在流入地参加医保占比	农村流动人口在户籍地参加医保占比	城市流动人口在流入地参加医保占比	城市流动人口在户籍地参加医保占比
山西	0.03	0.83	0.37	0.35
江西	*0.03*	*0.84*	*0.20*	*0.33*
安徽	0.03	0.80	0.40	0.21
河南	0.01	0.88	0.27	0.36
湖北	0.06	0.68	0.42	0.18
湖南	0.02	0.83	0.25	0.26

注：相关占比数据是相对于农村和城市各自样本数的比重，而非流入地城市的抽样总样本数，因存在缺失值，故二者之和小于 100%。

资料来源：作者根据国家卫健委 2017 年 CMDS 数据计算。

三　农业转移人口的经济社会特征

考虑农业转移人口市民化的变量完整性和可获得性，本文以国家卫健委2017 年中国流动人口动态监测数据①为主进一步聚焦江西省进行研究。

（一）户籍流动人口流动情况

江西户籍流动人口空间分布范围较广，以本省内流动和流入南方地区居多，其中农业转移人口对子女教育需求比重最高。本文提取了 2017 年江西户

---

① 对比 CHIP 等国内调查数据，2017 年 CMDS 是目前研究全国层面最为详尽的数据之一。

籍流动人口在流入地的信息，并将其与国家统计局"城乡统计代码"进行统一，进而可以获取江西农村户籍流动人口在全国层面大部分地区的空间分布，如图 6-29 所示，可知和前述分析一致，如图 6-8 所示，江西省以省内流动为主，同时江西户籍的流动人口在上海、浙江、福建、广东等南方沿海地区分布较多，在北方地区的京津冀、陕西和河南郑州等地分布也多。

流动人口流动的空间区位选择多与流入地的经济社会发展水平、基础设施和公共服务质量紧密相关。从江西农村户籍流动人口在流入地的留居原因可知，近80%的江西农村流动人口样本选择了谋求子女更好的教育机会，近70%选择流入地的个人发展空间较大，积累工作经验和收入水平分别居第 3 和第 4，占比分别为 48% 和 39%，而选择流入地的医疗技术、城市基础设施以及流入地的社会网络的比例都较低，尤其是较少江西户籍流动人口对流入地的留居意愿是因为流入地的医疗条件。从江西户籍流动人口的年龄分布可看出，如图 6-30 所示，16～30 岁江西户籍流动人口年龄分布和全国水平基本持平，但 35～45 岁江西户籍流动人口比重显著高于全国水平，这部分年龄阶段人群其子女大多处于小学和初中求学阶段，这个年龄段流动人口自然偏向于选择子女教育机会较多的城市。

（二）省内流动人口就业情况

江西省内流动人口多从事服务业，农业和制造业从业比重低于全国水平，职业主要为经商和从事生活服务类，省外江西户籍流动人口为制造工人的比重高于省内和全国水平。从就业的产业部门来看，和全国流动人口样本趋势类似，江西户籍流动人口就业结构服务业趋势明显。2017 年江西省流动人口在服务业就业比重为 49.16%，不仅大于江西户籍流动人口在制造业部分就业比重 43.79%，而且也大于全国流动人口样本在服务业就业比重 48.79%，这表明江西户籍流动人口就业结构偏服务业。为区分江西户籍流动人口和江西省内吸纳流动人口的就业结构差异，本文提取了江西户籍流动人口的样本，可知江西省内流动人口就业结构服务业化比重较高，为 57.18%，大于江西户籍流动人口在服务业就业比重 49.16%，这表明外地流

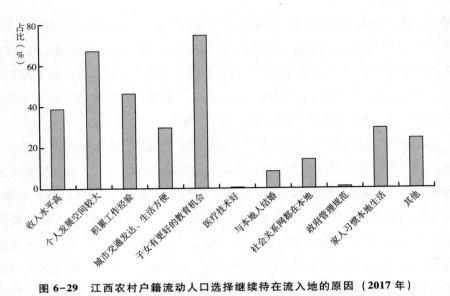

图 6-29　江西农村户籍流动人口选择继续待在流入地的原因（2017 年）

资料来源：作者根据国家卫健委 2017 年 CMDS 第 316 个问题"您打算留在本地的主要原因是什么？"计算。

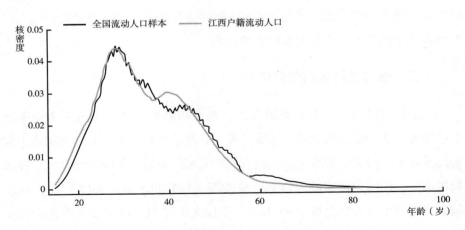

图 6-30　江西户籍流动人口年龄核密度分布（2017 年）

资料来源：作者根据国家卫健委 2017 年 CMDS 数据计算。

动人口在江西省内也主要在服务业部门就业。为区分江西省内流动和省外流动的流动人口就业结构，首先，对在江西省内流动的农业转移人口，其在服务业部门就业比重为 57.83%，也大于其在制造业部门就业比重 34.37%；
其次，对在省外流动的江西户籍农业转移人口，尽管其在服务业部门就业比
重（49.04%）仍然大于制造业（43.65%），但省外流动的江西户籍农业转
移人口在制造业比重为 43.65%，其大于江西省内流动的江西户籍农业转移
人口在制造业就业的比重 33.36%，这表明江西省内江西户籍农业转移人口
多在服务业部门就业，而外出就业的江西户籍农业转移人口在制造业就业比
重较之省内高。

表 6-9　2017 年江西省流动人口就业的产业部门对比

单位：%

不同类型流动人口	农业	制造业	服务业
全国流动人口	1.52	42.06	48.79
江西省内流动人口	0.30	35.48	57.18
江西户籍流动人口（含省内和省外）	0.22	43.79	49.16
江西省内流动的江西户籍农业转移人口	0.35	33.36	58.08
江西省外流动的江西户籍农业转移人口	0.24	43.65	49.04

资料来源：作者根据国家卫健委 2017 年 CMDS 数据计算，还有工业就业部门缺失样本，因此农
业、制造业和服务业比重之和小于 100%，特说明。

从江西户籍流动人口就业的职业类型来看，江西户籍流动人口从事商业
活动比例为 36.88%，高于全国水平（30.16%）。江西户籍流动人口从事制
造业的比重为 13.80%，高于全国水平；从事其他生产和运输设备操作的比
重为 4.02%，也大于全国平均水平 3.57%。对江西省内流动人口而言，从
事商业活动比重最高，为 42.15%，从事餐饮、保洁、保安、外卖等生活服
务类比重为 18.30%，低于全国平均水平 19.31%。江西省内流动的江西户
籍农业转移人口从事商业活动和生活服务类比重最高，分别为 41.56% 和
21.07%，高于全国平均水平；在省内流动的江西户籍农业转移人口从事建
筑、制造业和运输业的比重低于全国平均水平，分别为 3.43%、8.68%、
1.45%，而生产和运输设备操作人员比重为 4.32%，高于全国平均水平

（3.57%）。对在省外流动的江西户籍农业转移人口而言，从事商业活动和生活服务类的就业岗位的比重分别为 37.89% 和 18.71%，均低于省内流动同类人群，从事制造业比重较高，为 14.93%，远高于全国平均水平（8.75%）和江西省内制作业就业的江西户籍农业转移人口（8.68%），其余比重则相差不大。这表明江西户籍流动人口外出经商和从事城市服务业工作岗位的比重较高；对江西户籍农业转移人口而言，在省内以服务业就业为主，在省外则以服务业和制造业就业并重，且在制造业就业的比重显著高于江西省内的江西户籍农业转移人口。

表 6-10　2017 年江西省流动人口就业的主要职业类型

单位：%

不同类型流动人口	商业活动	生活服务类	建筑工人	制造业工人	运输业工人	其他生产和运输设备操作人员
全国流动人口	30.16	19.31	3.55	8.75	2.03	3.57
江西省内流动人口	42.15	18.30	3.00	8.75	1.08	4.85
江西户籍流动人口（含省内和省外）	36.88	18.45	3.12	13.80	1.13	4.02
江西省内流动的江西户籍农业转移人口	41.56	21.07	3.43	8.68	1.45	4.32
江西省外流动的江西户籍农业转移人口	37.89	18.71	3.29	14.93	1.14	4.08

注：根据 2017 年 CMDS 问卷，商业活动为经商、商贩、餐饮等。生活服务类包括家政、保洁、保安、装修、快递及其他。

资料来源：作者根据国家卫健委 2017 年 CMDS 数据计算。

（三）省外回流落户需求

促进江西农业转移人口从省外回流落户具有潜在需求。本文聚焦江西户籍的农业转移人口，利用 2017 年 CMDS 数据计算江西户籍农村流动人口的土地权益构成，如图 6-31 所示，2017 年江西户籍农村流动人口样本中 48.47% 拥有农村土地承包权，78.81% 拥有宅基地使用权，2.17% 拥有集体收益分配权，与全国农业转移人口相比而言，拥有农村土地承包权的江西户籍农业转移人口比重低于全国水平（53.62%），而拥有宅基地使用权的江西户籍农业转移人口比重也高于全国水平（68.77%），拥有农村集体收益分配权的江西户籍农业转移人口占比也低于全国水平，但从中部地区来看，以农村土地承包权为例，江西省流动人口拥有农村土地承包权的比重高于中部地区（5.47%）。

从不同类型农业转移人口的农村产权情况来看，与全国农业转移人口的平均水平相比较，如表 6-11 所示，除宅基地使用权外，江西户籍农业转移人口（含省内和省外）农村土地权益都低于全国水平，农村土地承包权、村集体收益分配权分别低于全国水平 4.21 个百分点、0.26 个百分点，而宅基地使用权高于全国农业转移人口的平均水平 9.09 个百分点，这表明江西户籍农业转移人口宅基地存量较高。从江西省内的农业转移人口来看（也包括外省流入江西省的农业转移人口），拥有宅基地使用权比重（77.41%）也高于全国平均水平，农村土地承包权和村集体收益分配权和全国水平基本持平。从江西省内流动的江西户籍农业转移人口来看，拥有宅基地使用权的江西农业转移人口比重依然较高，其比重为 76.33%，拥有农村土地承包权的比重为 50.95%，不仅低于全国水平（53.62%），而且也低于江西省内流动的农业转移人口拥有土地承包权的比重（含省外流入）。对在外省流动的江西户籍农业转移人口而言，拥有农地承包权比重低于在省内流动的同类人群，仅为 48.47%，而拥有宅基地使用权比重为 78.81%，其和省内流动的同类人群相差不大。省内流动的江西户籍农业转移人口拥有农村土地承包权占比高于省外流动的江西户籍农业转移人口 2.48 个百分点。另外，拥有村集体收益分配权的比重都较低，这表明村集体企业收益分配较少，其收入来源并不依赖于本地村集体收益分配权，这也是农业转移人口外出就业的主要原因。

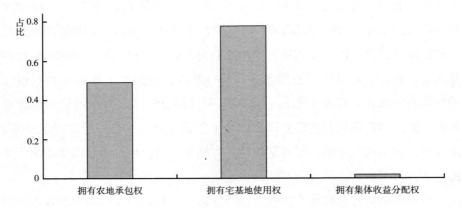

图 6-31　江西户籍农村流动人口的土地权益（2017 年）

资料来源：作者根据国家卫健委 2017 年 CMDS 数据计算。

表 6-11　江西及全国的不同类型农业转移人口的农村产权情况（2017 年）

不同类型农业转移人口	农村土地承包权	宅基地使用权	村集体收益分配权	进城落户意愿	流入地留居意愿
全国农业转移人口	53.62	68.77	2.46	35.27	81.73
江西户籍农业转移人口（含省内和省外）	49.41	77.86	2.20	30.00	79.53
江西省内流动的农业转移人口（含本省和外省）	52.11	77.41	2.49	23.66	79.71
江西省内流动的江西户籍农业转移人口	50.95	76.33	2.25	26.40	81.93
江西省外流动的江西户籍农业转移人口	48.47	78.81	2.17	32.21	78.05

资料来源：作者根据国家卫健委 2017 年 CMDS 数据计算。

　　从农业转移人口的进城落户意愿和在流入地的留居意愿来看，江西户籍农业转移人口的进城落户意愿和在流入地的留居意愿都低于全国层面的农业转移人口，如表 6-11 所示，分别低 5.27 个百分点和 2.20 个百分点。从在江西省内流动的农业转移人口来看，其进城落户和留居意愿都较低，尤其是进城落户意愿，低于全国平均水平 11.61 个百分点，留居意愿也低 2.02 个百分点，这表明江西省内城镇化动力还不高，农业转移人口市民化必须要解决好农村流动人口迁移的"人-地"双重属性问题。进一步聚焦江西户籍的农业转移人口，省内流动者有进城落户意愿的仅占 26.40%，低于江西户籍农业转移人口整体留居意愿（30%），也低于全国平均水平，这意味着江西城市户籍对农业转移人口进城落户吸引力不高，但从留居意愿来看，在常住地居住意愿都较高，还略高于全国水平 0.2 个百分点。省外流动的江西户籍农业转移人口在流入地的进城落户意愿高于省内同类别人群（高 5.81 个百分点），但在外省流入地的留居意愿是低于省内城市的，这意味着外流的江西户籍农业转移人口进城落户的潜在需求是有的，理论是可以将省外流动人口吸引回流至本地进城落户的。

以农业承包地为例，本文进一步分析农业转移人口进城落户意愿、在流入地留居意愿和农村承包地的关系，首先，对省内流动和省外流动的江西户籍农业转移人口，如图 6-32~图 6-33 所示，从相关性角度来看，无论在省内流动，还是在省外流动，江西户籍农业转移人口的进城落户意愿和拥有农村承包地呈现显著的负向关系，这也进一步验证了"农村三权"具有降低农业转移人口户籍迁移意愿的滞留效应（陈思创等，2022）。但从留居意愿来看，江西户籍农业转移人口在省内留居意愿和农村承包地是正向关系，而省外流动的江西户籍农业转移人口的留居意愿则为负（见图 6-34~6-35），这也进一步证实外流的江西户籍农业转移人口具有回省落户的潜力。

（四）农业转移人口进城落户

在上述研究总结的典型事实基础上，本文进一步利用流动人口动态监测数据（2017 CMDS）对城乡要素分割如何影响全国和江西农业转移人口市民化和留居意愿等问题进行定量研究。参考已有研究（夏怡然，陆铭，2015；陈丹等，2017；周文等，2017；张国胜，聂其辉，2019），本文研究的被解释变量为农业转移人口的留居意愿（city_ yes）和进城落户意愿（city_ hukouyes），核心解释变量为农村土地权益，分别为农村土地承包权（rural_ farmland）、农村宅基地使用权（rural_ buildland）和集体经营收益分配权

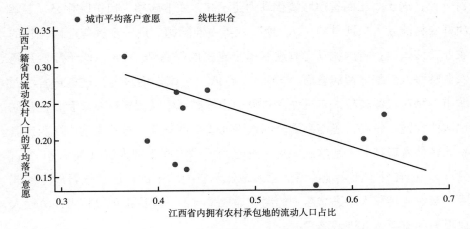

图 6-32 江西户籍省内流动农业转移人口进城落户和农村承包地关系（2017 年）

资料来源：作者根据国家卫健委 2017 年 CMDS 数据计算。

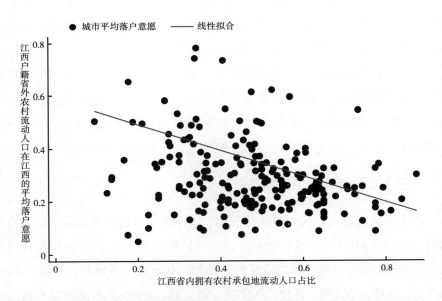

图 6-33 江西户籍省外流动农业转移人口进城落户和农村承包地关系（2017 年）

资料来源：作者根据国家卫健委 2017 年 CMDS 数据计算。

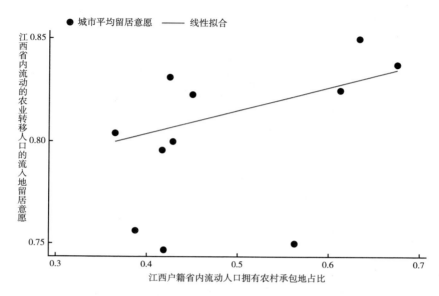

**图 6-34　江西户籍省内流动农业转移人口在流入地的
留居意愿和农村承包地关系（2017 年）**

资料来源：作者根据国家卫健委 2017 年 CMDS 数据计算。

（*rural_ jitibonus*），则计量模型如下：

$$
\gamma_{ri} = \sum_{k=1}^{3} \beta_{1k} \{ rural\_farmland, rural\_buildland, rural\_jitibonus \}_{rik}
$$
$$
\beta_0 + \beta_2 \{ X_{ri} \} + \varepsilon_r + o_i + v_{ri}
$$
（1）

式中，γ_{ri} 为被解释变量，本文被解释变量分别是农业转移人口的留居意愿和进城落户意愿，二者对 CMDS 2017 问卷中选择 "是" 都赋值为 1，"否" "不愿意" "没想好" 等赋值为 0[①]。对控制变量 $\{ X_{ri} \}$ 而言，考虑数据统一性和可获得性，在参考已有研究基础上（夏怡然，陆铭，2015），本文首先选择外生的个体特征变量作为控制变量，分别为年龄、性别、婚姻状况、持续流动时间；其次，考虑是否参加流入地医保也能影响留居意愿和落户意愿，同时也考虑农村流动人口户籍因素和对公共服务的选择偏好（夏

---

① 农业转移人口的进城落户意愿和留居意愿问题为第 313 个问题和第 314 个问题。

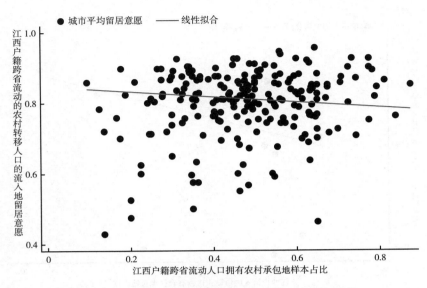

**图 6-35　江西户籍省外流动农业转移人口在流入地的
留居意愿和农村承包地关系（2017 年）**

资料来源：作者根据国家卫健委 2017 年 CMDS 数据计算。

怡然，陆铭，2015），本文引入参加医保作为控制变量。考虑居住证也能影响流动人口获取流入地的城市公共服务，本文同时也引入是否拥有流入地的居住证来作为控制变量。为避免遗失变量导致的估计偏差，由于流动人口外出就业多为追求高工资（童玉芬，王莹莹，2015；踪家峰，周亮，2015），本文还引入在流入地的月工资和租房作为控制变量。另外，β_0、β_2 和 β_{1k} 分别为相关变量的系数，ε_r、o_i 分别为区域（或城市）r 和个体 i 的误差项，v_{ri} 为同时影响区域、城市或个体的误差项。

考虑留居意愿和进城落户意愿是 0～1，本文采用 logit 回归方法进行分析，考虑 logit 分析系数并没有直接的经济含义，本文选用似然比（odds ratio）作为结果形式输出，可以直观地看出选择概率的定量表示。当似然比大于 1，则表明相关变量系数为正；反之，当似然比小于 1，则表明相关变量系数为负，变量显著性则和一般回归相同。在分析时，为避免估计误差等影响，本文还引入了流入地城市的虚拟变量。

　　具体回归分析结果如表6-12所示，在全国层面，见表6-12的回归（1）和回归（4），可知拥有农业承包地和集体收益分配权对农业转移人口的留居意愿影响都显著为正，但"农村三权"都负向影响农业转移人口的落户意愿，如表6-12回归（4），拥有农业承包地、宅基地和村集体收益分配权降低了进城落户意愿，这表明城乡要素市场分割造成农业转移人口"人-地"分离，显著降低了农业转移人口市民化意愿，但农业承包地和集体收益分配权对其留居意愿影响显著为正，这与李国正（2020）研究结论保持一致。更为重要的是，农村宅基地也降低了农业转移人口留居意愿和进城落户意愿，前者在统计意义上不显著。对江西而言，"农村三权"也显著降低了进城落户意愿，见表6-12回归（5）～回归（6），仅集体收益分配权变量影响效果不显著，对江西户籍省内流动农业转移人口，农业承包地和宅基地显著降低了，负向影响效果大于全国层面农业转移人口。对江西户籍省外流动农业转移人口而言，"农村三权"负向影响效果均不显著，如表6-12回归（3）和回归（6）所示，这表明"农村三权"对出省就业的江西户籍农业转移人口的流动行为影响并不显著，其出省就业主要追求工资溢价（童玉芬，王莹莹，2015；陈思创等，2022）。上述"农村三权"对全国和江西户籍农业转移人口的影响表明，其中，"农村三权"对江西省内流动的农业转移人口进城落户影响更大，而对江西省外流动的江西户籍农业转移人口影响不大。

　　对其余控制变量而言，工资和流入地的租房成本和理论预期一致，工资显著影响了农业转移人口在流入地的留居意愿和进城落户意愿，但由于高居住成本地方通常也是高收入就业地区，因此工资和租房的影响效应基本保持一致。就流动个体特征而言，年龄越高，其在外地留居意愿和进城落户意愿大多为负，这也进一步表明推进农业转移人口市民化具有一定的"时间窗口"。就婚姻状况而言，已婚的农业转移人口样本的留居意愿和进城落户意愿都较高，对江西户籍农业转移人口，仅对留居意愿影响的显著性水平较高。对全国层面农业转移人口样本，流动持续时间越长，其留居意愿和进城落户意愿也越高，对江西样本，持续流动时间长对在流入地的留居意愿显著

表6-12 2017年全国及江西农业转移人口留居和进城落户意愿

似然比	留居意愿			进城落户意愿		
	(1)全国层面留居意愿	(2)江西户籍省内流动农业转移人口留居意愿	(3)江西户籍省外流动农业转移人口留居意愿	(4)全国层面进城落户意愿	(5)江西户籍省内流动农业转移人口进城落户意愿	(6)江西户籍省外流动农业转移人口进城落户意愿
是否有农业承包地(有1,无0)	1.165***	1.173	1.143	0.842***	0.753**	0.949
	(8.44)	(1.22)	(1.27)	(-11.48)	(-2.46)	(-0.55)
是否有宅基地(有1,无0)	0.987	0.906	1.087	0.773***	0.714***	0.832
	(-0.65)	(-0.65)	(0.67)	(-15.54)	(-2.66)	(-1.60)
是否享受集体收益分配权(有1,无0)	1.125**	1.396	0.804	0.920*	0.807	1.046
	(2.17)	(0.79)	(-0.70)	(-1.94)	(-0.60)	(0.16)
农村户籍流动人口在户籍地是否有医保(有1,无0)	0.778***	0.960	0.883	0.794***	0.857	0.799**
	(-11.89)	(-0.24)	(-0.95)	(-14.36)	(-1.06)	(-2.02)
每月工资(元/月)	1.000***	1.000***	1.000***	1.000***	1.000	1.000
	(13.78)	(3.51)	(4.26)	(4.07)	(1.17)	(1.16)
每月租房成本(元/月)	1.000***	0.999*	1.000***	1.000***	0.999	1.000***
	(10.09)	(-1.79)	(2.44)	(7.99)	(-0.82)	(2.80)
年龄(岁)	0.979***	0.986*	0.984***	0.997***	0.993	1.004
	(-22.35)	(-1.89)	(-2.70)	(-4.50)	(-1.09)	(0.71)
性别(男1,女0)	1.030*	0.919	1.082	1.001	0.913	1.147
	(1.76)	(-0.69)	(0.81)	(0.05)	(-0.85)	(1.52)
婚姻状况(已婚1,未婚及其他0)	1.704***	1.779***	2.072***	1.021	1.080	1.295*
	(21.99)	(3.27)	(4.96)	(0.97)	(0.49)	(1.77)

续表

似然比	留居意愿			进城落户意愿		
	(1)全国层面	(2)江西户籍省内流动农业转移人口	(3)江西户籍省外流动农业转移人口	(4)全国层面	(5)江西户籍省内流动农业转移人口	(6)江西户籍省外流动农业转移人口
	留居意愿	留居意愿	留居意愿	进城落户意愿	进城落户意愿	进城落户意愿
持续流动时间（年）	1.038***	1.035**	1.039***	1.015***	0.976**	1.015*
	(23.54)	(2.54)	(3.74)	(12.42)	(-2.10)	(1.79)
是否有居住证（有1，无0）	1.154***	1.156	1.336**	1.285***	1.510***	1.344**
	(7.79)	(1.09)	(2.38)	(15.60)	(3.61)	(2.47)
城市固定效应	控制	控制	控制	控制	控制	控制
LR chi²	6285.27	56.71	305.31	13386.09	84.33	437.58
Pseudo R²	0.0579	0.0286	0.0928	0.0910	0.0351	0.1131
样本数 N	113910	2090	3102	113909	2090	3007

注：1. p* <0.1，p** <0.05 和 p*** <0.01 分别表示在10%、5%和1%的水平上通过了显著性检验。Odds ratio 为似然比，括号中数值为 z 检验值。

2. 根据2017年CMDS问卷规定，本文将初婚、再婚、丧偶、离婚、同居都归类为已婚人群样本。

资料来源：作者根据2017年CMDS数据整理计算。

为正，但对进城落户意愿显著性水平逐步降低，对江西省内流动的江西本地户籍农业转移人口进城落户意愿显著为负，这表明长期持续流动不利于推进农业转移人口进城落户。另外，获得流入地的居住证显著影响了流入地的留居意愿和落户意愿，尤其是对进城落户影响更为显著。

四 结论和政策启示

推进新型城镇化有利于实现经济持续增长，目前中部地区的城镇化水平还滞后于全国水平，同时中部地区外流人口较多，外流劳动力持续流动时间较长，在外流劳动力回流趋势下，有必要立足劳动力流动的经济规律，打通城乡要素双向流动壁垒，扩大医疗、教育等城市公共服务对农村地区和常住地外来流动人口的覆盖面，激发中部地区农业转移人口进城落户潜在需求，有效提升农业转移人口市民化和城镇化质量。

（一）推进县域公共服务城乡全覆盖

由于中部地区是劳动力外流的主要地区，尤其是农业转移人口，因而推进以县城为重要载体的城镇化建设重点在中部地区，应逐步统一城乡基本公共服务标准，打破城乡制度分割，提高城市公共服务供给能力，将城市公共服务向农村地区延伸覆盖，进而提升城市对乡村带动能力。本文研究表明农业转移人口大多在户籍地参加医保，而在流入地参加医保比重较低，农业转移人口在户籍地参加医保将会降低在流入地的留居意愿和落户意愿。那么，无论在流入地城市，还是在户籍地，当其都能够提供均等的公共服务时，这必将能显著增强农业转移人口的落户意愿。

分析表明，江西籍外流的农业转移人口具有从省外回流的较大潜在需求，应及时把握江西籍农业转移人口的落户需求，在推进劳动力回流的同时，健全常住地的基本公共服务提供机制，将常住地基本公共服务提供门槛和稳定就业居住年限、社保缴纳年限对标，降低教育学历、职称权重要求，逐步消除居住证持有人与户籍人口享有的基本公共服务差距，进一步缩小居住证和户籍间福利差距，推动有意愿回流和落户人口尽快落户。另外，以县域为载体重点推进教育、住房、医疗等公共服务供给实现城乡全覆盖，发展城乡教育联合体，深化义务教育阶段的教师"县管校聘"管理改革，加强县城教育资源土地和财政资金配套支持，将教育资源支持力度和吸纳农村子女入学数量挂钩。推进城乡医疗资源整合，以县城医院为载体建立县域医疗卫生共同体，提高乡镇卫生院医疗服务能力，实现"小病就近、大病入县"。应合理引导灵活就业农民工按规定自愿参加职工基本医疗保险和城镇职工基本养老保险。

（二）构建城乡要素平等交换制度性通道

目前城乡要素分割造成农业转移人口"人-地"属性分离，本文初步研究也发现承包地、宅基地等农村土地权益降低了农业转移人口的落户意愿。党的十九大作出了实施乡村振兴战略的重大决策部署，"加快打通城乡要素平等交换、双向流动的制度性通道"是协调推进乡村振兴战略和新型城镇化战略的关键着力点，大规模农业转移人口有效稳定落户的城乡人口空间再配置问题已成为制约城乡统一要素市场形成的焦点问题，应加快构建城乡要素平等交换、双向流动的制度性通道，促进农业转移人口"人-地"落户收益与进城落户协调。

农村土地制度和户籍制度影响了城乡要素平等双向流动，应在依法保障进城落户农民的农村土地承包权、宅基地使用权、集体收益分配权基础上，支持有意愿依法自愿转让农村土地权益的农业转移人口进城落户，保障不愿放弃农村各项权益的本地进城农村居民和异地转入常住人口平等享有城镇居民基本公共服务权。将农村权益的基本保障功能进一步明确为农村户籍权益，构建城市和农村户籍的转变制度通道，打破以往农村向城市单向流动通道，在保障农村居民户籍权益基础上形成城市高技能人才能下乡创业、农村居民乐于进城留居的共赢局面。建立健全城乡统一的建设用地市场，完善农村农地产权流转市场体系，健全"农村三权"市场化退出机制和配套政策，在自愿参与的条件下支持农户将宅基地和承包地的使用权合法转让、租借给企业用于发展农村产业，并形成农户稳定收入，避免承包地撂荒和提高农地生产效率。稳妥有序推进农村集体经营性建设用地入市，鼓励城市资本下乡参与发展农村产业、带动农村经济发展。促进城乡人力资源双向流动，支持城市专业技术人才、科研人员、企业家下乡参与乡村建设和农村产业发展。

（三）准确把握劳动力回流趋势和落户需求

劳动力向高收入地区流动是劳动力空间流动的客观经济规律，高就业收入回报的地区通常经济水平和人力资本水平也较高，而实现经济持续增长的内生动力则来源于人力资本累积。具有高技能水平的劳动力则是人力资本的重要组成部分，相关研究表明，人力资本较高的地区，能够更快地实现经济结构转型，而城乡人力资本差距过大则不利于本地区经济增长。目前城乡劳动力迁移频繁，同时，随着中西部农业转移人口向户籍地省份回流，实现中部崛起的关键在于有效抓住劳动力回流机遇，加快以县域为载体实现稳定的就近城镇化。

依托县域经济发展平台，创造就地就近就业岗位，增强县城集聚人口功能。推进城乡产业一体化发展，提供城乡高质量就业岗位。发展现代农业，延长农业产业链，提高农产品附加值，进而提高农业从业者收入水平，放大农村就业的劳动力市场信号。首先不断完善农村产业融合发展体系，促进农村地区农业、制造业和服务业融合发展，促进乡村产业多模式融合，打造高品质特色农产品电商平台，培育乡村高收入就业增长点。其次，促进对高技能人才的激励，服务地方发展大局，推动融合发展，通过对口帮扶、产业园共建、项目转移、科研人员交流、城市科研人员到乡村创新创业等举措实现高技能人才合理流动。支持大学生创业和留学归国人员服务农村，积极引导有干劲的企业家、农民工、退役军人返乡创业。推进农村基础设施建设，实现城乡基础设施互通，推进县城城乡基础设施提级扩容，提高人口居住承载力。继续推进农村地区基础设施改造，在重大项目改造和农村基础设施改造项目中更多地雇用当地农村劳动力参与，以工代赈，吸纳本地农业转移人口加入基础设施后期维护和管理。

参考文献

Friedmann, J., *Regional Development Policy*: *A Case Study of Venezuela*, Cambridge: MITPress, 1966.

Fujita, M., Krugman, P., Venables, A. J., *The Spatial Economy*: *Cities*, *Regions and International Trade*, Cambridge: MIT Press, 1999.

Lewis, W. A., "Economic Development with Unlimited Supplies of Labour", *The Manchester School of Economic and Social Studies*, 1954, 22: 139-191.

Northam, R. M., *Urban Geography*, New York: John Wiley & Sons, 1979.

"城镇化进程中农村劳动力转移问题研究"课题组，张红宇：《城镇化进程中农村劳动力转移：战略抉择和政策思路》，《中国农村经济》2011 年第 6 期。

陈斌开、林毅夫：《发展战略、城市化与中国城乡收入差距》，《中国社会科学》2013 年第 4 期。

陈丹、任远、戴严科：《农地流转对农村劳动力乡城迁移意愿的影响》，《中国农村经济》2017 年第 7 期。

陈思创、曹广忠、刘涛：《中国农业转移人口的户籍迁移家庭化决策》，《地理研究》2022 年第 5 期。

陈钊、陆铭：《从分割到融合：城乡经济增长与社会和谐的政治经济学》，《经济研究》2008 年第 1 期。

简新华、黄锟：《中国城镇化水平和速度的实证分析与前景预测》，《经济研究》2010 年第 3 期。

雷潇雨、龚六堂：《城镇化对于居民消费率的影响：理论模型与实证分析》，《经济研究》2014 年第 6 期。

李国正：《农地权益保障与农业转移人口市民化》，《中国土地科学》2020 年第 10 期。

李强、陈宇琳、刘精明：《中国城镇化"推进模式"研究》，《中国社会科学》2012 年第 7 期。

刘涛、齐元静、曹广忠：《中国流动人口空间格局演变机制及城镇化效应——基于 2000 和 2010 年人口普查分县数据的分析》，《地理学报》2015 年第 4 期。

秦蒙、刘修岩、李松林：《城市蔓延如何影响地区经济增长？——基于夜间灯光数据的研究》，《经济学（季刊）》2019 年第 2 期。

陶然、徐志刚：《城市化、农地制度与迁移人口社会保障——一个转轨中发展的大国视角与政策选择》，《经济研究》2005 年第 12 期。

童玉芬、王莹莹：《中国流动人口的选择：为何北上广如此受青睐？——基于个体成本收益分析》，《人口研究》2015 年第 4 期。

王丽莉、乔雪：《我国人口迁移成本、城市规模与生产率》，《经济学（季刊）》2020 年第 1 期。

王小鲁：《中国城市化路径与城市规模的经济学分析》，《经济研究》2010 年第 10 期。

夏怡然、陆铭：《城市间的"孟母三迁"——公共服务影响劳动力流向的经验研究》，《管理世界》2015 年第 10 期。

张国胜、聂其辉：《乡村振兴视角下我国户籍制度的双向改革研究》，《云南民族大学学报》（哲学社会科学版）2019 年第 4 期。

赵显洲：《我国城市化与经济发展相互关系的动态分析》，《中国软科学》2006 年第 9 期。

中国经济增长与宏观稳定课题组 陈昌兵、张平、刘霞辉、张自然：《城市化、产业效率与经济增长》，《经济研究》2009 年第 10 期。

周文、赵方、杨飞、李鲁：《土地流转、户籍制度改革与中国城市化：理论与模拟》，《经济研究》2017 年第 6 期。

朱孔来、李静静、乐菲菲：《中国城镇化进程与经济增长关系的实证研究》，《统计研究》2011 年第 9 期。

踪家峰、周亮：《大城市支付了更高的工资吗?》，《经济学（季刊）》2015 年第 4 期。

第七章

江西农业农村发展：现状与未来

张　琛[*]

党的十九大报告提出了实施乡村振兴战略。实施乡村振兴战略的总要求是产业兴旺、生态宜居、乡风文明、治理有效、生活富裕。2021 年 5 月，习近平总书记视察江西时指出，要推进农业农村现代化，夯实粮食生产基础，坚持质量兴农、绿色兴农，不断提高农业综合效益和竞争力。近年来，江西的农业综合生产能力不断提升、乡村产业融合程度不断加深、农民生活水平稳步提升。江西省作为农业大省，具备实施乡村振兴战略的基础与条件。尤其是，改革开放以来，江西农业和农村走出了一条探索、进步、改革的发展之路，农业农村发展态势稳中向好，取得了历史性成就，发生了历史性变革。

一　江西农业农村发展现状与判断

（一）综合生产能力突出

从农业综合生产能力上看，江西主要农产品的产出取得了可喜成绩。江西省农业综合生产能力大幅提升。其中，粮食产量从 1978 年的 1125.74 万

　＊　张琛，中国社会科学院人口与劳动经济研究所助理研究员。

吨增加到 2020 年的 2098.52 万吨，生猪年末存栏量从 1978 年的 944.3 万头增加到 2020 年的 1577.4 万头，肉类总产量从 1978 年的 26.27 万吨增加到 2020 年的 292.5 万吨，园林水果产量从 1978 年的 2.9 万吨增加到 2020 年的 387.65 万吨，水产品产量从 1978 年的 5.93 万吨增加到 2020 年的 222.81 万吨，茶叶产量从 1985 年的 14291 吨增加到 2020 年的 71603 吨（见表 7-1）。江西省作为粮食主产区的地位不断巩固，农业农村领域的稳定发展为江西省经济社会的持续健康发展提供了有力支撑。

表 7-1　改革开放以来江西主要农产品产量变化情况

年份	粮食产量（万吨）	生猪年末存栏量（万头）	肉类总产量（吨）	园林水果产量（吨）	水产品产量（万吨）	茶叶产量（吨）
1978	1125.74	944.3	262704	29229	5.93	—
1980	1296.5	1004.7	313749	60190	6.73	—
1985	1240.04	1018	380490	56126	7.55	14291
1990	1268.71	1006.6	411140	70870	8.58	19415
1991	1408.74	1023.3	441368	73356	9.4	18554
1992	1460.45	1079.4	458122	89348	11.55	18239
1993	1549.18	1138.8	547967	89485	13.01	20403
1994	1533.54	1232.5	642514	107543	16.02	21375
1995	1453.77	1344.1	777126	161274	19.28	20341
1996	1562.77	1387.6	838692	172879	22.59	20543
1997	1535.43	1454.5	978268	146135	25.59	19215
1998	1589.62	1486.5	1040340	229708	28.12	17530
1999	1658.2	1547.3	1117438	232983	30.68	17125
2000	1625.7	1589.6	1239667	334161	33.93	15703
2001	1566	1656.6	1410488	140914	41.32	13792
2002	1517.1	1781	1676110	208141	55.49	13236
2003	1603.5	1867.1	1976564	303658	69.48	12539
2004	1607.4	1951	2193984	427637	84.04	13451
2005	1766.3	1978.7	2219302	503928	100.1	16691
2006	1767.7	1979.8	2275735	676384	115.08	17557
2007	1555.5	1799.6	2147125	454628	118.35	20908
2008	1732.7	1554.3	1982708	703877	122.12	22977
2009	1614.6	1473.5	1923111	423403	127.12	26359

年份	粮食产量（万吨）	生猪年末存栏量（万头）	肉类总产量（吨）	园林水果产量（吨）	水产品产量（万吨）	茶叶产量（吨）
2010	1600	1406.5	1931396	577314	132.26	29808
2011	1549.5	1309.4	1967198	652276	138.2	35039
2012	1450.3	1362.7	2013931	777691	146.06	38662
2013	1803.4	1421.3	2200265	1023742	156.34	42999
2014	1853.86	1485.4	2448110	1302821	168.66	44339
2015	1896.52	1344.1	2402215	1609336	179.95	51868
2016	1912.41	1421.3	2459720	2181603	196.06	57528
2017	1975.43	1511.3	2568921	2753566	190.39	61399
2018	2029.24	1573.2	2742976	3270764	205.3	65362
2019	1989.45	1546.1	2875568	2971285	215.34	66778
2020	2098.52	1577.4	2925153	3876539	222.81	71603

资料来源：历年江西统计年鉴。

从农业产值上看，江西农业综合实力稳步提升。江西省农林牧渔总产值从 1978 年的 492900 万元增加到 2020 年的 38207354 万元；农业总产值从 1978 年的 364752 万元增加到 2020 年的 16898824 万元，农林牧渔业商品化率也从 1978 年 35.7% 增加到 2020 年的 72.5%（见表 7-2）。

表 7-2 改革开放以来江西农林牧渔总产值及商品化情况

年份	农林牧渔总产值（万元）	农业总产值（万元）	林业产值（万元）	牧业产值（万元）	渔业产值（万元）	农林牧渔业商品化率（%）
1978	492900	364752	58723	63025	6400	35.7
1980	681508	482402	96038	95168	7900	41.1
1985	1145040	740353	141190	228397	35100	49.5
1990	2552437	1534586	239624	674764	103463	53.8
1991	2715836	1612274	288951	688523	126088	54.6
1992	2983528	1683513	315804	830611	153600	58.2
1993	3601064	1961358	314875	1095139	229692	60.1

年份	农林牧渔总产值（万元）	农业总产值（万元）	林业产值（万元）	牧业产值（万元）	渔业产值（万元）	农林牧渔业商品化率（%）
1994	5278602	2762704	375230	1776561	364107	63.8
1995	6317137	3316376	414590	2095348	490823	64.2
1996	7334888	3863193	463328	2311829	696538	66.9
1997	7855119	3946088	468592	2558551	881888	66.0
1998	7348844	3615365	476187	2383146	874146	65.7
1999	7502895	3881699	495903	2239960	885333	64.3
2000	7413543	3446961	579735	2217976	1000871	60.7
2001	7674396	3583299	605300	2261129	1042668	62.7
2002	7918643	3664496	649332	2339367	1099548	64.3
2003	8416300	3837127	704801	2540056	1185493	66.5
2004	10549211	4910558	790778	3249823	1431346	64.8
2005	11429925	5104715	873713	3650964	1625621	68.2
2006	12252714	5571936	1046051	3440455	1643115	68.3
2007	14232763	6230568	1253166	4310098	1819696	67.8
2008	16707526	6983471	1480574	5444099	2110607	68.0
2009	17197613	7360732	1574457	5246315	2303010	72.9
2010	18801649	8106770	1801451	5599251	2542855	73.1
2011	21751409	9311733	1969743	6966210	2704788	72.2
2012	23599561	10207446	2167966	7065268	3305289	72.9
2013	25296890	10947155	2371398	7397614	3668736	72.8
2014	26701795	11708268	2550057	7489530	3966009	72.9
2015	28083704	13618493	2706821	6546549	4152149	73.1
2016	30198718	14353075	2946136	7705092	4081116	72.3
2017	30690051	14892890	2964890	7096764	4530639	72.6
2018	31485736	15492192	3195550	6721756	4739156	72.4
2019	34812926	16242516	3428054	8889402	4765249	72.7
2020	38207354	16898824	3678079	11254054	4734952	72.5

资料来源：历年江西统计年鉴。

（二）农民收支稳步增长

从农民收入看，江西农民收入快速上升，以工资性收入为主。改革开放以来，江西农民收入水平快速上升。其中，农村居民家庭人均纯收入从1978 年的 140.7 元增加到 2020 年的 16981 元。分类别看，农村居民家庭人均纯收入中的工资性收入绝对水平从 1995 年的 319.69 元增加到 2020 年的7301.18 元，工资性收入相对水平从 1995 年的 20.79% 增加到 2020 年的43%，均呈现快速增长的趋势；农村居民家庭人均纯收入中的经营性收入水平从 1995 年的 1161.47 元增加到 2020 年的 5865.97 元，经营性收入相对水平从 1995 年的 75.55% 下降到 2020 年的 34.54%；农村居民家庭人均纯收入中的财产性收入从 1995 年的 14.51 元增加到 2020 年的 279.11 元，财产性收入相对水平从 1995 年的 0.94% 上升到 2020 年的 1.64%；农村居民家庭人均纯收入中的转移性收入从 1995 年的 41.69 元增加到 2020 年的 3534.58元，财产性收入相对水平从 1995 年的 2.71% 上升到 2020 年的 20.81%（见表 7-3）。随着经济社会的快速发展，江西农村居民分享着改革的红利，自身生活水平也在不断提升。江西农民收入结构中，工资性收入已成为主要收入来源，越来越多的农村居民"洗脚上田"从事非农产业。农村居民收入的增加，有助于缩小城乡收入差距。江西省历年统计公报的资料显示，城乡居民收入比从 2015 年底的 2.38∶1 下降至 2020 年底的 2.27∶1，城乡居民收入差距持续缩小。

表 7-3　改革开放以来江西农村居民家庭人均纯收入及构成情况

单位：元

年份	农村居民家庭人均纯收入	工资性收入	经营性收入	财产性收入	转移性收入
1978	140.7	—	—	—	—
1979	156.5	—	—	—	—
1980	181.24	—	—	—	—
1981	226.87	—	—	—	—
1982	269.71	—	—	—	—
1983	301.76	—	—	—	—
1984	334.11	—	—	—	—
1985	377.31	—	—	—	—
1986	395.63	—	—	—	—

年份	农村居民家庭人均纯收入	工资性收入	经营性收入	财产性收入	转移性收入
1987	429.29	—	—	—	—
1988	488.16	—	—	—	—
1989	558.64	—	—	—	—
1990	669.9	—	—	—	—
1991	702.53	—	—	—	—
1992	768.41	—	—	—	—
1993	869.81	—	—	—	—
1994	1218.19	—	—	—	—
1995	1537.36	319.69	1161.47	14.51	41.69
1996	1869.63	409.23	1395.7	11.24	53.47
1997	2107.28	461.71	1570.4	16.22	58.94
1998	2048	505.44	1436.08	18.46	88.02
1999	2129.45	614.98	1396.65	19.25	98.57
2000	2135.3	744.47	1319.94	18.8	52.09
2001	2231.6	805.09	1353.2	21.33	51.97
2002	2306.45	927.35	1302.62	20.65	55.83
2003	2457.53	1022.14	1357.37	28.93	49.09
2004	2786.78	1017.51	1670.18	24.48	74.6
2005	3128.89	1227.94	1786.41	25.78	88.76
2006	3459.53	1441.34	1863.5	35.13	119.57
2007	4044.7	1611.45	2212.73	55.97	164.55
2008	4697.19	1842.36	2552.59	66.55	235.69
2009	5075.01	2018.98	2685.31	80.41	290.31
2010	5788.56	2394.62	2919.42	100.21	374.31
2011	6891.63	2994.49	3421.42	111.52	364.19
2012	7829.43	3532.72	3742.43	120.92	433.36
2013	8781.47	4422.08	3683.81	190.96	484.62
2014	10116.6	3937.4	4106.5	153.3	1919.3
2015	11139.1	4393	4431.3	184.6	2130.2
2016	12137.7	4955	4692	204	2286
2017	13242	5609.2	4868.8	214.2	2549.6
2018	14460	6120.98	5271.9	235.5	2831.6
2019	15796	6699.2	5701.18	257.38	3138.53
2020	16981	7301.18	5865.97	279.11	3534.58

资料来源：历年江西统计年鉴。

从农民生活看，江西农村每百户耐用品拥有量快速上升。农村耐用品数量变化反映的是农村居民家庭生活水平的变化。江西农村居民每百户拥有的摩托车数量从 1995 年的 3.8 辆增加到 2020 年的 62.89 辆；农村居民每百户拥有的洗衣机数量从 1995 年的 1.1 台增加到 2020 年的 68.02 台；农村居民每百户拥有的电冰箱数量从 1995 年的 1.06 台增加到 2020 年的 97.86 台；农村居民每百户拥有的彩色电视机数量从 1995 年的 5.31 台增加到 2020 年的 125.49 台；农村居民每百户拥有的照相机数量从 1995 年的 0.53 台增加到 2020 年的 2.17 台（见表 7-4）。随着经济社会的快速发展，江西农村居民拥有的耐用品数量快速提升，每家每户基本实现了彩色电视机、电冰箱的全覆盖，农村每家拥有两台彩色电视机的家庭数量也在增加。值得一提的是，越来越多的农村居民家庭购买了家用汽车，2020 年每百户拥有家用汽车的数量为 22.46 辆。

表 7-4 江西农村每百户耐用品拥有情况

年份	摩托车（辆）	洗衣机（台）	电冰箱（台）	彩色电视机（台）	照相机（台）
1995	3.8	1.1	1.06	5.31	0.53
1996	7.76	1.55	2	10.24	0.86
1997	9.71	1.92	2.82	13.31	1.1
1998	12.24	2.08	3.39	19.88	0.94
1999	15.59	2.45	3.96	24.61	1.27
2000	17.47	3.55	3.63	30.16	2.08
2001	20.41	3.27	4.73	35.92	1.96
2002	22.98	4.53	4.78	41.55	1.88
2003	27.84	5.39	6.29	52.04	1.59
2004	33.8	6.65	6.45	62.2	2
2005	43.39	7.02	10.53	82.33	1.84
2006	48.33	7.39	12.33	90.04	1.76
2007	51.02	8.69	17.43	96.12	1.76
2008	50.65	9.84	22.04	95.76	1.71
2009	58.29	11.59	34.7	103.84	2.45
2010	60.49	14.08	45.84	106.86	2.69
2011	67.88	21.96	68.08	116.98	2.49

续表

年份	摩托车（辆）	洗衣机（台）	电冰箱（台）	彩色电视机（台）	照相机（台）
2012	69.27	27.84	73.63	120.49	2.61
2013	73.10	32.35	78.81	121.70	3.79
2014	78.54	36.92	82.81	125.97	4.44
2015	77.13	42.06	84.02	126.06	3.36
2016	75.46	48.36	89.5	129.1	1.65
2017	75.7	54.2	91.2	130.5	1.7
2018	45.92	95.45	99.49	107.19	3.58
2019	63.75	66.53	97.28	127.5	1.89
2020	62.89	68.02	97.86	125.49	2.17

资料来源：历年江西统计年鉴。

（三）农村劳动力就业有新变化

从就业行业上看，江西农民就业以第一产业为主，第三产业就业比例有所上升。表7-5给出了十年来江西农村居民就业的基本情况。从表7-5中可以看出，农民在第一产业和第二产业的就业比例有所下降而在第三产业的就业比例有所上升。具体来说，农民在第一产业的就业比例从2011年的49.3%下降到2020年的43.1%，在第二产业的就业比例从2011年的33.1%下降到2020年的29.9%，在第三产业的就业比例从2011年的17.6%上升到2020年的26.9%。从第二产业和第三产业细分行业看，农民在第二产业中的制造业就业比例快速下降，从2011年的73.3%下降到2020年的41.8%；农民在第二产业中的建筑业就业比例快速上升，从2011年的22.0%上升到2020年的53.5%。在第三产业中，农民在批发零售业的就业比例从2011年的13.0%增加到2020年的22.1%，增加了9.1个百分点；农民在居民服务、修理和其他服务业的就业比例从2011年的20.9%增加到2020年的25.6%。农民在交通运输、仓储和邮政业的就业比例从2011年的19.2%下降到2020年的12.3%，在住宿餐饮业的就业比例从2011年的12.8%下降到2020年的10.0%。

单位：%

表 7-5 江西农村居民就业行业情况

年份	第一产业就业比例	第二产业就业比例				第三产业就业比例					
		合计	制造业	建筑业	其他	合计	批发和零售业	交通运输、仓储和邮政业	住宿和餐饮业	居民服务、修理和其他服务业	其他
2011	49.3	33.1	73.3	22.0	4.7	17.6	13.0	19.2	12.8	20.9	34.2
2012	49.4	33.1	72.7	23.2	4.1	17.5	13.1	20.0	12.2	20.9	33.8
2013	55.2	26.0	50.8	43.7	5.5	18.9	26.9	15.5	8.5	23.5	25.5
2014	52.4	26.3	46.8	48.3	4.9	21.2	28.1	14.4	8.3	25.5	23.6
2015	53.6	26.9	45.9	49.4	4.7	19.4	29.0	14.5	9.0	21.9	25.6
2016	55.2	25.0	42.7	52.9	4.3	19.9	30.8	14.5	10.1	20.8	23.8
2017	52.3	25.7	42.5	52.7	4.8	22.0	32.2	13.7	9.2	20.0	24.9
2018	49.4	27.6	45.9	49.9	4.2	23.0	23.1	11.8	9.8	28.0	27.4
2019	44.7	30.1	45.0	50.5	4.5	25.2	22.1	11.6	10.6	25.5	30.3
2020	43.1	29.9	41.8	53.5	4.7	26.9	22.1	12.3	10.0	25.6	30.0

资料来源：历年江西统计年鉴。

从就业类型上看，农业自营的就业比例下降、雇员就业比例上升。表 7-6 给出了近年来江西农村居民就业类型的基本情况。从表 7-6 中可以看出，江西省农民就业类型以雇员为主，农业自营和非农自营的比例均呈现下降趋势，分别从 2013 年的 47.63% 和 11.34% 减少到 2020 年的 39.98% 和 8.84%；公职人员和国有企业雇员的比例也都呈现减少的趋势，而其他雇员的比例呈现快速增加的趋势，从 2013 年的 37.15% 增加到 2020 年的 48.95%。这表明，江西省农民的就业类型以非国有企业的雇员为主。

表 7-6　江西农村居民就业类型情况

单位：%

类型	2013 年	2014 年	2015 年	2016 年	2017 年	2018 年	2019 年	2020 年
雇主	1.25	0.99	1.53	1.77	1.67	1.39	0.94	0.46
公职人员	0.79	0.61	0.74	0.62	0.68	0.56	0.63	0.30
事业单位人员	1.24	1.16	1.11	1.04	1.06	1.48	1.44	1.34
国有企业雇员	0.60	0.48	0.64	0.37	0.33	0.30	0.24	0.14
其他雇员	37.15	40.77	36.16	33.13	35.68	38.98	44.90	48.95
农业自营	47.63	45.01	50.31	53.64	51.04	48.59	43.01	39.98
非农自营	11.34	10.97	9.52	9.43	9.55	8.70	8.84	8.84

资料来源：历年江西统计年鉴。

（四）江西农业步入农业现代化成熟期

从农业发展阶段看，江西农业已步入农业现代化成熟期。改革开放后的较长时期内，江西农业处在传统农业向现代农业起步发展的转型期内。2004 年后，在国家系列惠农政策的大力支持下，江西农业发展步入了"快车道"。2020 年，第一产业占 GDP 的比重下降至 8.7%，进入了农业现代化成熟期门槛；第一产业从业人员占比为 20.1%，位于现代农业成长期和成熟期的临界值附近；主要农作物综合机械化率达 75.99%、农业科技进步贡献率达 60.2%，均是进入农业现代化成熟期的标志。综合表 7-7 列出的四大指标来看，江西省农业发展已经步入农业现代化成熟期。

表 7-7   江西省农业现代化阶段判断的主要指标

主要指标	传统农业阶段	农业现代化实现阶段			后农业现代化阶段	2020 年江西省数据
		起步期	成长期	成熟期		
第一产业占 GDP 比重（%）	>50	20~50	10~20	5~10	<5	8.7
农业从业人员比重（%）	>80	50~80	20~50	6~20	<6	20.1
主要农作物综合机械化率（%）	<5	5~30	30~60	60~80	>80	75.99
农业科技进步贡献率（%）	<5	5~30	30~60	60~80	>80	60.2

注：农业现代化阶段划分标准来自宋洪远、赵海：《我国同步推进工业化、城镇化和农业现代化面临的挑战与选择》，《经济研究参考》2012 年第 2 期。

从全国总体位势看，江西农业农村发展处于国内中等水平。2020 年，江西省农林牧渔总产值为 3820.7 亿元，排在全国第 18 位；2020 年，江西省第一产业增加值占比为 8.7%，与陕西省并列第 17 位（见表 7-8）。这表明江西的农业农村发展水平在全国层面处于中等水平。

表 7-8   2020 年各省份农业发展主要指标排序情况

排序	省份	农林牧渔总产值（亿元）	排序	省份	农林牧渔总产值（亿元）
1	山东	10190.6	17	陕西	4056.6
2	河南	9956.3	18	江西	3820.7
3	四川	9216.4	19	浙江	3496.9
4	江苏	7952.6	20	内蒙古	3472.4
5	广东	7901.9	21	吉林	2976.0
6	湖南	7512.0	22	重庆	2749.1
7	湖北	7303.6	23	甘肃	2103.6
8	河北	6742.5	24	山西	1935.8
9	黑龙江	6438.1	25	海南	1821.0
10	云南	5920.5	26	宁夏	703.1
11	广西	5913.3	27	青海	507.1
12	安徽	5680.9	28	天津	476.4
13	福建	4901.1	29	上海	279.8
14	辽宁	4582.6	30	北京	263.4
15	贵州	4358.6	31	西藏	233.5
16	新疆	4315.6			

排序	省份	第一产业增加值占比（%）	排序	省份	第一产业增加值占比（%）
1	黑龙江	25.1	17	陕西	8.7
2	海南	20.5	17	江西	8.7
3	广西	16.0	19	宁夏	8.6
4	云南	14.7	20	安徽	8.2
5	新疆	14.4	21	西藏	7.9
6	贵州	14.2	22	山东	7.3
7	甘肃	13.3	23	重庆	7.2
8	吉林	12.6	24	福建	6.2
9	内蒙古	11.7	25	山西	5.4
10	四川	11.4	26	江苏	4.4
11	青海	11.1	27	广东	4.3
12	河北	10.7	28	浙江	3.3
13	湖南	10.2	29	天津	1.5
14	河南	9.7	30	北京	0.4
15	湖北	9.5	31	上海	0.3
16	辽宁	9.1			

资料来源：各省份 2020 年国民经济和社会发展统计公报。

从财政支农看，农林水事务支出比例快速增加。财政支农强度反映的是一个地区对"三农"工作的重视程度。表 7-9 给出了 21 世纪以来江西省地方一般公共预算支出和农林水事务支出的情况。从表 7-9 中可以发现无论是支出绝对数值还是支出相对比例，21 世纪以来财政对江西农业农村领域的投入均呈现快速上升的趋势。

表 7-9　21 世纪以来江西财政支农情况

年份	农林水事务支出（亿元）	地方一般公共预算支出（亿元）	比例（%）
2000	7.02	223.47	3.14
2001	8.3	283.71	2.93
2002	13.32	341.38	3.90
2003	3.9	382.1	1.02

年份	农林水事务支出（亿元）	地方一般公共预算支出（亿元）	比例（%）
2004	4.43	454.06	0.98
2005	6.95	563.95	1.23
2006	8.06	696.44	1.16
2007	103.57	905.06	11.44
2008	147.02	1210.07	12.15
2009	203.41	1562.37	13.02
2010	232.34	1923.26	12.08
2011	287.99	2534.60	11.36
2012	384.77	3019.22	12.74
2013	438.54	3470.30	12.64
2014	500.15	3882.70	12.88
2015	557.3	4412.55	12.63
2016	580.9	4617.40	12.58
2017	607.71	5111.47	11.89
2018	599.41	5667.52	10.58
2019	619.8	6386.80	9.70
2020	740.31	6674.08	11.09

资料来源：各省份 2020 年国民经济和社会发展统计公报。

（五）江西农业农村发展面临三大机遇与三大挑战

从发展机遇看，江西农业农村发展面临三大机遇。首先，全面实施乡村振兴战略为江西农业农村发展注入强大动力。全面实施乡村振兴战略，一系列政策法规的出台，为江西省做大做强特色农业、实现乡村产业兴旺提供战略机遇，为江西充分发挥农业资源优势、促进农旅融合提供战略支撑；其次，可持续发展战略深入实施以及生态文明建设为江西充分转化生态资源提供机遇。江西省作为国家生态文明试验区和生态产品价值实现机制试点省，自然资源市场化、生态保护补偿等一系列支持政策的出台为江西加强山水林田湖草系统治理、夯实生态本底、发展乡村旅游营造了良好环境。最后，长江经济带、粤港澳大湾区等战略实施为江西农业农村发展开辟空间。江西省作为同时毗邻长江三角洲、珠江三角洲的省份，是建设长江经济带、实现中部崛起的重要阵地，具有承东启西、连接南北的独特区位优势。江西内外互联是长江经济带、粤港澳大湾区等战略深入推进的关键一环，有利于江西发挥区位与资源优势，深度参与区域合作，加快要素集聚和实现发展转型。

从重大挑战看，江西农业农村面临资源环境紧约束、人口外流以及产业链条不长的挑战。一是当前我国产业数量型增长模式正面临产能过剩、要素趋紧、环保趋严的挑战，江西省部分劳动密集型产业缺乏继续扩张的空间，亟须加快提高产业创新力、竞争力和生产率。二是江西省作为中部地区，与周边浙江省、广东省经济往来密切，这两个省对江西省的人才、技术、资本等形成较强的"虹吸效应"，加速了江西省高技能人才的流失，影响江西经济社会以及乡村发展内生动力，江西农业农村发展将处于严重的"失血""贫血"状态。三是产业链条延伸不充分。从整体上看，江西省乡村产业"小而散"，产业链条短，价值链位势不高，骨干龙头企业少，产业发展层次偏低，产品的市场竞争力不强，难以充分分享产业链增值的红利。

二 江西农业农村发展思路

（一）夯实粮食主产区地位

作为全国 13 个粮食主产区之一，江西是中华人民共和国成立以来从未间断向国家提供商品粮的省份，为保障国家粮食安全贡献江西力量。江西省政府公布的数据显示，2021 年江西省粮食播种面积和产量均超额完成国家任务，其中粮食播种面积达到 5659.2 万亩，产量为 438.5 亿斤。分品种看，早稻产量增幅明显，2021 年早稻产量达到 134.6 亿斤，增幅位居全国第一。因为保障国家粮食安全做出的卓越贡献，江西粮食安全省长责任制国家考核连续多年被评为优秀等次。为了不断夯实江西粮食主产区地位，江西省累计推出了超过 40 项的强农惠农富农政策，覆盖农业补贴、新型农业经营主体及体系提升、产业发展、农业绿色发展等内容。

（二）打造"绿色"农产品品牌

当前，"绿色"是江西的代名词，是江西农业农村发展的财富、优势和品牌。做好"绿色"发展这篇大文章，有助于充分发挥江西农业发展的比较优势，充分发挥绿色这一底色优势，打好农产品品牌发展的"组合拳"，实现农业品牌做大做强。构建"从田头到餐桌"的农产品质量安全监管体系，加大对外推介营销力度，提升"生态鄱阳湖、绿色农产品"品牌影响力，充分发挥绿色、有机、地理标志农产品的品牌效应，努力打造全国知名的绿色有机农产品供应基地和全国层面"三品一标"的"样板间"。

（三）做好"美丽"农村人居环境建设

良好的生态环境和村容村貌是农村文明程度的直观体现，也是美丽乡村的基本特征。江西的农业农村现代化要持续推进"整洁美丽，和谐宜居"美丽乡村建设，实现村美、景美、人更美。近年来，江西农村人居环境整治三年行动取得优异成绩，接近 100% 的行政村已经完成农村生活垃圾收运处置体系的建设，农村生活污水治理和卫生厕所普及率稳步提升，村庄人居环境长效管护体制机制不断完善。未来，要深入推进农村生活污水、卫生厕所、垃圾处理等基础设施建设，实现建一片、成一片、美一片，形成山清水秀、天蓝地绿、村美人和的田园风光。

（四）按照"1+3+4"战略推进农业农村高质量发展

未来，江西省农业农村发展方向要坚持"1+3+4"的战略，不断培育江西农业农村发展新动能。具体来说，"1"指的是坚持一条主线，即坚持农业农村高质量发展这一条主线。推进乡村振兴，核心是如何实现农业农村高质量发展，从优化产业布局、形态、功能维度，实现产业高效率、高品质、高附加值发展。"3"指的是处理好"三大关系"，即处理好城镇发展和乡村发展的关系、处理好政府与市场的关系、处理好长期与短期的关系。具体来说：近年来中央"一号文件"将"坚持农业农村优先发展"作为"三农"工作的总方针，因此城与乡二者之间的关系要合理处理；充分发挥市场在资源配置中的决定性作用，加快破除城乡要素双向流动的体制机制障碍；乡村振兴是"慢变量"，因此要合理处理好长期发展和短期发展的关系，杜绝出现"翻烧饼"式的乡村发展战略，政策要超前布局、一以贯之。"4"指的是实施四大战略。一是基础设施提档升级战略。基础设施是广大农民最关心的，也是乡村振兴战略实施的基础，全面补齐农业农村基础设施短板，全面提高农村美好生活保障水平。二是产业深度融合战略。实现产业之间的城乡耦合，产业之间的纵向协作，从规模化、组织化、特色化、品牌化入手，致力于实现工农共兴、三产融合的现代乡村产业发展新格局。三是生态价值转化战略。充分发挥江西省生态资源优势，坚持生态立省、绿色发展不动摇，开拓生态价值转化途径，将绿色生态优势转化为农业农村发展优势。四是改革创新引领战略。全面深化农村改革，顺应人口流动特征与城乡融合发展的长远趋势，将改革贯穿于农业农村各领域、全过程，推动人、地、钱、技术等要素在城乡之间的双向流动。

三 江西农业农村的相关政策文件分析

一系列惠农强农富农政策文件的出台，是江西农业农村平稳发展的关键。基于此，本部分按照时间顺序对近五年来江西省针对农业农村发展颁布的涉及"三农"领域的政策进行梳理，如表 7-10 所示。

表 7-10 江西农业农村发展的相关政策文件

时间	文件名称	主要内容
2017 年 10 月	江西省人民政府办公厅关于印发江西省"菜篮子"市长负责制考核办法的通知	从产品生产能力、市场流通能力、质量安全监管能力、调控保障能力和市民满意度五方面进行考核,评分满分 100 分

续表

时间	文件名称	主要内容
2018 年 1 月	江西省人民政府办公厅关于加快推进农业供给侧结构性改革大力发展粮食产业经济的实施意见	明确了发展粮食产业经济的基本原则、主要目标，从培育产业主体、突出发展重点、创新发展方式、搭建公共平台、实施创新驱动、完善保障措施六大方面提出大力发展粮食产业经济的具体举措
2018 年 3 月	中共江西省委 江西省人民政府关于实施乡村振兴战略的意见	贯彻落实党的十九大精神和《中共中央、国务院关于实施乡村振兴战略的意见》，结合江西省情、农情，对江西实施乡村振兴战略提出具体工作任务
2018 年 4 月	中共江西省委办公厅、江西省人民政府办公厅印发关于创新体制机制推进农业绿色发展的实施意见	明确了江西省关于创新体制机制推进农业绿色发展的总体要求、发展目标、重点任务和保障措施
2018 年 6 月	江西省人民政府办公厅关于印发鄱阳湖生态环境综合整治三年行动计划（2018~2020 年）的通知	为进一步改善鄱阳湖生态环境、推动国家生态文明试验区建设，明确了鄱阳湖生态环境综合整治三年行动计划的总体要求、主要目标、重点任务和保障措施
2018 年 7 月	江西省人民政府办公厅关于成立江西省现代农业发展领导小组的通知	明确了江西省现代农业发展领导小组人员名单
2018 年 11 月	江西省人民政府关于做大做强农产品加工业推动农业高质量发展的实施意见	明确了做大做强农产品加工业的总体要求、发展目标、重点任务和保障措施
2019 年 1 月	江西省人民政府办公厅关于加快推进现代种业发展的实施意见	明确了江西省加快推进现代种业发展的总体要求、主要目标、重点任务和保障措施
2019 年 7 月	江西省人民政府关于加快推进农业机械化升级和农机装备产业振兴的实施意见	明确了江西省加快推进农业机械化升级和农机装备产业振兴的总体要求、主要目标、重点任务和保障措施
2019 年 9 月	关于印发江西省中央财政农业相关转移支付资金绩效管理办法实施细则的通知	明确了农业转移支付资金绩效管理要遵循科学规范原则、结果导向原则、推动整合原则和分级管理原则
2019 年 10 月	江西省人民政府办公厅关于进一步加快江西茶产业发展的实施意见	重振江西茶产业辉煌，从坚持目标导向、推进绿色生产、加快企业整合、加强品牌建设、培育新增长极等方面提出举措

续表

时间	文件名称	主要内容
2019 年 11 月	关于加快推进水产养殖业绿色发展的实施意见	推动江西水产养殖业绿色高质量发展,促进渔业产业转型升级,明确了总体要求和重点任务
2020 年 2 月	中共江西省委办公厅 江西省人民政府办公厅印发《关于加强和改进乡村治理的实施意见》的通知	推进江西乡村治理体系和治理能力现代化,实现乡村有效治理,夯实乡村振兴基础,明确乡村治理总体要求、重点任务和组织保障
2020 年 2 月	中共江西省委 江西省人民政府关于抓好"三农"领域重点工作确保如期实现全面小康的实施意见	从坚决打赢脱贫攻坚战、加快补齐农村基础设施和公共服务短板、建设现代农业强省、加强乡村治理体系和治理能力建设、深化农业农村改革和强化保障措施等方面明确了"三农"领域重点工作
2020 年 3 月	江西省人民政府办公厅关于推动我省蔬菜产业高质量发展的实施意见	从发展步伐、产业规模、产品结构、产品质量、加工水平、产业品牌、产业发展政策和产业考核督导等方面提出了推动江西蔬菜产业高质量发展的路径
2020 年 4 月	江西省人民政府办公厅关于切实加强高标准农田建设巩固粮食主产区地位的实施意见	夯实粮食生产基础,巩固江西粮食主产区地位,大力推进高标准农田建设,明确加强高标准农田建设的总体要求、重点任务和组织保障
2020 年 5 月	江西省人民政府办公厅关于促进农村居民稳定增收的实施意见	为克服新冠疫情不利影响,有力促进农村居民收入稳定增长,提出了促进农村居民稳定增收的具体举措
2020 年 7 月	江西省人民政府办公厅关于加快推进渔业高质量发展的实施意见	明确了江西省渔业产业高质量发展的目标及具体工作举措
2020 年 8 月	江西省人民政府办公厅关于加强农业种质资源保护与利用的实施意见	明确了江西省农业种质资源保护利用工作的总体要求、工作目标、主要任务和保障措施
2020 年 9 月	江西省人民政府办公厅转发省市场监管局省农业农村厅关于加强农业农村标准化工作实施方案的通知	充分发挥标准化在推进农业农村现代化中的基础性、战略性作用,明确了江西省农业农村标准化工作的总体要求、重点任务和保障措施

时间	文件名称	主要内容
2020 年 10 月	江西省人民政府办公厅关于加快推进绿色食品产业链高质量发展的指导意见	明确了江西省绿色食品产业链高质量发展的总体要求、主要目标、重点工作、主要举措和保障措施
2021 年 2 月	江西省人民政府关于防止耕地"非粮化"稳定粮食生产的实施意见	明确了江西省防止耕地"非粮化"的总体要求、主要任务和具体工作要求
2021 年 2 月	中共江西省委办公厅 江西省人民政府办公厅关于做好稳定粮食生产工作的通知	明确了做好稳定粮食生产工作的定位、目标任务、关键环节、产业布局以及扶持政策
2021 年 3 月	中共江西省委 江西省人民政府关于全面推进乡村振兴加快农业农村现代化的实施意见	明确了江西省全面推进乡村振兴、加快实现农业农村现代化的具体工作
2021 年 5 月	江西省人民政府办公厅关于印发优先保障农业农村产业发展用地若干措施的通知	明确了农业农村产业发展用地的具体内容、工作举措的责任分工
2021 年 6 月	江西省人民政府办公厅关于调整完善土地出让收入使用范围优先支持乡村振兴的实施意见	明确了调整完善土地出让收入使用范围优先支持乡村振兴的计提方式、比例、调剂机制、政策体系、支出范围以及监督考核
2021 年 8 月	江西省人民政府办公厅关于成立江西省现代种业发展工作领导小组的通知	明确了江西省现代种业发展工作领导小组人员名单
2021 年 9 月	江西省人民政府关于印发《农业农村部 江西省人民政府共建江西绿色有机农产品基地试点省工作方案（2021-2025 年）》的通知	明确了农业农村部与江西省政府共建绿色有机农产品基地试点工作的指导思想、主要原则、工作目标、推进步骤以及绿色有机农产品基地生产的具体举措
2022 年 1 月	江西省人民政府办公厅关于印发江西省粮食收购管理办法的通知	将江西粮食收购管理进行制度化，明确了粮食收购企业备案条件、粮食收购行为规范、粮食收购服务和收购监督情况
2022 年 1 月	江西省人民政府关于印发江西省"十四五"农业农村现代化规划的通知	明确了江西省"十四五"农业农村现代化规划的指导思想、基本要求、发展目标和具体任务
2022 年 3 月	江西省人民政府办公厅关于全力以赴做好粮食生产工作的通知	为确保粮食面积和产量稳定，明确了江西省做好粮食生产工作的八大举措

时间	文件名称	主要内容
2022 年 3 月	中共江西省委办公厅　江西省人民政府办公厅关于印发《江西省农村人居环境整治提升五年行动实施方案》的通知	明确了江西农村人居环境整治提升五年行动实施方案的目标要求以及具体举措
2022 年 3 月	中共江西省委　江西省人民政府关于推进农业农村高质量发展奋力打造新时代乡村振兴样板之地的意见	明确了江西推进农业农村高质量发展、奋力打造新时代乡村振兴样板之地的总体要求、具体举措

注：以上内容由笔者根据公开资料整理所得。

从表 7-10 可以看出，近年来江西出台了一系列涉农领域的政策文件，为助力乡村振兴战略提供了制度保障。为了更加清晰地厘清江西农业农村领域的政策脉络，本部分进一步将江西省涉农领域的 34 份政策文件分为宏观发展政策、粮食生产政策、现代农业产业政策、绿色发展政策和其他政策五个方面，进行系统梳理与政策分析。

（一）宏观发展政策

宏观发展政策是为江西农业农村发展把脉问诊，引领方向。近年来，江西省每年均出台了涉及农业农村领域全局性发展的制度文件。例如，为贯彻落实党的十九大精神和《中共中央、国务院关于实施乡村振兴战略的意见》，2018 年 3 月中共江西省委、江西省人民政府出台了《关于实施乡村振兴战略的意见》，明确了江西省实施乡村振兴战略的指导思想、目标任务、基本原则，从加快发展现代农业、加强生态保护建设、深化农村精神文明建设、建立健全乡村治理体系、推动城乡融合发展、打赢脱贫攻坚战、纵深推进农村改革、凝聚全社会力量、创新投融资机制以及加强党的工作领导等方面提出了江西省实现乡村振兴的任务书。2018 年 7 月，江西省人民政府办公厅出台了《关于成立江西省现代农业发展领导小组的通知》，明确了江西省现代农业发展领导小组人员名单，为加快推进江西省现代农业发展提供了体制机制保障。2019 年 9 月，江西省财政厅联合江西省农业农村厅发布了《关于印发江西省中央财政农业相关转移支付资金绩效管理办法实施细则的通知》，明确了农业转移支付资金绩效管理要遵循科学规范原则、结果导向原则、推动整合原则和分级管理原则，有助于江西进一步完善规范和加强中央农业相关转移支付资金使用管理、建立健全激励和约束机制、提高财政资源配置效率和使用效益。2020 年 2 月，中共江西省委、江西省人民政府印发了《关于抓好"三农"领域重点工作　确保如期实现全面小康的实施意见》，明确指出了 2020 年是脱贫攻坚决战决胜之年和全面建成小康社会收官之年，江西省"三农"领域的重点工作包括坚决打赢脱贫攻坚战、加快补齐农村基础设施和公共服务短板、建设现代农业强省、加强乡村治理体系和治理能力建设、深化农业农村改革和强化保障措施。2021 年 3 月，中共江西省委、江西省人民政府印发了《关于全面推进乡村振兴加快农业农村现代化的实施意见》，从实现巩固拓展脱贫攻坚成果同乡村振兴有效衔接、加强现代农业强省建设、实施乡村建设行动、深化农业农村改革、强化农业农村优先发展要素保障和加强党对农村工作领导六大方面提出了江西省全面推进乡村振兴、加快实现农业农村现代化的具体工作任务。2022 年 1 月，江西省人民政府印发了《江西省"十四五"农业农村现代化规划的通知》，明确提出了江西省到 2025 年的农业发展目标，并指出要从夯实农业生产基础、推进科技与机制创新、构建乡村产业体系、实施乡村建设行动、加强生态环境治理、打造乡村治理新模式、巩固拓展脱贫攻坚成果、深化农村改革等八大方面全面推进乡村振兴战略在江西落地生根。2022 年 3 月，中共江西省委、江西省人民政府联合印发了《关于推进农业农村高质量发展奋力打造新时代乡村振兴样板之地的意见》，明确指出江西新时代乡村振兴样板之地到 2022 年底扎实起步开局、到 2025 年底取得重大进展、到 2035 年底基本形成，具体要从保障粮食等重要农产品供给、巩固拓展脱贫攻坚成果、推动农业绿色发展、打造建设美丽乡村、打造改进乡村治理、打造深化农村改革、实现政策举措落地生效等方面打造新时代乡村振兴样板之地。

（二）粮食生产政策

江西省作为我国重要粮食主产区，肩负着筑牢国家粮食安全的使命。长期以来，江西省高度重视粮食安全，出台了一系列粮食生产支持政策及产业发展政策，以切实保障粮食综合生产能力。2018 年 1 月，江西省出台了《江西省人民政府办公厅关于加快推进农业供给侧结构性改革大力发展粮食产业经济的实施意见》，明确指出要按照"市场化""工业化""新型化"和"多元化"的原则，建立适应江西省情和粮情的现代粮食产业体系，粮食加工转化率、企业平均产能利用率达到预期目标，从培育骨干企业、壮大龙头企业、发展绿色优质产品、主食产业化、推动精深加工、完善产业链条、培育新业态、打造品牌、完善物流体系、推动科技创新和完善成果转化等方面做大做强粮食产业。2020 年 4 月，江西省人民政府办公厅颁布了《关于切实加强高标准农田建设巩固粮食主产区地位的实施意见》，指出要按照统一规划布局、统一建设标准、统一组织实施、统一考核验收、统一上图上库的方式落实集中统一高效管理体制，强化资金投入，重点加强财政投入保障、创新投融资模式、完善新增耕地指标调剂收益使用机制和落实建后管护责任。2021 年 2 月，江西省人民政府颁布了《关于防止耕地"非粮化"稳定粮食生产的实施意见》，明确指出要毫不放松保障粮食供给，巩固提升粮食综合生产能力，确保全省粮食总产在 430 亿斤以上，从明确耕地利用优先序、加强粮食生产功能区监管、有序引导工商资本下乡、严禁违规占用永久基本农田种树挖塘、严格落实粮食安全省长责任制、完善粮食生产支持体系等六个方面提出主要任务。同年 2 月，中共江西省委办公厅、江西省人民政府办公厅颁布了《关于做好稳定粮食生产工作的通知》，要求坚决巩固江西粮食主产区地位、明确目标任务、稳定双季稻种植，严守耕地保护红线和加快高标准农田建设、发展适度规模经营和落实强农惠农政策，确保江西粮食面积和产量稳定。2022 年 1 月，江西省人民政府办公厅印发了《关于印发江西省粮食收购管理办法的通知》，对规范粮食收购进行了"五个明确"，即明确收购企业备案要求、明确收购行为规范要求、明确收购情况报告要求、明确收购服务要求以及明确收购活动监督管理要求。2022 年 3 月，江西省人民政府办公厅印发了《关于全力以赴做好粮食生产工作的通知》，明确指出要坚决扛稳粮食安全政治责任、稳定粮食播种面积和产量、加快提升粮食单产、抓好农资供应和市场监管、严格落实耕地保护硬措施、培育壮大稻米产业、全面落实粮食支持政策和健全粮食生产工作机制。

（三）现代农业产业政策

产业兴旺是乡村振兴的重点，是乡村实现全面振兴的必由之路。江西省高度重视现代农业产业发展，对农产品加工业、现代种业、农机装备产业、经济作物产业等均出台了相应的政策体系。农产品加工业方面，2018 年 11 月江西省人民政府颁布了《关于做大做强农产品加工业推动农业高质量发展的实施意见》，提出到 2022 年，农产品加工业与农业总产值之比达到 2.6∶1、绿色有机农产品基地面积达到 2000 万亩以上、培育 20 个以上影响力大的农产品区域公用品牌的发展目标，着力实施重大项目引进行动、龙头企业培育行动、企业转型升级行动、原料基地建设行动、科技创新引领行动、流通体系建设提升行动和质量品牌创建行动等"七大行动"。现代种业方面，2019 年 1 月，江西省人民政府办公厅颁布了《关于加快推进现代种业发展的实施意见》，提出了到 2022 年，江西省现代种业综合实力位居全国前 10 强、良种对农业增产的贡献率达到 50% 以上，着力实施种业创新能力提升工程、现代种业企业培育工程、种业科技成果转化工程、种业生产基地建设工程、种业服务能力提升工程和种质资源保护利用工程等"六大工程"。2020 年 8 月，江西省人民政府办公厅颁布了《关于加强农业种质资源保护与利用的实施意见》，明确提出到 2025 年和 2035 年江西省农业种质资源保护与利用的目标，逐步建成完善、科学高效的农业种质资源保护利用体系和资源深度鉴定评价体系。2021 年 8 月，江西省人民政府办公厅印发了《关于成立江西省现代种业发展工作领导小组的通知》，明确了江西省现代种业发展工作领导小组人员名单，为加快推进江西省现代种业发展提供了体制机制保障。农机装备产业方面，2019 年 7 月，江西省人民政府颁布了

《关于加快推进农业机械化升级和农机装备产业振兴的实施意见》，提出到
2022 年农机装备产业科技创新能力得到提升，培育 2~3 家在行业具有影响
力的农机装备生产企业，到 2025 年建成 2~3 个具有规模优势、产业链完整
的农机装备产业集群，构建农机装备产业协同发展体系、新型农业工程人才
培养体系、农机化高效推广体系和农机化高效生产体系"四大体系"，实施
农机装备产业集群推进行动、农机装备产业品质提升行动、农业全程全面机
械化生产推进行动、绿色高效新机具示范推广行动、农机作业基础完善行
动、农机社会化服务能力提升行动、农机实用人才培养行动和农机化与信息
化融合行动等"八大行动"。经济作物产业方面，江西省对茶产业、水产养
殖业、蔬菜产业、渔业均提出了产业发展指导意见。为重振江西茶产业辉
煌，加快实现质量兴茶、绿色兴茶、品牌兴茶，2019 年 10 月江西省人民政
府办公厅颁布了《关于进一步加快江西茶产业发展的实施意见》，要求坚持
目标导向，以"江西茶·香天下"为主题提升江西茶产业市场竞争力，到
2022 年实现茶产业总产值超过 150 亿元，推进茶园标准化建设、支持茶叶
加工升级、加快企业整合培育龙头企业、加强品牌建设、实现渠道通畅、拓
宽茶叶业态、培育新增长极。2019 年 11 月，江西省农业农村厅联合多部门
颁布了《关于加快推进水产养殖业绿色发展的实施意见》，明确提出到 2022
年实现江西水产养殖业生产布局进一步优化、养殖结构进一步调优、发展基
础进一步夯实、科技创新进一步增强、质量效益进一步提升，重点要调优养
殖布局、转变养殖方式、强化生产监管、推进渔业一二三产融合以及信息化
建设。2020 年 3 月，江西省人民政府办公厅颁布了《关于推动我省蔬菜产
业高质量发展的实施意见》，从加快蔬菜产业发展步伐、扩大蔬菜产业规
模、调整蔬菜产品结构、提高蔬菜产品质量、提升蔬菜加工水平、唱响蔬菜
产业品牌、落实蔬菜产业发展政策和强化蔬菜产业考核督导八个方面提出了
推动江西蔬菜产业高质量发展的路径。2020 年 7 月，江西省人民政府办公
厅颁布了《关于加快推进渔业高质量发展的实施意见》，既明确了到 2025
年，江西水产养殖面积、稻渔综合种养面积、水产品产量和渔业经济总产值
的发展目标，又提出了拓宽养殖空间保面积、依托科技创新提单产、打造产

业集群扬优势、打通产业链条增效益、发展生态养殖保质量、加大资金投入促发展、加大政策扶持保障等八大措施。

（四）绿色发展政策

"绿色生态"作为江西农业农村发展的"底色"是江西最大财富、最大优势、最大品牌。江西始终坚持"绿水青山就是金山银山"的发展理念，加快推进农业绿色发展进程。例如，2018 年 4 月，中共江西省委办公厅、江西省人民政府办公厅联合印发了《关于创新体制机制推进农业绿色发展的实施意见》，将江西省农业绿色发展目标定为"全面建立以绿色生态为导向的制度体系，基本形成与资源环境承载力相匹配、与生产生活生态相协调的农业发展格局"，健全绿色生态农业发展机制、建立农业生态环境综合治理机制、构建农业资源保护利用和生态系统修复机制是三大重点任务，不断完善政策支持体系、科技创新体系以及地方法规政策。2018 年 6 月，江西省人民政府办公厅出台了《关于印发鄱阳湖生态环境综合整治三年行动计划（2018-2020 年）的通知》，明确指出要推动依法治湖、科学治湖、社会治湖，形成科学合理湖泊治理和保护工作格局、筑牢长江中游生态安全屏障、打造美丽中国"江西样板"；实施"七大行动"，即工业污染防治综合治理行动、水污染治理能力提升行动、集中式饮用水源地保护行动、城乡环境综合整治行动、农业面源污染防治、岸线综合整治行动、生态保护和修复工程行动。2020 年 10 月，江西省人民政府办公厅出台了《关于加快推进绿色食品产业链高质量发展的指导意见》，指出要围绕绿色食品产业链生产、加工、流通、服务等环节，突出主导产业、优化产业布局、聚焦短板弱项、明确发展路径，重点要完善绿色食品生产体系、提升绿色食品加工水平、构建绿色食品流通体系、优化绿色食品产业服务和强化组织领导、政策扶持、监督考核和宣传引导。2021 年 9 月，江西省人民政府出台了《关于印发农业农村部　江西省人民政府共建江西绿色有机农产品基地试点省工作方案（2021-2025 年）的通知》，将先行先试、统筹推进作为工作方案的推进步骤，明确了工作方案的目标是江西绿色农产品成为生产规范、质量过硬、品牌知名、消费推崇的代名词，重点要推进江西绿色有机产业全面发展、标准化生产水平全面提升、绿色有机农业产地环境全面改善、绿色有机农产品品牌影响力全面提升、农产品质量安全监管全面加强。

（五）其他政策

除上述四大领域外，农业农村发展还涉及财政支持、产业用地、乡村治理、人居环境、农民增收等多个领域。江西省针对上述领域也出台了政策文件，旨在实现江西农业农村持续平稳健康发展。在财政支持方面，2021年6月，江西省人民政府办公厅颁布了《关于调整完善土地出让收入使用范围优先支持乡村振兴的实施意见》，明确指出江西按照当年土地出让收入用于农业农村的资金占比逐步达到10%以上计提，其中2021~2025年，各设区市每年土地出让收入用于农业农村的比例不得低于4.5%、5.5%、7%、8.5%、10%（含省级统筹部分），建立统筹调剂体制机制、实行分类计提、打破原有分散的管理方式做好政策体系衔接，确定了高标准农田建设、农田水利建设、现代种业提升、农村供水保障、农村人居环境整治等13项工程是土地出让收入的重点支出领域。在产业用地方面，2021年5月，《江西省人民政府办公厅关于印发〈优先保障农业农村产业发展用地若干措施〉的通知》，明确要求切实保障农业农村产业项目用地、构建农业农村重大项目用地机制、严格规范设施农用地使用和管理、建立完善农业农村用地保障机制。在乡村治理方面，2020年2月，中共江西省委办公厅、江西省人民政府办公厅联合印发了《关于加强和改进乡村治理的实施意见》的通知，明确了江西推进乡村治理体系和治理能力现代化的总体要求、重点任务和组织保障。在人居环境方面，2022年3月，《中共江西省委办公厅、江西省人民政府办公厅关于印发〈江西省农村人居环境整治提升五年行动实施方案〉的通知》，指出扎实推进农村生活污水治理、稳步推进农村厕所革命、全面推进农村生活垃圾治理、提升美丽乡村建设水平、强化村庄环境长效管护、发挥农民主体作用和加强政策支持，实现到2025年江西省农村人居环境显著改善、村庄基础设施逐步优化、村容村貌全面提升的目标。在农民增收方面，2020 年 5 月，江西省人民政府办公厅颁布了《关于促进农村居民稳定增收的实施意见》，从农民工资性收入、农民经营性收入、农民财产性收入、农民转移性收入以及体制机制协调联动五个方面提出了 17 条促进农村居民稳定增收的意见。其他方面，2017 年 10 月，江西省出台了《江西省人民政府办公厅关于印发江西省"菜篮子"市长负责制考核办法的通知》，明确了江西省"菜篮子"市长负责制的考核办法，从产品生产能力、市场流通能力、质量安全监管能力、调控保障能力和市民满意度五个方面进行打分，得分在 90 分以上为优秀，75 分至 90 分为良好、60 分至 75 分为合格，60 分以下为不合格。2020 年 9 月，《江西省人民政府办公厅转发省市场监管局省农业农村厅关于加强农业农村标准化工作实施方案的通知》指出了江西农业农村标准化的主要目标是到 2022 年，省市县三级政府建立健全农业农村标准化协调推进机制，标准化助力乡村振兴战略的作用得到加强；到 2035 年，农业农村标准化体制机制更加健全，支撑乡村振兴的标准体系、标准实施推广体系和标准化服务体系更加完善，四大重点任务包括推进现代农业产业标准化工作、深化农村生态建设标准化工作、探索推进农村社会治理标准化工作和推进标准化服务与标准国际化进程。

四 政策建议

（一）加快农村基础设施提档升级步伐

持续加大对农村交通物流、水利设施、能源设施、信息设施等领域的投入力度，补齐农村基础设施短板，促进城乡基础设施互联互通，实现农村基础设施提档升级。一是要完善农村交通物流设施条件，扩大"四好农村路"的覆盖范围，提升农村公路的承载能力，重点要解决农村道路宽度不够、断头路等现实问题，提高乡村通行效率。提升城乡客运服务能力，加深城乡客运服务一体化程度，推动城市公共交通线路向城市周边延伸。对经济发展水平较高的村庄，可以先行试点农村客车线路公交化改造，扩大镇村公交覆盖面，逐步实现建制村客车百分百通车目标，优化农村物流设施布局，对邮政、快递、供销等物流主体优化配置，重点要完善农村物流基础设施的"最后一公里"，不断建成乡村互联互通、畅通高效的物流网络体系。二是加强农村水利设施建设。提高农村饮用水安全村覆盖率，通过新建、改建、扩建等方式补齐农村饮用水消毒设施，适时更新改造管网，对年久失修的农村供水管线和主管道进行改建。三是完善能源基础设施建设。优化乡村能源结构，加快推进新一轮农村电网改造升级工程，推进乡村智能电网建设。优化农村能源消费结构，大幅提高电能在农村能源消费中的比重。秉持多能互补、经济便利的用能需要，加大对各类新能源开发的支持力度，鼓励支持农村可再生能源的使用，推广农村节能环保的应用技术，拓宽农村能源供应方式。四是加快建设乡村数字化基础设施。按照数字乡村战略的要求，加快推进行政村宽带覆盖比例，优化农村电信普遍服务，加快新一代通信信息技术建设，提升农村光纤宽带接入能力，逐步实现光纤网络、4G 网络全覆盖。深入推进信息进村入户工程，实现村村信息全覆盖，畅通城乡信息流动渠道。加快开发乡村振兴信息产品和服务，缩小城乡数字信息领域的差距，推动农村信息化水平紧跟城镇，共享信息化时代的发展红利。五是建立农村基础设施的运行管护长效机制，制定深化农村公共基础设施运行管护体制改革的政策文件，加大建立健全运行管护长效机制的政策支持力度，规范机制调整方向，推动农村基础设施实现稳定高效的可持续发展。扩大农村基础设施运行管护认定范围，将农场、林场、垦殖场纳入农村基础设施建设范围，加强运行管护长效机制的综合覆盖能力。

（二）加快乡村产业高质量发展

充分发挥江西生态资源优势，在全面深化农业供给侧结构性改革的基础上，从优化乡村产业布局、搭建乡村产业发展平台、培育新型农业经营主体、推进乡村产业融合和打造农产品品牌五个方面入手，构建江西现代乡村产业发展新格局。一是优化乡村产业布局。充分发挥江西"绿色生态"这一底色优势，按照建设现代化经济体系的要求，优化农业生产力布局。针对不同区域的资源禀赋，重点建设与之相适应的农业产业体系。加快推进农业产业结构调整，深入推进江西农业"九大工程"建设，即大力实施稻米产业、蔬菜产业、果业、畜牧业、水产业、休闲农业和乡村旅游、茶产业、中药材、油茶九大产业。二是搭建乡村产业发展平台。加快完善高标准农田体系建设，提升江西现代农业园区科技创新能力以及机械化、设施化、智能化水平。加快构建创新创业发展平台，鼓励支持现代农业园区与涉农高校、科研机构共建研究机构，吸引和鼓励高校、科研单位和高科技企业等入驻，着力构建产学研紧密联盟。打造具有江西自身特色的农村双创示范基地，布局建设一批集合科技示范、技术集成、成果转化、创业孵化、平台服务等功能的"星创天地"。三是培育新型农业经营主体。深入实施新型农业经营主体培育工程，制定实施扶持政策，重点发展种养大户、家庭农场、农民专业合作社为主的适度规模经营主体。充分调动新型农业经营的能动性，加强家庭农场、农民专业合作社、龙头企业的市场竞争力，规范农民专业合作社管理，鼓励支持建设农民专业合作社联合社，构建一批与农户紧密型利益联结的主体。四是推进乡村产业融合。推进农业社会化服务体系建设；提升农产品加工发展质量，引导农产品精深加工向优势区和关键物流节点集中，建设一批农产品加工园区；健全农村现代市场体系，加强区域性农产品产地市场和集散地市场建设，加快发展冷链物流。加快数字经济在农业流通领域的应用，构建县乡村三级联动、政企农三方互动的农村电商服务平台和销售网络体系，推进农商互联协作，搭建一批农村电商服务平台，建设一批农村电商示范、试点。推进农业与旅游、教育、文化、科普、健康养老等产业深度融合，支持乡村集生态循环、创意体验于一体的田园综合体建设，建设一批工农结合的循环农业发展示范、试点；推进乡村产业融合示范、试点建设，丰富示范类型，创建国家级农业产业融合发展示范园，加快先进经验推广。五是打造农产品品牌。大力开展农产品标准化体系建设，重点是制定符合国家标准、地方特色的农产品质量安全标准体系，扩大国家级农产品标准化生产基地比例，提升有机生产基地在标准化生产基地中的比例。建立健全"两品一标"申报主体细则，严格审查农产品标志申请材料，建立严格的农产品质量安全追溯体制，依托数字化逐步实现农产品溯源工作的有序开展。创建一批具有江西特色的农产品品牌，打响绿色生态牌。深入实施农产品品牌培育，做大做强区域公共品牌，提升区域公共品牌的市场影响力。

（三）加快农村生态价值资源转化

以实现绿色资产增值为导向，通过现代化项目运营和资本运作手段，加快生态价值转换，构建以产业生态化和生态产业化为主体的江西乡村生态经济体系，充分释放生态财富价值，让金山银山变"生态银行"。一是开展美丽乡村建设行动。统筹推进美丽县城、美丽集镇、美丽村庄、美丽公路、美丽河流和最美庭院工程建设，建成一批具有江西特色的乡村景区和景观带。在充分防范风险的前提下鼓励与引导社会资本开发生态资源，按照不破坏完整性、不破坏稳定性的思路，给予经营主体用地、资金等方面的保障。积极建设一批生态资产产品产业化示范基地，引进市场交易中介，搭建生态资产产权交易流转平台，探索开展生态权益交易和流转。二是建设区域性乡村绿色金融创新中心。鼓励商业银行和政策性银行积极拓展乡村绿色金融业务，创新林地、林木抵押贷款模式以及生态保护与建设融资机制。引导乡村旅游、康养类龙头企业为产业链上下游主体提供供应链金融服务，打造乡村金融生态小镇，构建多业态乡村绿色金融创新中心。三是创新生态补偿方式。建立健全森林、湿地、草原等生态补偿制度，探索通过赎买、租赁、置换等方式将重点生态区位商品林转变为生态公益林。完善生态资源管护机制，开展森林、草原、湿地等生态修复工程，设立生态管护务工和修复工程就业岗位，拓宽乡村就业容量。探索建立森林、湿地、水资源保护补助标准，逐步实现重要区域生态保护补偿全覆盖、生态补偿水平与地区经济社会发展状况相适应。

（四）加快城乡融合体制机制构建

加快城乡融合发展步伐，关键要从人、地、钱要素出发构建城乡融合发展体制机制。一是要做好人口流动这篇大文章。加快推进农业转移人口市民化，在充分尊重农村居民意愿的基础上，不得以"农村三权"退出作为农民进城落户的条件，支持进城农民落户。简化落户流程，保障进城农民与城镇居民具有同等权益。将进城农民纳入城镇社会保障和住房保障体系，做好基本医疗保险关系转移接续和异地就医结算工作。加强乡村人才队伍建设，提升乡村劳动力人力资本水平，用好乡村职业培训这张牌，培育职业农民。引导农民工、退役军人等返乡人员创新创业。二是全面推进土地制度改革。健全农村土地流转体制机制，在重点区域建设市、县（区）级土地流转服务中心、乡镇土地流转服务站和村土地流转服务点，为土地流转主体提供流转信息、政策咨询、合同签订与鉴证、流转价格指导、合同履行监督、流转纠纷调处等综合服务。细化设施农用地范围，完善设施农用地政策，明确生产设施、配套设施、附属设施三类设施农用地在实际工作中的使用标准，重点要明确选址要求、建设标准、用地规范和使用周期。加快推进农村集体经营性建设用地入市，将有偿收回的闲置宅基地、废弃的集体公益性建设用地转变为集体经营性建设用地入市落到实处。探索宅基地使用权有偿退出与有偿使用办法。完善乡镇、村庄土地利用规划编制。三是推进农村金融系统性改革。强化金融支农功能，扩大农村抵押担保物范围，加快建立农村产权交易中心，完善农村产权价值评估体系。在防范系统性风险的前提下鼓励工商资本进入农业农村进行农业生产经营，健全工商资本下乡的政策支持体系、风险防范体系与配套服务体系。

（五）加快拓宽区域交流协作平台

破解"优质产品出不去，产品优质不优价、外来消费进不来"的难题需要坚持开放发展的理念，坚持"走出去"和"引进来"。一是建设农业开放发展平台。江西省要加强与京津冀、粤港澳大湾区、长三角地区的农业合作，建设江西农产品直供渠道，通过构建紧密型利益共同体的方式引进京津冀、粤港澳大湾区、长三角地区的龙头企业，使江西成为农产品产业链上游。鼓励国内农业科研院所、大型龙头企业在江西建设农产品科研和成果转化基地。积极举办农展会、农业投资合作论坛，拓宽农业合作渠道。二是积极融入国家"一带一路"建设。围绕国家"一带一路"建设，统筹用好国际国内两个市场、两种资源，强化农产品出口转型升级，建立农产品出口龙头企业联系机制，建设和完善优势特色农产品出口标准化基地，支持江西农产品企业主动走出去。从省级层面建立农业对外合作部际联席会议机制，制定符合江西农业发展实际的农业对外合作实施方案。

第八章

江西农村社会事业发展现状与思考

张　琛[*]

党的十九大提出实施乡村振兴战略以来，江西省农村社会事业发展状况得到了极大改善，农村居民生活得到了长足进步，尤其是农村基础设施、农村人居环境、农村教育、医疗、养老等公共服务成效明显。江西省《"十四五"农业农村现代化规划》显示，目前江西省99%的行政村已经纳入农村生活垃圾收运处置体系，农村生活污水处理水平不断提升，农村卫生厕所普及率已经达到94%以上，集中居住1000人以上村庄实现卫生公厕全覆盖，已打造248条美丽宜居示范带，在全国率先全面启动"五定包干"村庄环境长效管护，创新建立农村人居环境治理"5G＋"长效管护平台。总体来看，江西作为经济欠发达地区，财政收入水平不高，提升基础设施建设水平存在资金缺口。

一　江西农村社会事业发展现状与问题

为了更加清晰地了解当前江西农村社会事业发展的基本情况，课题组于2020年对江西省南昌市、鹰潭市、新余市的3个县（区）21个行政村进行了问卷调研，对当前江西农村社会事业的发展情况进行了初步研判，具体情况如下。

＊　张琛，中国社会科学院人口与劳动经济研究所助理研究员。

（一）江西农村社会事业发展现状

1. 农村基础设施整体良好

第一，居民用水需求基本得到满足。78.13%的受访者表示生活用水稳定，没有出现经常停水、水垢多以及水质不佳等问题，这表明当前江西省农村居民用水需求基本得到满足。5%的农村居民表示居民用水存在水垢多的问题，3.75%的农村居民表示居民用水存在经常停水的问题，1.25%的农村居民表示居民用水存在漂浮物的问题。江西省样本农户生活用水面临的主要问题为水垢多、经常停水、水有刺鼻味道、水中有漂浮物。

第二，村庄道路建设状况较好。从村内道路评价的具体情况来看，78.82%的受访者满意度较高，6.47%的受访者表示道路存在坑坑洼洼的问题，5.88%的受访者表示道路存在泥泞、积水的问题，2.94%的受访者表示道路存在尘土漫天的问题，5.88%的受访者表示道路太窄。总体上看，江西省样本区域村民们对于村道路的满意程度较高。

第三，农村居民用电供应充足。68.1%的受访者表示家庭用电稳定，基本没有问题；26.38%的受访者表示有时候会出现停电问题，一年3次左右，停电较少；3.68%的受访者表示经常会出现停电问题，一年大约10次以上，停电频率较大，仅有1.84%的受访者表示使用大功率电器会跳闸。总的来说，江西样本区域用电供应充足，农民家庭电力服务满意度较高。

第四，农村路灯供应存在较大提升空间。56.41%的受访者表示本村路灯够用，接近三成的受访者表示路灯不够用，此外还有部分受访者表示本村没有路灯。这说明中部地区路灯供应存在着较大的区域差异。

第五，农村道路硬化比例较高但互联网入户比例不高。江西省样本村的农村道路硬化比例为75.33%，这表明当前江西地区农村道路硬化比例整体较高，而安装入户宽带的样本农户比例仅为58.35%。

2. 农村环境有较大提升空间

第一，生活污水排放和处理均较不理想。从调查情况来看，江西样本区整体上生活污水集中处理较不理想。从生活污水排放上看，59.78%的受访者表示家庭产生的生活污水是直接通过下水道排放，24.58%的受访者表示污水是排放到露天沟渠，甚至有7.26%的受访者随便把生活污水排放到室外，仅有6.70%的受访者表示生活污水有专门的收集桶处理。从生活污水处理方式看，65.22%的受访者表示是由村（居）委会统一处理，21.74%的受访者表示生活污水处置自己负责，8.70%的受访者表示生活污水的处理方式随意，无专人负责。从村庄对生活污水排放监督来看，24.58%的受访者表示村干部或村委会委托专人监督生活污水处理；59.78%的受访者表示生活污水随意排放会被罚款；6.70%的受访者表示生活污水的排放由村规民约监督惩罚；7.25%的受访者表示生活污水可以随意排放，没有监督措施。由此可见，当前江西省样本所在地区的农村生活污水排放和处理均较不理想，村庄监督力度有待进一步增强。

第二，垃圾集中处理比例高且以村委会免费处理为主。调查数据显示，江西样本地区的生活垃圾集中处理比例高。超过九成的受访者表示村庄里有垃圾桶或垃圾收集点，并有专人定期清运生活垃圾；仅有少数受访者表示虽然有垃圾集中堆放点，但无专人定期清理，生活垃圾由自家处理（焚烧、粪坑等）。从生活垃圾清运方式上看，江西省农村的生活垃圾清运方式以村（居）委会免费处理为主。具体来说，59.01%的受访者表示垃圾是由村（居）委会免费处理，5.59%的受访者选择"其他"，表示是由保洁公司负责清理，而31.68%的受访者表示生活垃圾的定点清理需要缴费，然后由村委会统一清理。

第三，垃圾乱放乱堆得到有效整治。从整体上看，55.15%的受访者表示村干部或村委会委托专门人员监督生活垃圾处理，22.68%的受访者表示本村是通过村规民约的方式监督惩罚；7.73%的受访者表示针对乱扔垃圾的行为会有罚款措施，10.82%的受访者表示村子里没有针对乱扔垃圾行为的监督惩罚措施，而有3.61%的受访者选择"其他选项"表示村民素质较高，没有乱扔垃圾的行为。这表明，当前江西省样本所在区域农村生活垃圾乱堆乱放得到了有效整治。

第四，厕所革命推进较为顺利。78.48%的受访者表示已完成厕所改造，其中 82.91% 的受访者厕所类型为水冲式卫生厕所。根据对农民的访谈，厕所改造最高投入在 20000 元，大多数受访者厕所改造的投入在 2000 元左右。由于政府给予厕所改造的补助较多，农户自家支付金额较少，受访农民群众切实感受到了国家政策带来的福利。

第五，农村生活能源以燃气和电为主。受访者使用燃气和电的占比分别为 55.50% 和 23.56%，未来希望使用的生活能源排序前三位为燃气、电力、太阳能。由此可见，目前样本农民生活能源使用主要是燃气和电，对沼气作为生活能源的接受程度较低，而未来对太阳能作为生活能源的期望程度较高。

3. 农村基础教育水平有待提升

第一，农村学生普遍存在上学远的问题。从整体上看，样本农户对农村上学距离的满意度较低。25.69% 的受访者对幼儿园上学距离较为满意，30.43% 的受访者对小学上学距离较为满意，20.91% 的受访者对初中上学距离较为满意。由此可见，样本农户所在地区普遍存在农村学生上学距离远的问题。

第二，幼儿园数量少且学前三年教育毛入园率有待提升。根据对样本村的统计，只有四家幼儿园、托儿所，幼儿园数量偏少。从学前三年教育毛入园率来看，样本农户所在区域的入园率不足八成。

第三，农村学校硬件水平还存在较大的提升空间。仅有 25.64% 的受访者对幼儿园硬件水平感到满意，非常满意的比例仅为 6.84%；对小学上学距离较为满意的受访者比重只有 27.35%，非常满意的比重为 9.4%；对初中硬件水平感到满意的比例为 26.09%，非常满意的比例为 7.83%。由此可见，样本地区农户对幼儿园和初中的硬件水平满意度偏低，小学的硬件水平满意度虽然相对高些但仍处于较低的水平。

第四，农村学校师资水平还存在较大的提升空间。23.68% 的受访者对幼儿园的师资水平较为满意，非常满意的比例为 5.26%；27.35% 的受访者对小学的师资水平较为满意，非常满意的比例为 7.69%；23.89% 的受访者对初中的师资水平较为满意，非常满意的比例为 6.19%。与对硬件水平的满意度相似，江西样本农户对幼儿园和初中的师资水平满意度偏低，小学的师资水平满意度虽然相对高些但仍处于较低的水平。

4. 农村医疗服务和养老服务亟待加强

第一，农户看病距离远的问题得到了初步解决。69.38%的受访者表示医疗点距离在1公里以内，21.25%的受访者表示医疗点距离在1~2公里，5%的受访者表示医疗点距离在2~3公里，1.88%的受访者表示医疗点距离在3~4公里，2.5%的受访者表示医疗点距离在4公里以上。由此可见，样本农户所在区域的医疗点距离农户普遍较近。

第二，村卫生室是多数农户看病就医的首选地。47.67%的受访者表示看病就医首选地是村卫生室，24.42%的受访者表示看病就医首选地是乡镇卫生院，14.53%的受访者表示看病就医首选地是县医院。这表明，村卫生室是多数样本农户看病就医的首选地。

第三，村卫生室需要改进的方面较多。调研中发现，不足10%的受访者对村卫生室表示满意，绝大多数的受访者认为村卫生室需要改进，主要包括医疗设施设备需提升、医生护士技术水平需提高等。

第四，养老模式认知单一。调研显示，受访者对未来养老模式认知比较单一，46.43%的受访者表示晚年生活如果不能自理，子女负责养老；40.31%的农户认为晚年可以依赖配偶互相照顾。这两种养老模式比较传统，也是农村最流行的养老模式。仅有10.2%的受访者考虑进养老机构养老。由此可见，需不断提高样本农户对养老模式的认知，推动未来养老模式多元化。

第五，未来农村养老服务需要全方面加强。25.22%的受访者认为未来最需要发展的是老年送餐服务，19.91%的受访者认为最需要发展的是上门医疗服务，14.16%的受访者认为要提高老年人便利设施水平，11.06%的受访者认为未来要修建更多的集中养老机构，11.06%的受访者表示要加强对老年人的健康监测和紧急救助服务。由此可见，未来农村养老服务需要全方面加强，重点是加强老年餐饮、老年医疗、养老机构、生活便利设施等服务。

（二）江西农村社会事业发展的典型案例

乡村振兴战略的总要求是"产业兴旺、生态宜居、乡风文明、治理有效、生活富裕"。江西在大力发展乡村产业、建设美丽乡村、优化乡村治理、脱贫致富等方面涌现出一系列典型案例，为打造新时代乡村振兴样板之地提供实践经验。

农村社会事业发展事关产业兴旺、生态宜居以及生活富裕。一方面，农村社会事业所包括的基础设施建设是乡村产业兴旺的物质基础；另一方面，农村社会事业中的农村人居环境提升是乡村生态宜居的核心抓手。农村社会事业的有序发展事关农村居民民生福祉，是生活富裕的重要体现。

基于此，本课题组根据相关资料以及实地调研，对江西部分地区农村社会事业发展的典型案例进行介绍。

1. 江西铜鼓县

江西铜鼓县是我国首批国家全域旅游创建示范县、全国一类革命老区县、国家生态县、国家重点生态功能区、全国电子商务进农村综合示范县和江西省首个中国长寿之乡。2020 年成功获评第四批"国家生态文明建设示范县""省级全域旅游示范区"和江西省首批"美丽宜居示范县"称号，同时铜鼓县也被中国林学会认定为"中国黄精之乡"，荣获"全国康养产业可持续发展 60 强县"称号。铜鼓县生态资源丰富，具有良好的绿色资源禀赋，森林覆盖率高达 88.04%，位居全省第一，因空气中负氧离子含量较高，更是被誉为"天然氧吧"。

近些年来，铜鼓县按照"连点成线、拓线成面、突出特色、整体推进、产村融合、建管同步"的工作布局，加快农村社会事业发展步伐。作为江西省美丽宜居示范县，"美丽""绿色"成为铜鼓县代名词。其中，铜鼓县大塅镇荣获 2017~2019 周期国家卫生乡镇称号，带溪乡获"省级卫生乡镇"称号。永宁镇坪田村获评中国美丽休闲乡村，大塅镇公益村获评全国文明村。在农村人居环境方面，铜鼓县目前已建设 4 个美丽宜居示范乡镇，40 个美丽宜居村庄和 1200 户美丽宜居庭院，投入省、市、县三级财政资金

2580 万元，完成了 86 个省建点的村庄整治建设，完成 10 个示范村庄和 100 个庭院示范户创建工作，共拆除"三房"1600 间，实施危房改造，实现农村危旧房清零。改造农村厕所 1.8 万个，实现村组道路硬化、农户安全饮水全覆盖。新增农村户厕改造 493 户，卫生厕所普及率达到 92.26%。投入建设资金 1578 万元，完成生活污水处理设施建设 8 处、配套管网 29.2 公里，服务人口达 2.89 万人。在农村道路方面，铜鼓县持续加大农村路网建设力度。涉及农村的多条路网已经顺利完工，"四好农村路"建设有序进行。新开工县、乡道升级改造项目 10 个，新增农村"文明示范路"5 条，完成深度贫困村危桥改造 28 座，已初步实现高速公路"县县通"、动力电"村村通"、水泥（油）路"组组通"。

2. 江西婺源县

江西婺源县位于江西东北部，与安徽、浙江两省交界。婺源县因生态环境优美和文化底蕴深厚，荣获全国村庄清洁行动先进县、全国首批四好农村路示范县、全国第二批"绿水青山就是金山银山"实践创新基地、江西省首批美丽宜居示范县、江西省首批"美丽活力乡村+民宿"联动建设试点县以及江西省农村人居环境整治暨新农村建设先进集体等荣誉称号。

为了使得乡村建设行动有章可循、有法可依，婺源县组织编制了发展规划，涉及县总体布局规划、村庄布局规划、村庄产业发展规划等方面。婺源县明确在村庄建设过程中要树立长远眼光，不得破坏古村落以及古建筑风格，不得以牺牲历史文化资源作为乡村发展的条件，重点要保护好自然景观。在基础设施建设方面，婺源县坚持因地制宜的发展思路，发挥古村落的历史文化价值、发挥新村落的现代发展价值，在对村庄环境进行整治的基础上，重点解决违建房、危旧房、废弃房、临时搭建房（棚）、露天粪缸、路边茅厕等问题，重点做好"四建三治一管护"。在农村人居环境方面，通过县、乡、村三级联动的体制机制，依托婺源县农村人居环境"洁净工程"领导小组，开展农村人居环境"洁净工程"建设，解决农村乱搭乱建、广告遍地等问题，建设厨余垃圾微生物气化处理站、垃圾焚烧发电厂等。针对农村厕所，婺源县印发了《婺源县农村厕所革命问题摸排整改工作实施方案》，对农村厕所进行全面整改，进行三格式无害化改造，基本实现户内厕所水冲式有效保洁、户外粪污三格式有效利用、村内管道网络式有效收集以及村外污水生态式有效处理的发展目标。

3. 江西横峰县

江西横峰县位于江西上饶市，入选了 2017~2019 周期国家卫生乡镇（县城）命名名单。江西省横峰县以"秀美乡村、幸福家园"为目标，按照"点线面"融合的思路，实现了"四个 100%"，即 100% 自然村干道和入户道硬化、100% 农户饮上干净水、100% 农户住房安全以及 100% 村庄通电通广播通网络，在江西省是首个完成了 25 户以上自然村的改路、改水、改厕、改房、改沟、改塘、改环境等基础设施改造工作的县。通过拆违章房、拆废弃房、拆危旧房、拆围墙、拆钢棚以及清垃圾、清淤泥、清杂物、清路障、清杂草，美化了乡村环境；通过"户分类—村收集—乡转运—县处理"的垃圾处理模式，扩大了农村垃圾无害化处理的覆盖面。

在点上，横峰县十分注重区域差异性，坚持因地制宜，对交通区位好、资源禀赋足的村庄，在村庄建设中融入乡村旅游元素，打造旅游型村庄；对于具有独特产业基础的，注重产业融合，打造亮点型村庄；对于普通村庄，完善村庄道路、饮用水、厕所、房屋、沟渠、池塘等基础设施。在线上，横峰县将一个个"点"连成"线"，系统性改造山水林田生态系统，打造旅游风景线。在面上，制定乡村建设行动发展规划，组建了由县委书记任第一组长，县长任组长的工作领导小组，依托《秀美乡村全域规划》，实现村庄、产业、土地、旅游、环境、公共设施配套的一体化发展，针对"普及村、亮点村、景点村"进行分类指导建设。

4. 江西武宁县

江西武宁县位于江西九江市，地处江西西北部，位于南昌、武汉、长沙三个省会城市经济圈内，目前获得了全国村庄清洁行动先进县称号。在农村人居环境方面，武宁县农村人居环境实现了"颜值提上来，生活美起来"的目标。武宁县通过深入开展村庄清洁行动，在无害化卫生厕所普及、农村垃圾无害化处理、农村污水处理等方面取得了成绩。其中，无害化卫生厕所普及率超过 90%，农村垃圾无害化处理率超过 98%；集中式污水处理设施的行政村覆盖比例为 34.8%。武宁县率先探索建设了农村人居环境治理"万村码上通"5G＋长效管护平台，实现农村人居环境治理的智能化转变。在农村道路基础设施方面，武宁县以"布局合理、功能完善、覆盖广泛、均衡且可持续发展"为发展思路，不断完善公路服务设施网络，按照硬化、绿化、亮化、美化、文化的标准，提升"四好"农村路标准，其中罗坪至长水公路入选全国美丽乡村路。

（三）存在的主要问题

1. 基础设施既"建"又"管"缺乏资金

农村社会事业发展离不开真金白银的投入，江西作为经济欠发达地区，财政收入水平不高，提升基础设施建设水平存在资金缺口。调研中发现，农村公共基础设施建设虽然取得了长足进步，但是由于缺乏资金，普遍面临着建设不完备和管护不到位的问题。例如，一些乡镇投入足量财政资金用于污水处理管道建设，但部分乡镇建设的污水处理站成为摆设；一些地区农村人居环境改造工程经费筹备困难、拨付不到位，导致负责农村人居环境运营公司资金周转困难，很难稳定运营；养老服务设施建设需要大量资金支持，存在设施建设、管理、维护不到位的问题。

2. 专业人才队伍缺乏

人才兴，百业兴。调研中发现，从事农村社会事业的高水平、专业化人才队伍匮乏，存在数量少、质量低的问题，尤其是农村人居环境、农村教育、公共文化事业等领域的专业人员缺口较大。一些高层次人才难以下沉基层，即便引进来，也很难留得下。例如，农村人居环境服务的人员以年龄较大的女性为主，职业素养、责任意识有待提高；医疗队伍以专科生为主，养老护理、医疗保健等专业护理人员极度缺乏；一些学校普遍缺乏音乐、体育和美术等课程老师。

3. 长效机制缺乏

农村社会事业实现健康发展，需要建立健全长效机制，调研中发现当前农村社会事业长效机制亟待建立，表现在部分乡镇缺乏适合本地发展的科学规划，一些村庄规划流于形式，没有明确的治理目标，农村社会事业发展没有清晰的具体规划。此外，高昂的部门之间的协调成本，也成为制约农村社会事业发展的因素。这是因为，一项农村公共社会事业往往涉及多个部门，多个部门之间的协调成本较高。

4. 民生服务存在短板

调研中了解到，乡镇干部普遍指出农村教育、医疗和养老是农村公共事业的突出短板。农村学生上学远、农村教学点数量少、硬件设施薄弱、师资队伍力量不足是农村教育中存在的突出问题。同时，基层干部在访谈中也指出：乡镇学生多是留守儿童和贫困户儿童，教师待遇普遍较低，部分优秀乡村教师留不下；社区卫生室医疗硬件设施差，村医年龄偏大、专业能力不强；养老服务也存在基层管理服务水平不到位、专业护理人员缺失等问题。

（四）江西农村社会事业发展相关政策文件内容

1. 乡村基础设施

一是高度重视农村数字基础设施建设。《江西省"十四五"新型基础设施建设规划》明确指出，要以农业产业链大数据公共服务平台为抓手健全江西省级农业农村信息系统，提升农村地区千兆网络建设水平，覆盖更多行政村和自然村。二是构建高效物流配送体系。《江西省"十四五"新型基础设施建设规划》提出，构建县、乡、村三级智慧物流网络，实现物流公共信息平台与大型物流企业数据互联互通，优化物流资源体系。三是加强农村公路基础设施建设。《江西省"十四五"综合交通运输体系发展规划》指出，高标准建设县道三级、建制村通双车道的农村公路体系，让90%县域实现快递物流中心覆盖、80%乡镇实现"快递超市"覆盖、85%建制村实现邮件快件转接点覆盖。

2. 农村人居环境

一是扎实推进"厕所革命"。2017年印发的《"健康江西2030"规划纲要》要求实施农村改水改厕工作。2022年颁布的《关于印发江西省农村人居环境整治提升五年行动实施方案的通知》对"厕所革命"提出了更高要求，即推行"黑灰水"分流处理，因地制宜建设农村公共厕所以及加强"厕所革命"的监督管理。二是完善农村生活垃圾治理体系。《"健康江西2030"规划纲要》明确要求全面加强农村垃圾治理。《江西省农村人居环境整治提升五年行动实施方案》明确了农村生活垃圾治理原则和方式，即户分类、村收集、乡镇转运、区域处理和就地分类减量。三是完善农村生活污水处理体系。《"健康江西2030"规划纲要》指出要实施农村生活污水治理工程。《江西省农村人居环境整治提升五年行动实施方案》提及了农村生活污水处理设施的重要性，并按照渐进性的原则逐步实现"建成一个、运行一个、见效一个"。四是推进美丽乡村建设。《江西省农村人居环境整治提升五年行动实施方案》明确了美丽乡村建设的基本布局以及具体重点内容，包括道路、供水、厕所、照明、排水沟渠、河塘、"三房"整治、日常管护等。

3. 乡村医疗卫生

一是构建紧密型县域医疗服务体系。2021年印发的《江西省"十四五"医疗卫生服务体系规划》指出要加快构建以县医院为主、乡镇卫生院为枢纽和村卫生室为基本单元的县乡村一体化紧密型医共体，理顺工作体制机制，强化服务保障体系。针对不同村庄的人口分布情况，因地制宜优化行政村卫生室的功能定位，确保村卫生室在常住人口数量较多的村庄全覆盖。二是推进村庄医疗服务保障能力提升。2019年印发的《健康江西行动的实施意见》要求，推进农村妇女宫颈癌和乳腺癌检查、提升乡村糖尿病检测能力。2021年出台的《江西省"十四五"卫生健康发展规划》也指出，全面提升村卫生室服务水平，实现到2025年基本普及农村卫生厕所。

4. 乡村养老服务

一是完善农村养老基础服务设施。2019年发布的《江西省养老服务体系建设发展三年行动计划（2019—2021年）》要求乡镇养老院的建设布局要优化、农村养老基础设施的短板要补齐，农村基本养老服务网络要以乡镇为中心。2021年印发的《关于加快推进养老服务高质量发展的实施意见》，要求县乡村三级养老服务网络要做到布局完善、功能互补、统筹衔接，打造"一县一中心、一乡一阵地、一村一场所"的高质量农村养老服务格局；二是加强体制机制建设。《江西省养老服务体系建设发展三年行动计划（2019－2021年）》指出，要培育农村互助服务队伍，加快建立农村留守、空巢老年人信息台账和探视巡访制度。《江西省民政事业发展"十四五"规划》也进一步指出，坚决落实农村留守、空巢等老年人日常探视、定期巡访、结对帮扶三项制度。此外，江西省也明确了农村养老服务体系的目标，即到 2025 年每个县（市、区）建有 1 所特困失能人员集中照护机构、每个乡镇完善 1 所敬老院，85%以上的建制村建有具备助餐等功能的互助养老服务设施。

二　政策建议

（一）以生产生活生态统筹为目标，持续改善农村人居环境

2022 年 3 月江西省委办公厅和江西省人民政府办公厅出台的《关于印发江西省农村人居环境整治提升五年行动实施方案的通知》明确了农村人居环境的发展目标，未来仍然需要以农村生活垃圾污水治理、厕所革命、村容村貌提升为主攻方向，强化村庄环境长效管护，努力建设一批生态宜居美丽乡村，发挥江西绿色生态的优势，建成全国农村人居环境的"样板"。继续支持农村户用卫生厕所改造，鼓励厕所入户入院，优化垃圾收运处置设施布局，积极探索农村生活垃圾分类处理模式，加快农村生活垃圾就地分类减量、有序回收、资源化利用体系建设，加大城市垃圾和工业垃圾上山下乡、垃圾围村等问题整治力度。选择符合当地农村实际的生活污水治理技术，因地制宜处置生活污水。更为重要的是，全面落实"五定包干"的农村人居环境管护长效机制。

（二）以科学规划为引领，构建多元投入机制

农村社会事业的发展要因地制宜，根据当地经济发展水平、资源禀赋合

理制定发展规划，制定符合实际的农村社会事业发展任务书、路线图，杜绝"翻烧饼"式改革，形成部门之间的联动效应。建立以政府投入为主导、村集体和农民投入相结合，在防范风险的前提下鼓励支持社会力量参与的多元投入机制。建立严格的公共财政投入体制机制，加强资金监管，避免出现资金"拆东墙补西墙"的问题。

（三）以大力发展农村教育为基础，提升乡村人力资本水平

不断改善农村办学条件，根据学生数量变化以及教师数量变化优化教学网点布局，坚持以动态、长远的眼光办乡村教育。加快普及农村地区学前教育，逐步提高农村中小学公用经费的额度。不断加大对义务教育的投入，因地制宜改善学生上学条件，比如设置营养早餐、提供校车服务等。重视基层教师队伍建设，稳步推进农村义务教育学校教师"县管校聘"改革及校长教师轮岗交流，保证农村教师队伍稳定，补齐通识类课程教师数量短板，加大城镇教师支援农村教育力度，促进城乡义务教育均衡发展。

（四）以强化医疗健康服务为抓手，筑牢乡村健康长城

目前，乡镇卫生院的服务范围基本上只能应对常见的流行疾病，且大多只能提供医药治疗服务和输液服务，不能进行手术等技术性治疗，不少村卫生室只能提供拿药服务，不能提供输液服务。建议改善乡镇卫生院和村卫生室的设备条件，不断提升乡镇卫生院服务人才的专业化水平，鼓励支持乡村医生深造学习，加强对农村乡镇卫生院医疗服务人员的培训，定期进行交流学习培训活动，鼓励具备专业医学知识和职业资格证书的人到基层服务，为三甲医院医生入乡做好福利保障。逐步提高乡村医生待遇水平，加快构建县乡村三级医疗卫生保障服务体系，重点提升县城医院医疗水平，稳步推进县域紧密型医共体建设。

（五）以构建多种养老形式为切入点，应对人口老龄化冲击

随着我国人口结构发生重大转变，未来农村人口老龄化比例会快速上

升。当前家庭养老仍然是农村养老的主要方式，建议通过政府购买服务方式加大对农村居家养老支持力度，完善农村社区养老、养老院等其他养老方式，加大农村养老机构建设投入力度，拓宽养老机构服务内容，大力发展互助养老，鼓励老年人相互照顾与扶持。通过构建多种形式的养老服务，不断满足农村老年人养老需求。加大对农村老年人服务的经费投入，举办丰富多彩的老年活动，关注农村留守老人精神孤独问题。加快构建县乡村一体化的农村养老服务体系，加快构建一批养老护理专业人才队伍，提升养老服务中心在乡镇层面的覆盖比例，优化村级幸福院、日间照料中心的硬件条件，加强农村老年餐桌建设，提升护理型养老床位的覆盖率。

第九章
景德镇市农民工就业调研报告

赵 文 易外庚[*]

景德镇市位于江西省东北部，是江西省地级市，著名瓷都。根据地方相关部门提供的资料和课题组调研的资料，笔者整理了景德镇市农民工就业调研报告。2021 年，景德镇市常住人口为 162 万人，实现地区生产总值 1102.31 亿元，三次产业结构比为 6.5∶44.2∶49.3，人均地区生产总值 68049 元。景德镇市坚决贯彻党中央、国务院做好"六稳"工作、落实"六保"任务的决策部署，稳就业举措全面落地，劳动力市场需求升温，就业形势逐季好转，至 2021 年已总体稳定、好于预期。

一 景德镇市就业形势和稳保就业基本情况

（一）景德镇市就业形势

突如其来的新冠疫情对景德镇市就业工作造成一定的冲击和影响，2020 年一季度就业开局艰难，之后随着复工复产稳步推进，稳就业举措全面落地，劳动力市场需求升温，就业形势逐季好转，到 2021 年已总体稳定、好

---

* 赵文，中国社会科学院人口与劳动经济研究所副研究员。易外庚，江西省社会科学院社会学研究所所长。

于预期。主要有以下特点。

一是"增"。2020 年，全市城镇新增就业 17710 人，新增转移农村劳动力 20798 人，超额完成年度目标任务。到 2020 年 6 月底，全市城镇新增就业 11218 人，完成年度任务的 64.5%；新增转移农村劳动力 12647 人，完成年度任务 65.2%。二是"稳"。2020 年，全市城镇登记失业率 3.12%，比全省严控的 4.5% 的失业率低了 1.38 个百分点。2021 年的城镇登记失业率为 2.85%，失业水平始终保持在平稳可控的范围。三是"活"。随着新业态的涌现、新消费的扩展，夜市经济、零工经济、平台经济越来越火，投身新经济新业态灵活就业的人员越来越多，新职业、新业态已经成为吸纳就业的重要蓄水池。比如，2020 年启动的陶溪川直播基地，已开放 79 个直播间，1500 多家商户报名，孵化联动产业带主播 3000 多人，帮助 1 万多家传统商家通过直播创收。

景德镇市的就业形势大致能够代表江西省的总体情况。为进一步了解稳就业政策的实效、及时掌握全省企业用工情况、准确研判就业形势，2021 年 6 月，省统计局在全省范围内共抽取了 606 家企业开展用工情况调查，涉及制造业，建筑业，批发和零售业，交通运输、仓储和邮政业，住宿和餐饮业，房地产业，租赁和商务服务业等 7 个行业。调查结果显示，企业用工形势总体平稳，用工结构逐步优化，但岗位流失率较高、用工成本增加等现象日益突出，企业用工面临压力需引起关注。

从业人员平稳增加，生产效益趋势向好。调查显示，2021 年 6 月末，调查企业中从业人员 33.37 万人，比去年末增加 6719 人，环比增长 2.1%。从业人员比上年同期增加的企业 234 家，占 38.6%；减少的企业 239 家，占 39.4%；持平的企业 133 家，占 22.0%。从业人员企业用工需求指数〔企业用工需求指数 =（用工需求增加的企业占比 + 用工需求持平的企业占比）/2〕为 49.6%，比上年 12 月末的 50.8% 下降 1.2 个百分点，用工需求指数略有下降。调查企业中，利润总额比上年同期增加的企业 279 家，占 46.0%，环比上升 16.3 个百分点；利润与上年同期持平的企业 181 家，占 29.9%，环比上升 1.9 个百分点；利润减少的企业 146 家，占 24.1%，环比下降

18.2 个百分点。

企业用工预期良好，用工结构不断优化。调查预计，2021 年下半年用工人数比 6 月末增加的企业 183 家，占 30.2%，环比上升 1.3 个百分点；预计用工人数减少的企业 77 家，占 12.7%，环比上升 0.3 个百分点；预计用工人数持平的企业 346 家，占 57.1%，环比下降 1.6 个百分点。调查企业中，上半年共招录员工 7.21 万人，其中普通员工 6.30 万人，占新招录员工的 87.4%，比 2020 年下半年下降 2.2 个百分点；专业技术人员 0.28 万人，占新招录员工的 3.9%，比去年下半年上升 0.6 个百分点；技术岗位操作人员 0.52 万人，占 7.2%，上升 1.7 个百分点。

传统服务业用工形势好转，疫情影响减弱。调查显示，从用工人数减少的原因来看，"受新冠疫情影响，订单或者业务量减少"占 23.9%，环比下降 18.3 个百分点；"企业经营收缩，生产任务或者业务量不足"占 28.9%，环比下降 2.9 个百分点。其中，住宿餐饮业用工减少的企业中，"受新冠疫情影响，订单或者业务量减少"和"企业经营收缩，生产任务或者业务量不足"分别占 45.8% 和 29.2%，环比分别下降 34.2 个和 15.8 个百分点；批发和零售业用工减少的企业中，"受新冠疫情影响，订单或者业务量减少"和"企业经营收缩，生产任务或者业务量不足"分别占 21.7% 和 34.8%，环比分别下降 20.2 个和 0.2 个百分点。

普通员工底薪上涨较快，用工成本压力依然存在。上半年，新招普通员工月底薪中位数为 3500 元，比去年下半年的 3200 元增长 9.4%。底薪同比上涨的企业占 48.9%，比去年下半年上升 10.2 个百分点。其中，上涨 5% 以下、5%～10% 的企业分别占 26.4% 和 18.5%，分别上升 6.2 个和 4.9 个百分点。底薪不变和底薪同比下降的企业分别占 49.2% 和 2.0%，比去年下半年分别下降 7.0 个和 3.0 个百分点。在底薪上涨的企业中，用工成本压力明显增大的企业占 17.6%，有压力但能消化的占 69.9%，压力较小或没有压力的占 12.5%。

员工离职率偏高，制造业员工流失较普遍。上半年，调查企业中离职员工 6.54 万人，占去年年末从业人员的 20.0%，尽管员工离职率有所下降，但上半年仍有 1/5 的员工离职，岗位流失较为普遍。分行业看，制造业企业员工离职率达 24.7%，上半年有近 1/4 的员工离职，其中，普通员工占离职员工的比重最高，占 87.9%；住宿和餐饮业、批发和零售业、租赁和商务服务业企业员工离职率分别为 20.3%、15.1% 和 14.0%。

"招工难"问题凸显，结构性矛盾依然突出。71.0% 的调查企业存在"招工难"问题，环比上升 6.2 个百分点。其中，"招工难"存在但不太严重的占 49.7%，环比上升 1.3 个百分点；比较严重的占 20.0%，上升 2.1 个百分点；非常严重的占 1.3%，下降 1.2 个百分点。从"招工难"的原因看，"求职者对薪酬、就业环境等期望过高"占 81.4%，"符合岗位要求的应聘者减少"占 70.2%。分岗位看，专业技术人员的需缺程度最高，需缺专业技术人员的企业占 59.4%，需缺普通员工、技术岗位操作人员和经营管理人员的企业分别占 52.8%、50.0% 和 39.8%。企业反映前来求职的应聘者较多，但劳动者技能与岗位需求不适应，专业技术人员"招工难"的结构性矛盾依然突出。

通过实地调研走访，某制造业企业负责人表示，员工流失率，尤其是技术人才的流失率相对更高。一方面员工薪酬不断提高，对企业来说成本压力较大；另一方面即使是提高待遇，也依然难以稳定员工队伍。技术人才对薪酬待遇、工作环境、职业上升渠道有更高要求，人才引进难、留住难的问题日益严重。

（二）稳保就业工作基本情况

景德镇市相关部门充分认识到，稳就业，既是稳经济、稳预期，也是稳民生、稳信心。2020 年疫情防控期间，景德镇市专门成立了有效应对疫情、保用工、稳就业促发展工作领导小组，加强对全市稳就业工作的组织领导与统筹协调，压紧压实了各成员单位的责任。注重强化政策供给，先后出台了《景德镇市稳就业三年行动计划（2020 年–2022 年）》《关于疫情防控期间稳就业强保障促和谐"十一条"措施》《关于落实"保居民就业、保基本民生、保市场主体"任务二十条政策措施》《关于扩大失业保险保障范围的实施意见》等一系列政策文件，较好地稳定了社会预期。2021年6月，市政府常务会议专门传达学习全国就业创业工作暨普通高等学校毕业生就业创业工作电视电话会议精神，并研究讨论了贯彻落实的具体措施，自觉将思想和行动统一到党中央、国务院"要优先稳就业保民生"的决策部署上来，真正把稳就业保就业作为当前最重要、最紧迫的任务，抓紧抓实抓到位。

景德镇市对企业进一步加大了政策扶持力度，拿出真金白银援企稳岗，帮助企业渡过难关，保障劳动者基本生活。一是"返"。对不裁员或少裁员的企业给予失业保险稳岗返还。2020年以来，共对783家企业实施一般企业稳岗返还1895.15万元，稳定企业职工62765人，对4家企业实施困难企业稳岗返还2486.58万元，稳定企业职工4144人。二是"补"。用好用足社保补贴、培训补贴、吸纳就业补贴等政策，积极支持企业吸纳就业、支持参加各类培训。2020年以来，对防疫期间2家重点物资生产企业发放一次性稳岗补助107.28万元。为21家单位发放社保补贴221.36万元。发放企业职工岗位技能培训补贴31529人4742.43万元。三是"免"。2020年以来，全市共为企业减免三项社保费46551.81万元，其中减免企业基本养老保险费41956万元、工伤保险1998.16万元、失业保险费2597.65万元。四是"扩"。积极落实失业保险扩围政策，2020年以来，共发放失业保险金1767.95万元，代缴基本医疗保险费323.65万元，发放价格临时补贴44.1万元；发放失业补助金2742.7万元。

重点群体稳则就业大局稳。2020年以来，景德镇市认真抓了高校毕业生、农民工、退役军人、就业困难人员等重点群体的就业工作。一是着力做好高校毕业生等青年就业工作。注重挖掘潜力，多渠道促进高校毕业生就业。积极引导高校毕业生到基层就业，2020年"三支一扶"招募67人，2021年计划招募48人。加大事业单位招聘高校毕业生力度，2020年招聘应届毕业生182人，2021年招聘计划正在收集中。2020年以来，共安排青年见习636人。为3710名高校困难毕业生发放一次性求职补贴371万元。二是积极促进农民工就业。加强地区间劳务协作，加强跨省农民工的就业流转，2021年3月，与厦门14家单位对接，送岗入乐平、浮梁各乡镇，达成

70 余名用工意向；6 月，组织市内重点缺工企业赴甘肃临夏州进行劳务对接。支持农民工就地就近就业，落实返乡入乡创业政策，共为 120 名农民工创业者发放贷款 1823 万元、带动就业 360 人，为 60 名农民工创业者发放一次性创业补贴 30 万元。在全国率先落地实行淘宝直播"村播"项目，帮助农户实现就业增收，销售总额达 2360 余万元。农民工在就业地可平等享受就业服务政策。三是扎实做好退役军人就业工作。建立健全景德镇市促进退役军人就业再就业联席会议工作机制，打造了集退役军人就业信息服务、就业培训跟踪等功能于一体的就业综合服务平台。先后举办线上线下退役军人专场招聘会 4 场，累计提供 5205 个岗位，解决 230 余名退役军人就业问题。为 32 名退役军人提供资金扶持 974 万元。四是全力做好困难群体就业工作。继续巩固脱贫攻坚成果，防止脱贫户返贫，对接乡村振兴发展。2020 年以来，为 1233 名贫困劳动力开展培训，为 4769 名外出务工贫困劳动力发放交通费补贴 196.07 万元，市内 20 家扶贫车间吸纳就业 116 人。对通过市场渠道难以实现就业的，积极开发公益性岗位托底安置，2020 年开发公益性岗位 2746 个，2021 年 6 月底，开发公益性岗位 1753 个。让 6 名退捕渔民分别享受退休农村养老保险待遇和农业技能培训。零就业家庭安置率 100%。

加大对初创实体的支持力度，提供场地支持、租金减免、税收优惠、创业补贴等政策扶持，持续释放创业带动就业的倍增效应。一是搭建平台。大力推进创业孵化基地建设，为创业者提供低成本场地和优质创业服务，目前全市共打造创业孵化基地 7 个，其中国家级 2 个（大创园、邑空间），孵化经济实体 1655 个，带动就业 5169 人，2020 年以来发放运行费补贴 734.33 万元。另外，还专门打造了 3 个退役军人就业创业园地。二是资金扶持。为解决创业者"资金难"，景德镇市通过优化申请流程，提高贷款额度，降低反担保门槛，创新信贷服务模式，特别为"景漂"创客推出"景漂贷"和对高层次人才实行"人才贷"等。2020 年以来，全市发放创业贷款 7.66 亿元，扶持 3523 人创业，带动就业 11359 人。加强资金保障，解决企业融资需求难题，截至 5 月底，融资担保公司金融服务规模突破 34.67 亿元，其中

2021 年新增金融服务达 20.72 亿元，其中担保贷款 15.15 亿元，惠及中小微企业 328 家。三是以赛促创。2020 年，景德镇市高标准承办了第四届"中国创翼"创业创新大赛暨就业创业服务经验交流活动，受到国家、部级、省级领导充分肯定，人社部、省人社厅专门致信景德镇市予以表扬。此外，景德镇市作为"高岭杯"全国陶瓷职业技能竞赛总决赛固定协办城市，已成功举办六届该总决赛，参与者近万人。

加快提升劳动者技能素质，先后印发了《2020 年景德镇市职业技能提升行动绩效考核考评办法》《关于下达 2020 年职业技能提升行动各县（市、区）及市直有关单位补贴性培训计划的通知》《关于进一步做好疫情期间线上技能培训工作的通知》《关于落实受疫情影响困难企业以工代训政策的通知》等指导性文件，并多次召开职业技能提升领导小组工作会议及工作推进会，深入推进技能提升培训工作。2020 年以来，全市共培训 5.27 万人次，累计使用专项补贴资金 5978.43 万元。2021 年，为深入实施职业技能提升行动创业培训"马兰花计划"，景德镇市举办创业导师培训班，培养创业导师 57 人，并举办第三届马兰花全国创业培训讲师大赛景德镇市选拔赛。截至 6 月底，全市开展创业培训 2803 人。

持续打造覆盖全民、贯穿全程、辐射全域、便捷高效的全方位就业公共服务体系，满足社会求职招聘创业等多方面的需求。一是开展线上线下招聘活动。2020 年，景德镇市全面采取线上线下双效模式，组织招聘 164 场，提供就业岗位 15.7 万余个，为 12.6 万余人次提供公共就业服务，达成就业意向 9300 余人次。2021 年，景德镇市继续将线上线下相结合，举办"百千万线上线下招聘专项活动"和高校毕业生专项行动等招聘会共计 60 场次，2442 家单位提供就业岗位 10.4 万余个，为 2.4 万余人次提供公共就业服务，达成就业意向 3300 余人次。二是打造人力资源市场。2021 年，按照"国标"和"省标"，全力打造线上线下人力资源市场，使其具备综合性服务功能，现已举办民营企业招聘、退役军人招聘和每周四"集市日"招聘活动等大型招聘活动。三是加快就业公共服务体系建设。扎实推进人社公共服务体系建设，打造一体化公共服务平台，已实现 23 项就业服务事项"一窗受理""一网通办",让服务对象办事"只跑一次"或"一次不跑";精简办事流程,所有就业业务申请材料平均精简 48%、流程环节平均精简 14%、办理时限平均压缩 43%。

二 促进农民工就业情况

(一)促进农民工就业创业情况

农民工就业总体情况。景德镇市农村人口大约是 76.8 余万人,约占全市总人口的 43%,主要分布在下辖的乐平和浮梁两大农业县市。景德镇市农民工中 96% 的人员都已返回原工作单位或选择外出务工,外出务工人员约 30.057 万人,约占农村劳动力总人数的 40%;1% 左右的人暂无就业意愿(生病、家庭等原因),只有不到 3% 的人选择留在本市内就业。从外出务工者年龄结构看,18~45 岁约占到 80%,45 岁以上约占 20%;从文化结构上看,初中以下文化程度、无一技之长者约占 65%,高中、中专文化程度者约占 30%,大专以上学历者约占 5%;从行业分布上看,主要分布在建筑业、工业、交通运输业、社会服务业的劳务性岗位,景德镇市的农村劳动力就业大部分还停留在就业的初级阶段。在新增转移农村劳动力方面,截至 5 月底,全市新增转移农村劳动力 9991 人,其中省内转移 4619 人,省外转移 5372 人。省外务工主要输出地为浙江(占省外务工总数的 40.78%)、福建(占省外务工总数的 11.34%)、广东(占省外务工总数的 13.3%)。

农民工就业服务保障工作情况。全力打造均等的农民工求职平台。一是搭建多渠道就业供需平台。采取线上线下双效模式,开展招聘会 49 场,为 2.35 万余人次提供公共就业服务,达成就业意向 3000 余人次。其中贫困劳动力招聘活动 20 场,806 家用工单位入场提供岗位 2.5 万余个,入场 1.1 万余人,达成就业意向 1100 余人。二是升级人力资源市场。按照"国标"和"省标",以建成景德镇市规模大、服务功能完善,覆盖人才、劳动力、毕业生等各类就业群体的综合性市场为目标完成对市人力资源市场的升级打造,目前已举办市民营企业招聘，并恢复定期周四"集市日"招聘。此外，浮梁县也通过劳动力超市在社区人员密集处设立劳动力超市电子屏，及时发布临时零工、兼职、季节工等非正规就业信息，帮助农民工谋岗。三是加强地区间劳务协作。6月初，景德镇市组织薪酬待遇较好、用工环境较优的7家重点缺工企业赴甘肃临夏州进行劳务输转对接，加强跨省农民工的就业流转。

落实农民工职业技能培训情况。一是针对已就业的农民工，重点支持企业开展技能培训。2020年以来共举办农民工岗前培训476人。二是针对农村富余劳动力，开展康养服务、家政、烹饪等就业技能培训，针对有创业意愿的农民工，大力开展创业培训。截至目前，景德镇市通过就业技能培训培训农村转移劳动力1988人，通过创业培训培训农民工152人。三是以培训助推优质农民工劳务品牌建设。为做好乡村振兴，通过培训助力农民工劳务品牌的培育，如景德镇市浮梁县结合地域特色，努力将"制茶师"项目培育成具有代表性的农民工劳务品牌，通过大力开展茶叶栽培、茶叶制作培训，提升农民制茶技艺，带动农民工增收致富。

农民工享受均等的创业帮扶政策情况。2021年5月底，共扶持农民工创业106人（其中：返乡农民工4人，农民自主创业102人）。一方面以孵化基地为阵地，每年为孵化基地内创业的农民工提供各类就业政策咨询和资金帮扶。目前，全市创业孵化基地中在孵的农民工经济实体28户，2020年5月底，为其发放运行费补贴21.42万元。此外，还为51名农民工创业者发放一次性创业补贴25.5万元。另一方面为创业贷款解难题，为解决农民工创业者"资金难"，景德镇市通过优化申请流程、提高贷款额度、降低反担保门槛，创新信贷服务模式。截至5月底，共为106位农民工创业者发放贷款1608万元，带动就业318人。

推动农民工参加社会保险情况。一是完善养老保险制度。灵活调整政策措施，简化养老保险各项手续，便于转移就业农民工继续参加养老保险。二是不断完善医疗保障制度，保障农民工依法享受基本医保待遇。生育保险与职工基本医疗保险合并实施，在用工单位参加了职工医保的农民工，同步参加生育保险，个人不用缴纳生育保险费，农民工未参保或参加了居民医保的配偶生育的，可按职工医保待遇享受生育保险；逐年提高城乡居民医保财政补助，2019~2021 年三年每年提高了财政补助资金 30 元/人，2021 年达到了 580 元/人；统一了全市职工基本医疗保险和大病保险政策，进一步提升了职工医保的规范化、标准化水平，为农民工提供了公平适度和可持续的医疗保障服务；做实做好异地就医直接结算工作，景德镇市异地就医系统已实现和全国近 4.5 万家医疗机构对接，省内异地开通门诊、门慢、住院"一站式"结算，同时，全市二级以上定点医院已全部接入异地就医系统。景德镇市跨省异地就医直接结算网备案已通过国家实测，可通过国家医保服务 App、国家异地就医备案微信小程序办理，实现了动动手指即可办理备案，针对本地的转院业务备案，积极和定点医疗机构沟通，由医院发送转院表，即可由经办机构办理备案，切实为农民工异地就医提供便利；参加基本医疗保险的农民工，基本医疗保险关系转移接续时，基本医疗保险缴费年限可累计计算；积极贯彻执行国家集中组织采购药品使用的落地落效，让有治疗需要的农民工患者用上降价药品，切实减轻农民工患者的医疗负担。

（二）分层次推进农民工市民化情况

农民工随迁子女平等接受教育情况。截至 2020 年 12 月底，景德镇市义务教育在校学生 231502 人，随迁子女 26938 人，占在校生的 11.64%。全市随迁子女就读在市直学校的 4889 人、昌江区学校的 5255 人、珠山区学校的 14115 人、浮梁县学校的 1564 人、乐平市学校的 602 人、昌南新区学校的 513 人。一是政府保障。为保障随迁子女接受义务教育，印发了《关于进一步做好进城务工就业农民子女义务教育工作的通知》《关于做好 2021 年全市进城务工人员随迁子女就学工作的通知》《进城务工人员子女接受义务教育实施办法》等政策文件，坚持"以流入地政府管理为主，以全日制公办学校为主"的原则，建立了子女入学联席会议制度，将解决随迁子女接受义务教育问题纳入城市义务教育工作。同时，明确了凡不能有效保障随迁子女就学的地方，不应全面推行"小班化"教学。对于小学适龄儿童，由市、县（市、区）教育行政部门根据其在景德镇市实际居住地址，按划定的学区，就近统筹安排在各小学就读。对于城区初中招生，景德镇市有提前招生、对口直升、联合办班、推荐入学、自主招生、指定入学、按志愿调剂录取等7种招生方式，随迁子女均可享受。二是强化管理。建立城乡义务教育一体化改革发展长效机制，加快推进县域内城乡义务教育学校建设标准统一、教师编制标准统一、生均公用经费基准定额统一、基本装备配置标准统一和"两免一补"政策城乡全覆盖等工作，实现城乡义务教育在更高层次的均衡发展；针对随迁子女流动性大的特点，为这些学生建立了专门的学籍档案，加强学籍管理，防止学生辍学，同时，为外出学生建立并妥善管理好学籍档案。对外出务工就业农民子女返回景德镇市就学，积极指导并督促学校及时办理入学等有关手续，禁止收取任何费用；各级学校加强与随迁子女学生家庭联系，建立家校联通机制，及时了解学生思想、学习、生活等情况，帮助他们克服心理障碍，尽快适应新的学习环境，明确要求在报名收费、评优奖励、入队入团、课外活动等方面，对随迁子女与当地学生一视同仁，不得单独编班，必须实行统一管理、统一教学、统一要求，保证教育教学质量。

农民工住房保障情况。为进一步做好景德镇市中心城区城镇住房保障工作，着力解决农民工住房困难问题，景德镇市制定了《景德镇市中心城区公共租赁住房租赁补贴发放实施细则》，明确了对城镇中等偏下收入住房困难家庭和新就业无房职工、在城镇稳定就业的外来务工人员等新市民在轮候期内给予保障。同时，租赁补贴标准由原10元/（月·平方米）提高至15元/（月·平方米），以租赁补贴为主、实物配租为辅，鼓励和支持符合公租房保障条件的对象通过市场租房居住，由政府给予货币化补贴的方式予以保障。这大大地解决了符合住房保障条件的农民工住房困难问题。

农民工城镇落户情况。一是认真贯彻居住证制度实施办法。认真抓好市、县两级服务中心的建设运行，市级流动人口服务中心进驻市行政服务中心，并在陶溪川、三宝瓷谷建立流动人口服务管理站，方便农民工等外来人员快速申领居住证，确保景德镇市居住证制度的有序高效实施。二是出台《景德镇市公安机关户口登记管理实施细则》。迁移落户新政的出台，有力促进了以农民工为主的农业转移人口在城镇落户安家。三是积极开展户口一元化改登工作。在全市开展户口一元化改登（取消农业和非农业户口性质区别，统一登记为居民户口）工作，使辖区农村人口向城市转移的速度逐步加快，农民工更容易在城市享受到就业、医保、低保、入学、计生等政策优惠待遇。同时，为降低落户门槛，最大限度地吸纳农业转移人口到景德镇市城镇落户，出台文件，规定市辖区务工人员只要具有合法稳定住所（含租赁）和合法稳定职业的，在县城和建制镇，凡有合法稳定住所的，即可申请落户。迁移落户新政的出台，可以说做到了只要愿来景德镇市城镇落户的，基本上均可满足需求，有力促进了以农民工为主的农业转移人口和其他常住人口在城镇落户安家。

维护农民工"三权"权益情况。一是全面开展农村土地确权登记颁证工作。印发了《关于景德镇农村土地承包经营权确权登记颁证工作方案的通知》，全面启动并完成了农村承包地确权登记颁证工作。据统计，此次开展农地确权工作，共涉及乡镇41个，490个村委会，3919个村小组21.6万户农户；共完成确权登记农户21.4万户，完成率为99.1%，发放经营权证书21.37万本，证书到户率99%；通过勘测调绘，完成确权地块91.5万块、面积为101.2万亩，较二轮承包面积增加13.77万亩，增加15.7%。二是及时印发"三权分置"实施意见。根据省委省政府文件精神，景德镇市及时印发了《关于完善农村土地所有权承包权经营权分置办法的实施意见》，为扎实推进景德镇市农村承包地"三权分置"政策落实工作，提供了政策依据。三是加快推进农村综合产权交易平台建设。为认真落实农村承包地的所有权、承包权、经营权"三权分置"，按照中央的要求能够真正地"放活经营权"，为农民承包地经营权流转提供公共服务平台，近年来，景德镇市积极推进农村综合产权交易平台建设，并已基本完成农村综合产权交易平台网络系统开发，系统覆盖市、县、乡三级，并印发了《景德镇市农村综合产权交易管理办法》，市、县两级农村综合产权交易大厅已建设完成并交付使用。目前，处于事业单位机构改革阶段，待改革到位后，农村综合产权交易中心获正式批复，平台系统即可正式上线运行。四是加强对农民工的土地承包经营权的维护。为切实加强户籍制度改革，以及在土地征收过程中，加强对农民工的土地承包权益的维护，印发了《关于进一步深化户籍制度改革暂行实施细则》和《景德镇市中心城区规划区土地征收管理办法》的通知，进一步细化了对农民"三权"的保护。

（三）保障农民工工资支付

加强对根治拖欠农民工工资工作领导小组的组织领导。景德镇市建立了由市政府牵头，相关职能部门参与的工作协调机制，成立景德镇市根治拖欠农民工工资工作领导小组，由常务副市长担任领导小组组长，22 家政府职能部门为成员单位。2020 年市治欠办共组织召开三次由各县（市、区）政府分管领导、23 个领导小组成员单位和国有投资平台参加的根治欠薪领导小组联席会议，通过专题汇报、调研、通报等方式部署全市根治欠薪的各项工作。景德镇市已把根治欠薪纳入全年年度综治和市直机关绩效管理考核的重要内容。把"落实好保障农民工工资支付各项制度措施，坚决根治农民工欠薪问题"写入政府工作报告重点工作任务。

开展工程建设领域欠薪源头治理。住建、交通、水利、公路等行业部门积极落实行业监管责任，规范工程建设领域市场秩序，依法查处违法发包、转包或违法分包等违法违规行为。设立 7 个工作组对口督查各县（市、区）所有工程建设项目，联合市国资委约谈了三家政府投资平台公司负责同志，布置了问题整改有关工作。分派两个督察组赴浮梁县、乐平市对在建工程项目进行督查，参照省检、国检标准进行实地核查。市发改委在审批政府投资工程项目批复中明确项目资金来源和筹措方式，联合各相关部门，对在建工程农民工工资支付情况进行督查，并明确要求严禁拖欠农民工工资、严禁施工企业垫资建设等行为。市治欠办召开《条例》培训班，提高在建项目负责人法律意识和责任意识；举办劳资专管员培训班，提高劳资专管员业务能力，建标提档。

落实工资支付保障制度。一是落实农民工用工实名制。市住建局制定下发了景德镇市《关于推进全市建筑工人实名制管理工作实施方案》，截至 12月底，全市在建工地 190 个，管理账号注册覆盖率 100%，在全省设区市中排名第一,项目上线 175 个,考勤率达到 92% 以上,在全省排名第一,受到了省厅通报表扬。二是落实农民工工资专用账户制度。景德镇市印发了《关于做好根治拖欠农民工工资有关工作的通知》《景德镇市工程建设领域农民工工资支付管理办法》等文件,积极落实在建工程项目农民工工资专用账户的推广工作,对在建工地进行政策宣讲,制作农民工工资专用账户支付流程图并上墙。市银保监分局积极协调银行做好农民工工资专用账户监管,人民银行景德镇市中支组织开展银行开立农民工工资专用账户服务流程调查,对优化工作征求意见。截至 12 月底,景德镇各大银行共开立农民工工资专用账户 120 家,落实分包委托总包代发工资制度共 90 家,其余为新开户。三是落实农民工工资保证金制度。景德镇市农民工工资保证金目前实行现金缴纳、银行保函和保险保函三种模式。2020 年景德镇市实行农民工工资保证金银行保函项目 61 个,涉及农民工工资保证金金额 2.71 亿元;实行保险保函项目 3 个,涉及农民工工资保证金金额 441.01 万元;2020 年 6 月底前新开工建设项目因疫情暂缓缴纳农民工工资保证金金额 4751.36 万元,为守法诚信企业切实减负。四是落实施工现场维权告示牌制度。在全市在建项目工地竖立建设项目农民工维权告示牌,做好农民工维权信息公示工作。五是依法对制度落实情况开展监督检查。1 月份开始对项目落实各项农民工工资支付保障制度情况,开展了为期三个月的专项检查,督促项目对发现的问题进行整改,动态更新、动态清零。在冬季攻坚行动基础上,市治欠办印发了《景德镇市 2020 年根治欠薪专项行动方案》,联合住建、交通、水利、公路、国资委等部门开展 2020 年根治欠薪专项行动,对景德镇市所有 186 个在建项目开展拉网式大排查和专项检查。对行动中发现的问题列出清单,明确整改措施和完成时限,坚决做到欠薪违法行为"两清零"。

建设工资支付诚信体系情况。2020 年,景德镇市评定 25 家企业为"2020 年度企业劳动保障守法诚信 A 级企业",评定 15 家企业为"2020 年度企业劳动保障守法诚信 B 级企业"。就违反国家工资支付规定、拖欠工资的用人单位及相关责任人建立"黑名单",并列入企业失信惩戒系统。2019 年至今已将 2 家企业、1 名个人列入欠薪"黑名单"。对存在恶意拖欠农民工工资问题的建筑业企业，记入不良记录，纳入资质动态核查重点对象，并对其市场准入、招投标资格和新开工项目施工许可等进行限制。市人社部门与市场监管部门、商务部门联合对 8 家企业进行了企业公示信息、社会保险信息和投资运行情况的检查，检查结果已全部录入系统。就 9 家企业欠薪典型案件通过媒体向社会进行了公示公告。积极落实两法衔接和联合惩戒，营造严惩欠薪的社会氛围。

依法处置欠薪案件和加强执法能力建设。2020 年，景德镇市劳动监察部门共向公安部门移交涉嫌拒不支付劳动报酬案 4 起，立案 3 起，刑拘 3 人。全市检察机关共办理农民工讨薪案件 10 件 10 人，追索劳动报酬 6.1 万元。对拒不支付劳动报酬案件市检察机关共受理审查逮捕 1 件 1 人，共审查起诉 4 件 5 人，法院判决 4 件 5 人，监督立案 1 件 1 人。全市法律援助机构共受理拖欠农民工工资法律援助案件 388 件，受援农民工 396 人，追讨欠薪 145 万余元。开展农民工法律宣讲 10 场。积极贯彻落实《保障农民工工资支付条例》，在加强系统组织专题培训班宣传学习、提高执法能力建设的同时，多方位联动，通过 LED 大屏滚动播放，走进社区街道、走进工地、约谈项目负责人和劳资专管员等方式进行宣传，营造严惩欠薪的社会氛围。市财政保障劳动保障监察执法专项工作经费，全部人员在编在岗，统一配置执法记录仪，执法用车通过公务用车平台和租车平台保障。充分发挥劳动保障监察网格的作用，建立了省、市、县（市、区）三级欠薪检测预警机制，充分调动劳动保障监察力量，建立了群体性事件应急联动处置机制。

（四）加强农民工服务管理情况

提高政治站位。农民工工作事关经济发展和社会稳定的全局，是各级党委政府的底线任务和首位工程，必须一以贯之、紧而又紧抓好各项工作。为此，景德镇市认真学习贯彻习近平总书记关于农民工工作一系列重要指示精神，扎实抓好党中央、国务院、省委、省政府及市委、市政府决策部署落地落实，压实工作责任，层层传导压力，不断增强各级抓好农民工工作的责任感、使命感。

加强组织领导。为进一步健全完善领导小组工作职责，根据机构设置、人员变动情况和工作需要，拟将市就业工作领导小组和市农民工工作领导小组合并为市就业和农民工工作领导小组，并对小组组成人员进行调整，现已草拟《关于调整景德镇市就业和农民工工作领导小组组成人员的通知（送审稿）》，并报市政府审议。

强化部门联动。印发了《景德镇市农民工工作领导小组 2021 年工作要点》，召开了农民工工作调度会，明确了 2021 年的工作目标及任务，充分发挥各部门职能作用，互联互动共同化解矛盾问题。为解决薪资拖欠问题，人社部门联合交通、住建等开展工程建设领域治欠保支工作；为解决农民工子女义务教育问题，教育部门与发改委、编办、财政等部门研究出台针对性政策办法；为加强农民工用工管理，住建、公安、人社等部门共同探索建立建筑业用工实名制管理、专用账户管理、劳务企业信用评价等机制。通过各个部门密切配合，各项工作取得了良好成效。

三　进一步促进农民工就业的思路

景德镇市坚决贯彻党中央、国务院做好"六稳"工作、落实"六保"任务的决策部署，进一步查漏补缺，围绕促进更高质量和更充分就业，出实招、抓落实、见实效，为建设景德镇国家陶瓷文化传承创新试验区提供坚强的就业支撑与保障。重点抓好以下几个方面。

大力实施援企稳岗。认真贯彻落实人社部等五部委《关于延续实施部分减负稳岗扩就业政策的通知》精神，大力实施普惠性失业保险稳岗返还、以工代训扩围、失业保险保障扩围等政策，指导各县（市、区）加大政策宣传力度，优化办理程序，减少证明材料，提高政策享受便利化水平。持续落实《关于减税减费减租减息减支 32 条政策措施》等各项政策，加大实体经济帮扶力度，充分激发市场主体活力，切实减轻企业负担。落实《江西省促进中小企业发展 2021 年工作要点》，促进全省中小企业持续健康发展。

促进多渠道就业。充分发挥陶溪川二期、邑山陶瓷智造工坊、名坊园、陶青台文化创意园等平台吸纳就业创业的作用，鼓励企业吸纳劳动力就业。积极引导农民工跨省（市）劳务输出和就地就近转移。鼓励劳动者通过新兴业态就业，推动地摊经济、众包经济、分享经济发展。对就业困难人员通过公益性岗位予以安置。坚持以市场需求为导向，加强应用型和技能型人才培养，引导高等院校、职业技术学校和社会培训机构优化学科专业设置，扩大面向职工、就业重点群体和城乡贫困劳动力的培训规模；健全终身职业技能培训制度，引导求职者树立正确就业观，缓解用工结构性矛盾。

抓好公共就业服务。充分运用好线上线下人力资源市场，及时发布用人单位需求。积极抓好就业岗位对接，组织开展多层次、多形式的就业创业服务专项活动。加强窗口队伍建设，在人员配备、基本待遇、工作条件等方面给予充分保障，常态化开展岗位练兵活动，提高人员素质和服务能力。推进就业公共服务均等化，同时推动就业服务资源适当向重点群体倾斜，确保就业公共服务体系有效惠及各个群体，为稳定和扩大就业提供制度保障；充分利用互联网、大数据等信息技术，建立就业信息线上联动体系，实现求职者和用人单位即时对接，提高劳动力市场资源配置效率。

高标准抓好农民工就业创业工作。鼓励以创业带动就业。积极推进全市创业孵化基地建设，在打造一批市级示范基地的基础上，力争向上推荐一批省级示范基地，通过创业带动就业潜力加速释放。充分发挥创业担保贷款在促进创业中的引领作用，帮助更多的劳动者敢创业、能创业、成功创业。加大技能人才培养力度，探索技能大师工作室等促进就业创业的新途径。进一步建立健全动态监测机制，及时掌握返乡务工人员流动情况，尤其是摸清农民工外出务工的总体分布情况。认真落实人社部三部门印发的《关于进一步推动返乡入乡创业工作的意见》，抓好鼓励返乡务工人员创业、创业培训、创业担保贷款、创业服务等扶持政策落实。加强外出务工农民的有组织劳务输出工作。提升公共就业服务质量效能，组织开展就业援助月、春风行动、民营企业招聘周等就业创业服务专项活动。

提高农民工工作的统筹协调能力。加强对农民工工作的统筹协调、指导推动和督促检查。加强农民工工作调查研究，总结景德镇市农民工市民化创新举措和新鲜经验。开展农民工重大政策、重要工作、创新经验、先进典型等宣传，做好农民工有关情况的舆情监控和处置。深入开展就业扶贫、家庭服务业、新生代农民工发展、农民工流入地教育资源和教师编制、农村留守儿童等问题的调查研究。

做好关爱农村"三留守"工作。加强农村留守儿童和困境儿童基本信息动态管理，开展农村留守儿童和困境儿童工作示范创建活动。提高农村社区服务能力，开展家庭教育宣讲进农村进社区活动。继续做好留守妇女关爱工作，推进留守妇女互助工作。开展农村留守儿童健康关爱活动，实施贫困地区农村留守儿童健康教育项目。

加强农民工医疗卫生服务工作。积极落实农民工卫生计生基本公共服务均等化工作。深入开展农民工健康教育和健康促进工作。继续开展卫生应急知识"五进"活动，加强职业病防治和传染病防控。广泛开展"把健康带回家"主题宣传服务活动。增强农民工卫生防护意识，提高农民工健康素养和自护能力。

做好农民工权益保障工作。加大工程建设领域欠薪问题源头治理力度，着力解决工程建设领域特别是政府投资工程项目的欠薪问题。强化行政执法与刑事司法联动机制，深入推进打击拒不支付劳动报酬犯罪工作。推进劳动保障守法诚信建设，加大重大劳动保障违法行为社会公布和拖欠农民工工资"黑名单"管理力度。认真贯彻落实《景德镇市工程建设领域农民工工资支付管理办法》，建立保障农民工工资支付工作考核问责机制，全面实行农民工工资实名制监管信息化，推进社会保障卡"一卡通"在农民工工资支付领域的运用。

参考文献

《景德镇市 2019 年国民经济和社会发展统计公报》。
《景德镇市 2020 年国民经济和社会发展统计公报》。
《景德镇市 2021 年国民经济和社会发展统计公报》。
《江西省 2019 年国民经济和社会发展统计公报》。

《江西省 2020 年国民经济和社会发展统计公报》。

《江西省 2021 年国民经济和社会发展统计公报》。

《江西省国民经济和社会发展第十四个五年规划和二〇三五年远景目标纲要》。

《江西省"十四五"就业促进规划》。

第十章
奉新县制造业转型和就业

赵 文　邓仲良[*]

　　奉新县临近南昌，是劳动力流出地。奉新县制造业以劳动密集型产业为主。食品加工、纺织和竹木加工是奉新县的三大传统优势产业。近年来，需求疲软、环境约束加大、劳动力成本提高，以纺织业为代表的传统行业亏损面扩大。在用工成本不断提高的大环境下，传统行业要怎样迎合要素禀赋结构的变化和社会需求的变化，怎样降低用工需求，怎样降低劳动报酬成本在总产出中的比重，如何以资本代替劳动，是当地亟待解决的重要问题，也是我国工业发展中有代表性的问题。奉新县注重贯彻落实新发展理念，借助优美环境发展"生态+大健康"产业，探索一条生态友好型制造业发展之路。光伏产业和装备制造业发展势头良好，正在成为当地经济增长的新动力。在疫情防控新形势下，奉新县工业经济较快恢复并取得了新的进展。

　　近年来，我国经济已由高速增长阶段转向高质量发展阶段。这意味着，在经济发展目标上不再追求速度，而更加注重效率。上述新的变化对中国的就业、企业和员工匹配以及人力资本的需求产生了较大的影响。调研立足江西省奉新县，旨在探索当地经济结构的转型和优化升级，以及这些经济变化对于当地就业、劳动力市场匹配以及人力资本提升的影响。奉新案例分析对

---
　　* 赵文，中国社会科学院人口与劳动经济研究所副研究员，健康经济研究室副主任。邓仲良，中国社会科学院人口与劳动经济研究所副研究员。

于探索中国产业结构的优化升级和对就业的影响具有一定意义，尤其对于以传统的劳动密集型企业为主要发展动力的城市而言，奉新的经验更具有借鉴意义。

2021 年是"十四五"起步之年，中国共产党成立 100 周年，是我国现代化建设进程中具有特殊重要意义的一年。江西省全面贯彻中央和省委省政府决策部署，聚焦航空、电子信息、装备制造、中医药、新能源、新材料六大优势产业，加强政策引领、坚持创新驱动、突出项目带动、强化企业培育、加快产业集聚、实施信息化建设和扩大开放合作，促进产业链供应链创新链价值链深度融合，切实推动战略性新兴产业高质量发展，建设全国新兴产业培育发展高地。奉新县积极对接江西省发展战略，布局产业转型升级。

奉新县民营经济特色鲜明，其中，食品加工、纺织和竹木加工是奉新县的三大传统优势产业。近年来，三大产业受需求疲软、劳动力成本提高、价格下滑、库存积压等影响，压力显现；另外，光伏产业和装备制造业发展势头良好，正在成为当地经济增长的新动力。奉新县注重贯彻落实新发展理念，借助优美环境发展"生态+大健康"产业，探索一条生态友好型制造业发展之路。奉新县政府高度重视推动就业和人力资源工作的开展，近年来出台了一系列地方政策和创新举措，其中，产业园作为当地政府和企业共建的新产业园模式，正在成为探索人力资源优化配置的新试验田。然而，奉新县在就业方面仍面临较多挑战，例如，在人才吸引和激励、提升人力资本、推动就业和企业—员工匹配等方面仍面临多重挑战。

调研期间，课题组成员多次深入奉新企业一线，与一线员工和企业负责人座谈，听取他们对经济发展的看法。与市政府和县政府相关部门多次举行座谈会了解情况，走访周边市县了解发展环境，了解奉新在经济转型期间在推动就业和优化人力资源配置方面的创新举措，并总结其经验。

一 奉新县基本情况

奉新县在鄱阳湖平原西缘，县域面积 1642 平方公里，距南昌市区 39

公里，周边经济市场规模大，经昌铜高速公路到南昌仅半个小时，南昌经奉新至武汉的城际高铁正在布局，奉新经济受南昌都市圈辐射明显，融入、服务南昌都市区的城市发展战略明确。《江西省城镇体系规划（2015－2030年）》提出，包括奉新县在内的南昌大都市圈内要建成城市互动合作、高端产业集聚、城乡融合一体、创新创业活跃、生态宜居、宜游的都市圈。

奉新县是人口流出地，流出方向主要是南昌市和长沙市。

根据第七次人口普查（奉新县统计局，2021），全县常住人口总数为268617人，与2010年第六次全国人口普查的312956人相比，十年共减少44339人，下降14.17%。

人口及劳动力规模与结构是影响地区性经济水平的重要指标，从人口结构来看，人口自然增长率逐年下降，已由2016年的7.46‰下降至2019年的4.94‰。劳动力就业保持稳定。2019年全社会从业人员154682人，与上年基本持平，但从劳动力与户籍人口比重来看，奉新县已由2016年的46.15%下降至2019年的45.99%，劳动力供给量逐步下降。与此同时，劳动力净外流的趋势并未改变。奉新人口集聚呈现单中心模式。人口主要集中在县域东部地区，由东向西人口分布逐步递减，靠近南昌都市区，尤其是奉新县城区、赤岸镇、赤田镇等。60岁以上老年人口则主要集中在县城区、赤岸镇、干洲镇及东北的干洲垦殖场等几个种植场。农村劳动力人口也主要集中在除县城城区外的东部县域地区。农民工外出务工比例也受经济外部性的影响，东部县域乡镇，如赤田镇、宋埠镇、赤岸镇农民外出务工比例较高（近60%），中部上富镇和西部百丈山地区农民工外出就业比例也较高（约45%）。

2018年，全县实现地区生产总值164.9亿元，按可比价计算比上年增长8.4%。其中，第一产业增加值19亿元，增长3.8%；第二产业增加值77亿元，增长7.6%，其中，工业增加值700158万元，增长7.7%；第三产业增加值69亿元，增长11.0%。三产结构比为12∶47∶41。按常住人口计算，人均生产总值为51130元，同期全国人均国内生产总值为64644元，江西省人均国内生产总值为 53058 元。

2019 年，全县实现地区生产总值 185.5 亿元，按可比价计算比上年增长 8.0%。其中，第一产业增加值 21.2 亿元，增长 3.2%；第二产业增加值 86.2 亿元，增长 8.8%，其中，工业增加值 82 亿元，增长 9.1%；第三产业增加值 78.1 亿元，增长 8.2%。人均生产总值为 57384 元（按常住人口计算）。三产结构比为 11：47：42。

奉新县 2020 年完成生产总值 191.97 亿元，按可比价计算同比增长 4.0%。其中，第一产业增加值 23 亿元，同比增长 2.3%；第二产业增加值 86 亿元，同比增长 3.7%，其中，工业增加值 81 亿元，同比增长 3.6%；第三产业增加值 83 亿元，同比增长 4.9%。人均生产总值为 64834 元（按常住人口计算）。三产结构比为 11.8：44.7：43.5。从人口增长来看，2020 年末全县总人口（户籍人口）为 333659 人，比上年末减少 2714 人，出生率为 7.65‰；死亡率为 3.09‰；自然增长率为 4.56‰，同比下降 0.38 个千分点，出生人口性别比为 123.59：100，基本情况见表 10-1。

表 10-1 2016~2020 年奉新县经济情况

年份	GDP（亿元）	GDP 增速（%）	户籍人口（人）	自然增长率（‰）
2016	123.1	9.60	337727	7.46
2017	141.4	9.10	335821	6.95
2018	164.9	8.40	336781	7.28
2019	185.5	8.00	336373	4.94
2020	191.97	4.00	333659	4.56

资料来源：历年《奉新县国民经济和社会发展统计公报》。

二 基本数据

调查共收集到奉新县 15 个行业 67 家工业企业数据，表 10-2 只列出其中 9 个行业 56 家工业企业数据。表 10-2 中包括食品制造业 3 家、纺织业 9 家（含纺织服装、服饰业 3 家）、木材加工和木竹藤棕草制品业 9 家、化学原料和化学制品制造业 9 家、非金属矿物制品业 11 家、金属制品业 3 家、专用设备制造业 3 家、汽车制造业 1 家、电气机械和器材制造业 8 家等。

表 10-2　行业数据情况

行业	企业总数（个）	盈利企业（个）	亏损企业（个）	工业总产值（万元）	利润总额（万元）	职员人数（人）	职员平均工资（元）
非金属矿物制品业	11	4	7	33999	3461	249	29929
木材加工和木竹藤棕草制品业	9	7	2	39412	3746	438	33550
化学原料和化学制品制造业	9	5	4	33025	3485	214	30446
纺织业（含纺织服装、服饰业）	9	3	6	83986	8094	977	32257
电气机械和器材制造业	8	5	3	39874	4738	268	37065
食品制造业	3	1	2	46929	4789	529	21327
金属制品业	3	3	0	48868	5478.67	224	45699
专用设备制造业	3	2	1	11981	1755	190	27863
汽车制造业	1	0	1	42978	6832	361	33102

2015 年，纺织加工行业产值约 140 亿元，税收超过 7 亿元，从业人员超过 9000 人。新材料新能源行业产值 110.17 亿元，税收 4.26 亿元，从业人员 5676 人。医药化工行业产值 35.16 亿元，税收 1.62 亿元，从业人员 1824 人。2016 年纺织加工行业产值 161.05 亿元，税收 9.22 亿元，从业人员 9691 人。新材料新能源行业产值 127.49 亿元，税收 5.65 亿元，从业人员 5831 人。医药化工行业产值 38.77 亿元，税收 1.79 亿元，从业人员 1712 人。2017 年纺织加工行业产值 161.46 亿元，税收 4.19 亿元，从业人员 8205 人。新材料新能源行业产值 160.03 亿元，税收 3.95 亿元，从业人员 5351 人。医药化工行业产值 39.08 亿元，税收 1.08 亿元，从业人员 2020 人。

表 10-3　2021 年 15 个行业数据样本总体情况

项目	工业总产值（万元）	资产合计（万元）	负债合计（万元）	利润总额（万元）	职员人数（人）	从业人员平均工资（元）
最小值	2008	—	—	-364	30	13443
最大值	292361	76500	66857	23357	2287	76069
平均值	43220	26439	6603	4388	373	32419
总体标准偏差	2355	1676	935	884	851	840

注：15 个行业中工业总产值、资产合计、负债合计、利润总额、职员人数的最小值与最大值的差距甚大，样本数据结果比较分散，而从业人员的平均工资变化相比之下较平缓。

图 10-1 中 15 个行业的工业总产值变化比较大，其中以江西××纺织有限公司纺织业的工业总产值最大，而江西南方××机械厂专用设备制造业的工业总产值最小。大多数行业的工业总产值在 31371～67964 万元。样本企业前 5 位集中度为 27%，前 10 位集中度为 41%，规模较小的企业利润率相对较高，这一市场结构说明奉新县制造业处于较为成熟的发展阶段。

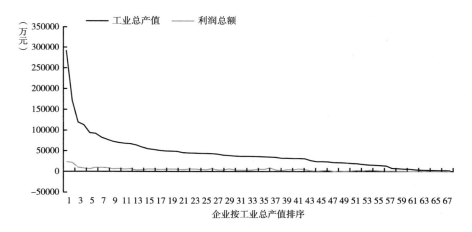

图 10-1　工业总产值分布

图 10-2 的负债合计总体变化区间大。有的行业负债合计为 0，如江西××科技有限公司的电气机械和器材制造业、江西××铜业有限公司的有色金属冶炼和压延加工业等。而江西××彩纺有限公司的纺织服装、服饰业的负

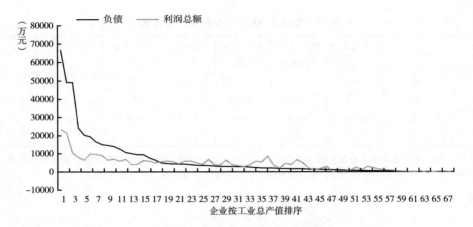

图 10-2　负债合计和利润总额分布

债合计最大，为 66857 万元。样本中行业的利润总额除去江西××纺织有限公司纺织业的最大值 23357 万元和江西××彩纺有限公司的纺织服装的 21597 万元之外，其他行业的利润总额大多在 10000 万元以下。

图 10-3 中从业人员的平均工资变化较平缓，大多在 20000～40000 元。而行业的职员人数差异较大。江西省奉新××化工有限公司的化学原料和化学制品制造业的职员最少（30 人），而江西××纺织有限公司的纺织业雇用的职员最多（2287 人），为前者人数的约 70 倍。企业规模大小（或者劳动密集程度）与工资水平没有明显关系。平均工资水平最高的是奉新县××有限责任公司，属于电力、热力生产和供应业。其次是江西××金属工业有限公司，属于金属制品业。

从盈利情况来看，数据样本中的 67 个企业，其中盈利企业有 37 个，亏损企业有 30 个。盈利面最大的是木材加工和木竹藤棕草制品业和金属制品业。亏损面最大的是非金属矿物制品业（非金属矿物制品业有 11 家企业，其中盈利企业有 4 个，另外 7 家企业处于亏损状态）和纺织业。食品制造业、专用设备制造业、汽车制造业的企业数量较少，个别企业的盈亏情况不代表行业情况。

影响企业盈利和亏损的因素有很多，其中主要有劳动生产率、产品需求

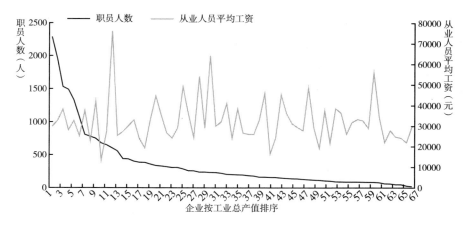

图 10-3　职员人数和从业人员平均工资分布

情况、产品市场占有率、雇用劳动力人数、付给雇员的工资等。从职员角度看，工资是个人消费和家庭消费的重要来源；从企业角度看，工资是决定企业生产成本和产品价格的重要部分，工资与企业的劳动生产率也有重要关联。因此下文将从职员人数和职员平均工资两方面着重进行分析。

　　新材料新能源行业盈利面大。以非金属矿物制品业为例，11 家企业中只有 4 家盈利，盈利企业占比不到一半。4 家盈利企业雇用的职员人数都普遍较少，而付给职员的工资却较高，如奉新县××矿业有限公司的职员人数只有 151 人，但职员平均工资却高达 45133 元。比较江西省××砂轮有限公司（职员人数 116 人，职员平均工资 19177 元）和江西××新能源科技有限公司（职员人数 119 人，职员平均工资 28974 元）发现，两家企业雇用的职员人数相当，却一家盈利一家亏损。原因在于盈利企业付给雇员的工资低于亏损企业，××砂轮公司的职员平均工资比××新能源科技有限公司的职员平均工资低大约 10000 元。不难发现，非金属矿物制品是非金属矿物材料经过进一步加工形成的产品，例如常见的建筑材料、玻璃、人造金刚石等。非金属矿物制品也是现代高温、高压、高速工业的基础原材料，更是支撑现代高新技术的原辅材料和多功能环保材料（孔娟和敬采云，2014），因此该行业需要的是懂专业技术的高科技人才，劳动者的质量比数量更重要。支付给职员的工资越高，越能吸引员工留在本企业工作并激发职员的工作热情。一旦劳动生产率提高之后，在其他条件不变的情况下，随之而来的就是企业利润的增加。据统计，2015 年新材料新能源行业产值 110.17 亿元，税收 4.26 亿元，从业人员 5676 人。2016 年新材料新能源行业产值 127.49 亿元，税收 5.65 亿元，从业人员 5831 人。2017 年新材料新能源行业产值 160.03 亿元，税收 3.95 亿元，从业人员 5351 人。此外，江西××××玻纤有限公司的职员平均工资为 25993 元，职员人数却为 557 人；江西××集团有限公司的职员平均工资 25175 元，职员人数则更多（1072 人），几乎为××××玻纤公司员工人数的两倍。这两家企业都处于亏损状态，原因在于付给员工的工资都接近非金属矿物制品业的职员平均工资。虽然工资低了，但是由于聘用的员工人数较多，企业的总成本也在增加。在工业总产值不变的前提下，工资成本增加的结果就是企业利润减少，甚至亏损。

劳动密集型行业亏损面大。以纺织业（含纺织服装、服饰业）为例，9 家企业有 3 家盈利，6 家亏损，亏损企业数量为盈利企业数量的 2 倍。3 家盈利企业的职员人数都较多，而职员的平均工资都较低，低于整个纺织业工资的平均值。如盈利企业代表江西××纺织有限公司的职员人数为 2287 人，是整个纺织业企业人数的最大值。而职员的平均工资却为 29786 元，甚至低于纺织业工资的平均值 32257 元。另外，××纺织公司的工业总产值 292361 万元和利润总额 23357 万元都是整个行业的最大值。在中国，纺织业是一个劳动密集程度高和对外依存度较大的产业。同时，纺织业缺乏高素质人才资源，行业缺乏适应国内外竞争和经营的复合型人才。行业规模小，产品单一，加工贸易比重依旧很大。在这样的行业背景下，纺织类企业更多需要的还是廉价的劳动力以完成订单量。因此在纺织类企业中，大多数企业选择的是数量巨多的劳动力和廉价的工资。在工业总产值低的情况下，工资成本却更高，结果就是企业处于亏损状态。

案例分析。江西 *** 科技股份有限公司成立于 2008 年 4 月，落户于江西省奉新工业园区。注册资金人民币 2200 万元，总投资 7000 多万元，占地面积 69939.41 平方米，是专业生产加工石墨细结构产品、石墨提纯产品、锂电池负极材料的企业，现有管理人员和生产员工 94 人。公司设有财务部、供销部、生产部、设备部、技术质量部、安全环保部和行政部。2016 年 8 月 5 日公司正式挂牌全国股转系统，成功成为挂牌新三板的企业。江西×××科技股份有限公司基本实现盈亏平衡。××公司的工业总产值为 31449 万元，职员的平均工资为 38543 元。×××工业总产值低于平均值 43220 万元、职员的平均工资大体等于平均值，职员人数低于平均值 373 人。在工业总产值较低的前提下，某公司为保证至少不亏损而采取了一种更为明智的做法。在保证职员工资处于平均状态的同时减少职员人数，否则如果只是一味地压低工人工资，反而会使企业劳动力大量流失。没有了劳动力，就没有了生产力，更没有了所谓的盈利。

图 10-4　江西某科技股份有限公司车间图景

企业要想实现盈利，必须结合自身行业特点来进行调整和改进。

对于纺织业来说，第一，应进一步推进产业结构调整，以提高竞争能力，着力做好开发、生产、销售、管理工作，建立起从原材料到产品的一系列整体开发体系；第二，要加强与国内知名企业在资金尤其是技术方面的合作，努力形成自有知识产权技术品牌，最大限度地减少因地域差异而产生的信息差异、技术差异；第三，坚持走新型工业化道路，完善纺织服务产业链，逐步提高机电一体化水平，以自动化、连续化和智能化提升棉纺织传统技术装备。在现代社会人力成本不断提高的情况下，企业应该根据自己的生产量和期待利润值合理雇用劳动力。同时，除了努力降低成本之外，更多的还是要增加总收入。通过不断改进技术，提升自身产品品质和特色，从而提升市场占有率，提高企业的利润。

对非金属矿物制品制造业来说，应把资本主要投入科技研发中。随着产业结构调整，高新技术的发展被提升到国家战略层面。以航空航天、微电子、信息、生物、新能源为主的高新技术产业将日益壮大。它们的发展需要非金属矿物材料不断优化升级的技术支撑。工业发达国家发展的经验表明，一个国家工业发展的水平，往往以非金属矿在国民经济中的开发利用程度为标志。高新技术产业的快速发展、传统产业的技术进步与结构调整、环保国策的全面落实，都需要非金属矿物制品制造业的坚实支撑（张健等，2018）。同时，企业应多吸纳专业性的高素质人才，努力进行创新升级，加强产品的竞争优势。

在知识经济时代，随着人力资本价值不断上升，人力资本在企业中的作用变得日益重要。工资体现了人力资本的价值，是人力资本成本的度量，已经成为现代企业制度研究的重要内容。在现代企业制度里，没有人力资本在企业中的投入，任何生产要素都不可能自发地实现优化配置，更不可能实现企业效益的最大化。从员工方面看，工资具有激励、保障、调节、增值功能，其中激励功能是工资管理的核心功能，也是工资管理最重要的目标。从企业方面讲，工资管理可以控制经营成本，促进经营目标的实现。工资的影响因素有很多，如外部宏观经济环境、内部企业经营战略和财务状况以及员工自身特点。对于企业来说，工资管理一定要体现出公平合理性。当员工获得工资报酬时，会同其他员工进行比较，如果有不公平的感觉产生，员工工作的积极性会受影响（谢丕花，2011）。同时，工资管理也要具备激励性，只有满足员工某种需求的工资才会对员工产生吸引力，才能真正激发出员工的潜力，从而使员工的个人目标与企业发展目标相一致，从而实现双赢。

三　制造业运行基本情况

近年来，奉新县坚持各方力量向工业集聚、各种要素向工业集聚、各项服务向工业集聚，大力实施产业兴县、工业强县战略，集中力量建设大园区、发展大产业、培育大企业，吹响了四年翻一番、决战工业一千亿元的进军号角。

（一）主要经济指标

主要经济指标稳步增长。2019 年，全县规模以上工业增加值同比增长 9.1%；完成主营业务收入 391.99 亿元，同比增长 15.65%；完成利润总额 40 亿元，同比增长 15.19%。1~12 月，全县工业用电 11.59 亿度，同比增长 5.5%。1~12 月，全县工业税收完成 11.7681 亿元，同比增长 12.05%。

2020 年上半年奉新完成生产总值 87.79 亿元，增长 0.7%，增速较一季度提高 4.7 个百分点，增速排位宜春全市第 4。规上工业增加值降幅收窄。上半年，规模以上工业企业 128 家，规上工业增加值增速同比下降 1.0%，比 1~5 月收窄 0.5 个百分点，增速排宜春市第 9 位。从服务业来看，2020 年 1~11 月奉新县交通运输仓储和邮政业实现增加值 7.1 亿元，同比增长 1.1%；批发和零售业实现增加值 8.6 亿元，同比下降 0.8%；住宿和餐饮业实现增加值 2.2 亿元，同比下降 12.1%；金融保险业实现增加值 8.0 亿元，同比增长 10.9%；房地产业实现增加值 9.6 亿元，同比增长 10.2%；其他服务业实现增加值 25.6 亿元，增长 3.2%。

总体来看，奉新县产业运行良好、结构优化升级。一是纺织服装、新能源新材料和医药化工产业稳中有增。2019 年 1~12 月，主营业务收入分别增长 10.51%、15.36%、14%。二是产业结构优化升级。奉新县纺织金源、宝源、华春、恒昌等一批龙头企业产能有规模、产品质量有保证，创建了"金源祥""恒昌""宝春"等知名品牌，在国内、国际上有较高知名度和较强市场竞争力。金源、宝源陆续更新先进自动络筒纱、集体落纱机、自动供棉机，累计技改投资达 1 亿元左右，其中金源纺织率先进行了"机器换人"改造，万锭用工可节省约 65%。重点企业发展较好，金源、宝源、华春、恒昌入选 2018 年度全国棉纺织行业竞争力百强企业、优良发展型企业榜单。紫宸科技成功入围 2019 年江西民营企业百强榜单，同时也被评为"瞪羚企业"，该公司已有 4 项实用新型专利、2 项发明专利。宁新新材料与厦门大学石墨烯研究院成立新材料研发中心，已申请国家发明专利 5 项。

项目建设加快推进。一是全面推进"项目攻坚年"行动。2019 年奉新县共举行了四次工业项目集中开（竣）工仪式，共有 35 个项目参加仪式，总投资 69.07 亿元。其中：开工项目 18 个，投资 35.16 亿元，项目达产达标后预计可实现年产值 54.78 亿元以上，年创税收 2.2 亿元以上；竣工项目 17 个，投资 33.91 亿元，项目达产达标后预计年产值可达 98.06 亿元，年创税收 6 亿元。二是标准厂房加快建设。目前，黄溪新区天工创业园已建成标准厂房 21.5 万平方米，出台了《天工创业园标准厂房管理办法（试行）》；宝泽创意产业园拟建设标准厂房 36 万平方米，其中已建成 24 万平方米，其余厂房已完成基础桩基建设，已有 30 余个"拎包入住"项目正在招商洽谈中，达成意向 7 家；高新园区中江纺织产业园拟建标准厂房 12 万平方米，2019 年建成标准厂房 2.1 万平方米。

企业入规培育加速。工业和信息化局会同统计等部门深入对全县拟申报入规（规模以上）的工业企业实地摸底排查筛选，确定了一批拟重点培育入规的企业，重点跟踪，"一对一"指导服务，2019 年已申报入规企业 22 家。其中企业月度入规新增 4 家，2019 年底预计可再新增入规企业 18 家。

（二）技术进步

奉新县把科技创新摆在重要位置。企业技术改造、为企业跑项争资稳中求增。2019 年，工业和信息化局共备案工业企业技术改造项目 13 个，计划投资总额 18.43 亿元，预计年收入可达 62.53 亿元、利税 9.57 亿元。帮助企业申请技术改造等各类专项资金补贴：已成功帮助飞宇新材料、紫宸科技、宝源彩纺、永兆实业 4 家企业申请到县财政技改补贴 878 万元；帮助 4 家企业获得第一批省级科技计划项目专项资金共 220 万元；帮助 3 家企业申报 2019 年省级工业转型升级专项资金 455 万元〔其中：江西紫宸科技有限公司专业化小巨人专题 20 万元、新兴产业倍增专题 300 万元；江西省定海钽铌有限公司技术改造专题（智能制造）35 万元；江西九岭新能源有限公司技术改造专题 100 万元〕。申报各类项目专项：帮助飞宇新能源申报 2019 年省重点创新产业化升级工程，预计扶持资金 1000 万~2000 万元；帮助飞宇新能源、宁新新材料、云威新材料申报 2019 年宜春市产业促进引导资金；帮助金利城市矿产申报 2019 年服务型制造企业；帮助冠亿研磨、德辉粮油、紫宸科技等 3 家企业被认定为 2019 年江西省产融合作主导产业重点企业；帮助东邦药业被认定为省级企业技术中心；帮助紫宸科技申请省单项冠军企业；帮助宁新新材料、九岭新能源、泰明光伏入围 2019 年江西省"专精特新"中小企业；帮助同和药业、冠亿研磨、飞宇竹材、宁新新材料、太平洋节能环保科技申报 2019 年江西省专业化小巨人企业等。

企业推进技术进步、淘汰落后产能、化解过剩产能。一是推荐正普低碳节能服务有限公司申报工业固体废物资源综合利用评价机构。加强对金源、宝源的电机能效提升专项监察。二是已成功拍卖 4 家新型墙材企业经营权，3 家正在试产，另外 1 家正在筹建中。三是创新对"地条钢"整治工作的监管方式，至今未发现有借铸造之名从事"地条钢"生产的违法、违规行为。四是奉新县已有鑫鉴工程机械、恒通机械、陈氏科技 3 家企业通过省化解产能办审批备案，工业和信息化局会加强后续监督管理。

企业两化融合建设全面推进。帮助宁新新材料成功申报 2019 年省级两化深度融合示范企业。引导企业申报 2019 年两化融合管理体系贯标，已有冠亿研磨、宁新新材料、飞宇新能源和亿利洁能 4 家企业开展了两化融合管理体系贯标。12 月中旬工业和信息化局牵头成功举办 2019 年工业信息化专家辅导暨企业上云对接（奉新站）活动，奉新县数百家规上企业积极参会，"企业上云"服务指导工作进展顺利。

（三）营商环境

企业帮扶服务优化。政府帮助缓解融资难题，成立了奉新县融资担保有限公司，解决融资难题。成立了奉新县融资担保有限公司，为 49 家企业解决 25522 万元融资问题。其中过桥企业 45 个，解决过桥资金 23022 万元；担保企业 3 个，担保资金 1500 万元；投资企业 1 个，落实资金 1000 万元。切实帮助企业解决了生产资金周转难的问题，维护了企业正常运转。帮助解决用电难题，帮助企业实行电力直接交易 96 家，节约企业用电成本约 700 万元；帮助解决用工难题，联合人社局、高新园区组织了多次职工招聘会，为奉新县 86 余家企业解决了用工 5000 余人的问题。

网前供电专项整治成效显著。由工业和信息化局牵头成功解决老愚公电厂、云石电站、汉塘电站建站遗留的网前供电历史遗留问题：一是老愚公电厂和云石电站均与村民签订了《居民用电补偿协议》，明确由供电公司供电，每户每年用电 2400 度之内，村民只需支付 0.15 元/度，其余由电站补贴，超过 2400 度电之后则由村民全额承担。二是汉塘电站：位于奉新县境内的网前供电线路已切断，由宜丰供电公司进行农网改造并供电，补贴事宜由汉塘村与村民自行内部协商。

近年来，奉新围绕"工业强县、产业兴县"主战略，全力推进五型政府建设，抓招商、推项目、夯平台、优服务，工业发展取得好成绩，荣获"2016~2018 年度全省加快工业发展加速工业崛起年度贡献奖""2017~2018 年度中国棉纺织产业集群创新发展示范地区"，成功复评"中国新兴纺织产业基地县"和"中国棉纺织名城"，荣获 2019 年度全市工业高质量发展综合先进县第 3 名的良好成绩。

（四）存在的主要困难和问题

产业核心竞争力还不强，主导产业集聚水平和整体竞争力还需提升，产品优势还未能充分转化为产业优势。医药保健品行业企业主要是生产医药中间体，尚没有生产成品西药，部分企业正把成品药列入发展规划；保健中成药企业少、产值小，产业未形成规模，不能形成集聚效应。绿色食品行业缺少龙头企业的带动，研发力度不强，与奉新县本地大米、猕猴桃等优势农产品结合不够，品牌知名度和市场占有率不高，产业整体发展水平不高。健康家居行业企业利润较低，缺少资金对产品进行专业的市场化包装宣传，仅靠企业门店宣传、品牌影响力小、研发挖掘不够，市场知名度不高；对竹制品产业而言，民众对竹制健康家居产品认知不足，导致产品销量少（喻均林、龙国光，2020）。

技术和人才还比较短缺。现代医药保健品企业创新研发投入不足，自主创新产品少，优秀领军技术人才相对匮乏，研发新药能力弱，产品附加值低，综合竞争优势不明显。人才结构不合理，高端人才不足。人才总量不足，尤其是高层次医疗人才、产业人才和健康服务人才等相关技术人才缺乏。公共研发平台功能未显现。各级财政、企业和社会创新研发投入不足，拥有自主知识产权的数量、质量及转化能力相对薄弱，产学研用紧密结合的创新研发平台小而分散（何敏，2018）。

市场规模潜力还不突出。人口净流出抑制了市场规模进一步扩大，奉新人口集聚呈现单中心模式。人口主要集中在县域东部地区，由东向西人口逐步递减。60岁以上老年人口则主要集中在县城区、赤岸镇、干洲镇及东北的干洲垦殖场等几个地方。农村劳动力也主要集中在除县城城区外的东部县域地区。农民工外出务工比例也受经济外部性的影响，东部县域乡镇，如赤田镇、宋埠镇、赤岸镇农民外出务工比例较高（近60%），中部上富镇和西部百丈山地区农民工外出就业比例也较高（约45%）。

大健康产业发展存在的困难和问题：一是产品有效供给不足。缺乏核心拳头产品，未具备不可替代性，业态单一，产业链尚未形成，缺少高端特色项目引领，一些公共基础设施薄弱，留不住客人，导致良好的康养旅游资源优势尚未转化为产品优势，更未转化为经济优势（杨春柏，2020）。二是企业的主体作用发挥不足。缺乏康养产业龙头企业支撑，且普遍弱、小、散，未形成规模效益。比如：在"大健康+工业"方面，尚未将富硒资源优势转化为产品优势；在"大健康+旅游"方面，大多以提供餐饮、住宿等劳动密集型服务为主，产业层次较低，服务内容单一，旅游产品开发不足，产业发展缺乏有效支撑，增长乏力（唐小明，2020）。三是交通不畅。远离中心客源市场，游客进出时间成本和经济成本仍然居高不下，航线航班少、火车一票难求、高速路网不发达，机票、公路通行费用高，自驾、火车时间长等问题，给人们出行、出游带来了一定的困难；并且内部旅游交通体系仍不完善，发展较为滞后（刘纯和钟佳钰，2020）。四是专业人才极其匮乏。与"大健康+"产业发展的需求相比，当前各领域科研人才和创新型人才普遍匮乏。在医疗领域，康养医疗人才总量不足、学科带头人匮乏。

经济增长预期不高。2020 年全球经济受到贸易保护主义和全球新冠疫情扩散影响，产业链存在断链风险。2021 年，疫情仍在持续，全球经济增长的不确定性和下行压力加大，这对就业和劳动者收入增加产生不利影响，内需持续不足导致经济复苏动力不断弱化。在内需恢复仍不充分、供需结构仍不平衡的情况下，三季度以来，居民消费支出持续低迷，从两年平均增速来看，实际消费增长几乎停滞，消费和投资需求有进一步下滑的风险。更为重要的是，大宗商品价格上涨，尤其是 9 月以来，企业生产成本和 PPI 价格指数都上升较大。受大宗商品价格冲击，我国 PPI 与 CPI、工业购进与出厂价格、进口与出口价格差持续扩大，企业增长的利润空间受到明显影响。

具有高竞争力的产业项目还不多。目前新能源产业发展前景较为广阔，奉新县也培育有赣锋锂业等潜力巨大的企业，但产业链还不完善，上下游关联性较高的产业末端还较为缺乏。纺织业和竹木加工业技术水平还比较低。伴随着对新能源产业下游终端产品的需求不断加大，对全供应链的稳定性和连续性要求也会不断提升，因此上游锂矿等深加工还亟待深化，相关工序和提取技术还需要加大研发投入。同时，受全球新冠疫情影响，企业出口市场收窄，2021 年有 2 家企业退出规模以上企业（宝丰针织、南寰纺织），而且申请退出规上企业的企业数量还在增多。

企业综合成本和运行压力较大。一是企业资金紧缺，影响正常周转，据调查疫情以来全县约 50 余家规上企业资金需求金额约 9 亿余元。二是转型升级压力大，近年来纺织行业整体下行，纺纱企业多处于微利、亏损状态，加之受新冠疫情影响严重，企业生产动力不足，自身难以承担转型升级的大额投入。

创新基础还比较薄弱。出于职业发展和就业等原因，奉新县高技能人才还较为缺乏，尤其是奉新县新材料、新能源、纺织、生态产业等核心主导产业的高水平研发团队还不多，这制约了产业核心竞争力的提升，导致创新能力不足，这反过来加剧了人才引进难和留住难等问题。产业园区企业普遍存在有效资产抵押能力差、融资渠道单一、投资担保服务体系不完善等问题。由于地域的局限性，省外高校人才对奉新认知度极低，高层次人才和科研团队引进也存在一定困难。

四　制造业转型和就业

（一）对奉新县制造业比较优势的基本判断

产业转型升级就是要提高全要素生产率（Total Factor Productivity，简称 TFP），向着需求增长更为旺盛的产业方向发展。除了一般意义上的技术进步之外，提高全要素生产率的途径之一是提高配置效率，提升行业间配置效率首先要遵循比较优势原则。企业技术结构的选择取决于要素价格和相应的生产技术，由此决定要素投入的数量结构。而企业的要素投入结构只有与资源禀赋结构相吻合，才能实现成本最小化的目的，进而实现全要素生产率的提高和持续的增长。因此，最符合一国资源禀赋结构的产业最可能具有最高的全要素生产率。如图 10-5 所示，奉新县目前的工业经济结构，非国有经济多，侧重于劳动密集型产业。

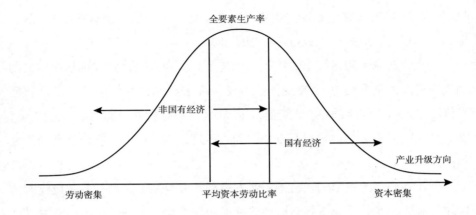

图 10-5　奉新县工业侧重于非国有经济的劳动密集型产业

如图 10-6 所示，可通过对统计数字的分析得到更为现实的判断。按照行业相对比较优势偏离程度，可以将中国工业行业从资本密集型到劳动密集型排序。在平均资本劳动比率最右边的行业，是由于多用资本而偏离比较优势的电力、热力、供水和石油开采冶炼行业。这一产业族群的产业绩效较为低下，全要素生产率也处于较低的水平。其次是化学原料及化学制品制造业、化学纤维制造业、金属冶炼产业族群，这一族群偏离比较优势的程度有所降低，全要素生产率水平有所提高。在平均资本劳动比率附近的产业，是最符合中国目前比较优势的金属制品业、设备制造业、交通运输设备制造业、电气机械制造业、通信设备计算机及其他电子设备制造业、仪器仪表及文化办公用机械制造业。这一产业族群的出口占到目前出口货物总额的50%，是绩效最高也最为稳定的产业，其行业不变价增加值份额从 20 世纪 90 年代平均 31% 上升到 2010 年的 53%。在最左边的产业族群，是典型的劳动密集型产业，主要包括纺织业、服装鞋帽制造业、家具制造业、文教体育用品制造业。在 20 世纪 80 年代和 90 年代，这一产业族群是最符合当时比较优势的，曾经具有非常好的产业绩效。但随着刘易斯转折点的到来，极端劳动密集型产业的风光不再，其全要素生产率的水平也随之下降，从而在图 10-6 中描绘了一条从中间向左下方滑落的绩效曲线，其行业增加值份额也从 20 世纪 90 年代平均 11% 下降到 2010 年的 6.7%。需要说明的是，参与国际产业分工程度越深的行业，受到国际经济景气的影响越大，因此，经济软着陆、亚洲金融危机、国际金融危机导致的国内产业绩效波动，也更多体现在处于平均资本劳动比率附近的产业。

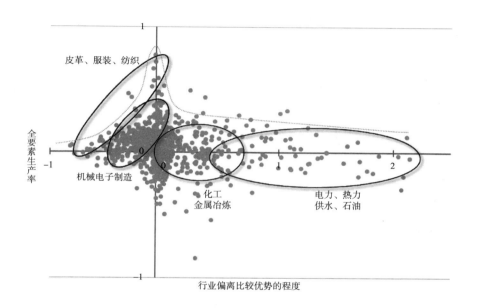

图 10-6 中国工业行业遵循比较优势的程度与全要素生产率

注：比较优势偏离程度是 1986~2010 年 37 个工业行业资本劳动（教育修正的劳动投入）比率减去历年工业总体资本劳动（教育修正的劳动投入）比率得到的。

目前来看，奉新县的工业主要分布在劳动密集型的皮革、服装、纺织、竹木加工行业，略偏资本密集型的化工、非金属矿产行业。总体来看，奉新县工业处于中等资本密集度，有利于其比较优势的发挥。

新古典经济学在劳动力短缺的假设下，认为物质资本不断投入将会遇到报酬递减现象，从而使得依靠资本要素不断投入的经济增长方式不能持续。资本的边际报酬由两部分组成：一是单位资本的产出，即资本的平均生产率；二是资本在单位产出中分得的份额，即资本的产出弹性。资本边际报酬是由资本平均生产率乘以资本产出弹性得到的。在刘易斯转折点之前，工业部门以制度工资从农业部门雇用无限供给的劳动力，其利润随工业资本的积累而按比例增加，这是二元经济转型国家多能获得初期高速增长的原因。刘易斯转折点之后，劳动力渐趋稀缺，普通劳动者的工资水平上升，从而使得资本在总产出中的份额不断下降，资本边际报酬递减现象出现。要避免资本边际报酬迅速下降，一方面要依靠技术进步提高全要素生产率，另一方面要依靠资源再配置，为产业升级创造环境。

经济资源的优化配置为中国经济的快速增长带来源源不断的动力。过去30年中，中国经历了一个特殊的转型过程，即从重工业优先发展的计划经济向按照比较优势参与国际分工的市场经济转型。这一过程既保持了快速的经济增长，又保持了快速的资本积累和可观的投资回报率，同时优化了产业结构，扩大了城市规模和国内市场，培育了现代企业，这一系列的成功造就了"中国的奇迹"。2010年中国在经济总量上超过日本，成为世界第二大经济体，并且按照世界银行的标准，以人均GDP达到4300美元而跻身中等偏上国家的行列。中国经济增长最主要的动力来自资本积累和相应劳动能够与之匹配。

大致来说，经济资源的配置效率通常与从宏观到微观的三个层面相关。首先，二元经济结构的消除提升了资源配置效率。计划经济体制下，由于人为的阻隔，农村大量劳动力不能和城市资本相结合，经济发展方式违背了比较优势原则，经济效率低下。这种劳动使用的传统模式，造成中国产业结构的扭曲。改革之后这一情况有了巨大改变，尤其在劳动要素的重新配置方面。中国农业的就业份额，从1978年的70.5%，下降到2010年的36.7%，同期农业的GDP份额，从28.2%下降为10.1%，即农业以18.1%的GDP份额的下降，换取了33.8%的农业劳动力在非农产业就业。劳动力重新配置的效应，为中国提供了额外的经济增长源泉。世界银行（1996，1997），胡永泰（1998）都对劳动在农业和非农业之间的重新配置对经济增长的贡献进行了估算，认为1978~1994年，劳动力重新配置对经济增长的贡献大致在6%~10%，农业部门劳动力再配置对全要素生产率提高的作用非常显著。

其次，资源禀赋结构的变化引致的产业升级，动态提升了行业之间配置效率。改革开放之后，中国一方面减少了国有经济份额，将更多的经济资源配置于更有效率的非国有经济，另一方面，在全球化浪潮中积极参与国际产业分工，发挥劳动密集型行业的比较优势。随着人力资本和物质资本的积累，中国整体的资本劳动比率不断提高，这种资源禀赋结构的提升势必带来产业结构的升级。通常，最符合一国资源禀赋结构的产业最可能具有最大竞争力，能够创造更多的工作机会，吸纳更多的经济资源，代替即将没落的产业，从而在行业之间实现经济资源的重新配置。

最后，有活力的企业通过提高技术和优化管理降低成本，创造更多的利润。在利润的刺激下，新的企业相继出现，旧的企业陆续淘汰，从而引发整个行业的不断重组。这种优胜劣汰机制是提升微观层面配置效率的动力源泉。

对于行业层面和企业层面的配置效率对中国经济增长的作用明显与否，学界看法不一。涂正革和肖耿（2005）利用中国大中型工业企业1995年到2002年的年度企业数据，发现企业投入要素的配置效率对TFP增长几乎没有贡献。Hsieh和Klenow（2009）通过对边际生产率和企业利润的对比，发现资源配置不当降低了中国制造业的TFP。与此相反，张军（2002）认为中国工业化的特征是增量改革，一次性的配置效率释放是这种改革方式得以成功的最重要的原因。Bosworth和Collins（2007）利用三次产业数据，发现中国工业从1993年到2004年TFP年均增长6.2%，其中1/3是配置效率贡献的。李玉红等（2008）利用2000~2005年中国国家统计局的企业调查数据，发现市场竞争导致的资源重新配置贡献与技术进步的贡献一样显著，认为企业演化带来的资源重新配置是中国工业生产率增长的重要途径。

随着中国农村剩余劳动力转移完毕和刘易斯转折点的到来，中国的劳动力资源渐趋稀缺，中国沿海地区在2003年开始出现"民工荒"，之后全国范围不断出现这一现象，普通劳动者工资逐年上涨（蔡昉，2007）。中国农业劳动的工资水平在2003年之后加快提升，尤其在2006年后明显快于农业边际生产力的提高程度，同时，从2003年开始，农产品价格开始脱离整体物价水平而单独上涨，这是刘易斯转折点的伴生经济现象"食品不足点"到来的表现。在经过这一转折点后，由于农业工资将趋近于非农业工资，并决定于边际生产率，因此，理论上讲，二元结构将就此终结，经济增长将逐渐不再得益于农村剩余劳动力非农就业所产生的劳动配置效率。未来农业与非农产业之间劳动生产率差距仍然是劳动配置效率提升动力的来源，需要说明的是，这种配置效率是行业之间由资源禀赋结构的变化引致的行业之间的配置效率，已经与农村剩余劳动力无关，是新古典增长方式的体现。

越接近新古典的经济增长方式，中国经济将越少依靠消除二元经济带来的配置效率，而更多将依靠全要素生产率的提高。全要素生产率提高的条件，是市场竞争下的优胜劣汰机制和资源禀赋变化所引起的产业结构升级，即让生产率更高的企业存活下来，让没有效率的企业淘汰出局，让更符合比较优势的行业顺利发展。这种配置效率不同于二元经济转型中的配置效率，是成熟市场经济的标志，也是支持未来中国经济可持续增长的重要动力源泉。

（二）新产业、重点产业发展情况

近年来，随着要素资源禀赋的变化和社会需求的变化，奉新县以"生态+大健康"产业作为转型重点。习近平总书记在江西考察时曾指出，"绿色生态是江西的最大财富、最大优势、最大品牌，要做好治山理水、显山露水的文章，打造美丽中国的'江西样板'"。《国家生态文明试验区（江西）实施方案》明确要求，在南昌、宜春市等地开展大健康产业发展试点。奉新作为江西省内首批"生态文明先行示范县"，是宜春市内连接省会南昌的最佳通道，具备发展"生态+大健康"的先天条件、产业基础及先行先试的政策优势。

发展大健康产业是县域经济转型所需。地方经济实现可持续发展需要深刻理解"绿水青山就是金山银山"内涵，处理好生态环境保护与经济高质量发展的关系，通过建成绿色低碳循环发展的现代经济体系，最终实现经济发展的"质量、效率、动力"变革。奉新具备良好的生态环境和绿色产业基础，特色农产品和旅游资源丰富，百丈山禅宗养心及宋应星耕读文化底蕴深厚，地理位置位于南昌大都市圈，在实现县域经济转型升级上具有得天独厚的自然资源禀赋条件。

居民消费结构升级。我国人口老龄化不断加剧，2017年底我国60岁以上老年人口占总人口的近17%，家庭养老等健康需求不断增加；同时伴随我国经济发展和人民对美好生活的需求不断增加，健康需求已由单一的医疗服务向疾病预防、养生康养、健康旅游等多元化需求转变，尤其是对高品质的生态环境、养生养老产品需求日益旺盛，我国健康产业市场需求结构发生根本转变。全国各地区都在抢抓健康产业发展机遇，纷纷出台相关大健康产业发展规划。

奉新发展"生态+大健康"产业具有各级政策支撑优势。"健康中国"已经上升为国家战略，同时江西入选首批国家生态文明试验区，明确要求开展大健康产业发展试点，推广"生态+大健康"产业模式。《环鄱阳湖生态城市群规划（2015－2030）》《南昌大都市区规划（2015－2030）》都对奉新发展大健康产业做出前瞻谋划。作为全国健康城市和"生态+大健康"产业发展的"双试点"城市，宜春市也推出了《宜春市"生态+大健康"产业发展规划（2018—2030年）》，其中对奉新发展健康食品产业集群、禅宗文化旅游、猕猴桃等特色农业、健康社区等都有明确要求。

工业园区中，大健康产业主要有医药保健、绿色食品、健康家居三大行业，目前该产业共有企业23家，其中医药行业4家，产品包括中成药、医药中间体等；食品行业6家，产品包括猕猴桃果糕、婴幼儿配方食品、饮料、绿色大米、果蔬罐头、食用菌类、灵芝孢子粉（保健品）等；家居行业13家，产品有竹地板、竹家具、厨房用品、竹木建筑等。2017年大健康产业共实现产值111.62亿元，占园区总产值的19.94%，税收2.96亿元，占园区总税收的21.37%。

医药保健品行业企业实力较强，主要有同和药业、赣药全新、东邦药业、华士药业等4家企业；2017年实现年产值27.14亿元，实现税收0.81亿元。其中同和药业为深交所上市公司，目前可年产抗癫痫药物、消化道药物、解热镇痛药物、抗高血压药物等医药中间体1000余吨，年产值10亿余元。同时公司计划利用能生产优质原料药的有利条件，充分利用国家推出药物一致性评价政策，5年内进入成品药领域，在二期项目上新建成品药生产线，并逐步实现成品药生产大于原料药生产。华士药业产品主要销往欧洲、南美、日本、韩国等国家和地区。东邦药业为上市公司重庆博腾全资子公司，依靠总部的研发力量，产品主要出口欧美等国家和地区。赣药全新为高新技术企业，拥有两项发明专利，公司中药分散片生产技术和产能居行业领先地位，年产乌鸡白凤丸分散片（补气养血）960万片、格列吡（bǐ）嗪（qín）口腔崩解片（适用于糖尿病患者）2160万片，年产值约1500万元。公司目前由北京优万科技控股，大力研发及注册经典中药处方制剂，目前正在建设一条药食同源产品生产线。

绿色食品行业产品品种丰富，主要有百丈山食品、枫树生态、中绿食品、金桥农业、天和食用菌、浮云酒业6家企业；2017年实现产值23.36亿元，实现税收0.32亿元。其中绿食品年产绿色大米10万吨、米粉及饮料等9万吨，年产值约7亿元；金桥农业年产食用菌类、果蔬罐头等产值约3亿元，枫树生态年产婴幼儿配方食品及固体饮料等20万件，年产值约3000万元。天和食用菌拥有日产2万~3万袋菌包生产线，年产量可达1000万袋，达产后年产值可达8000万元以上。

健康家居行业注重研发创新，主要有飞宇竹材、康达竹业、松涛竹业、华昌竹业等13家企业，年产竹地板350万平方米、竹家具1.5万余套、厨房用品2000万个（块）、竹木建筑100余套等。2017年实现年产值61.11亿元，实现税收1.83亿元。其中飞宇竹材为新三板挂牌企业，并设立了江西省唯一的全国性竹产业研发平台，研发的竹聚成材可进一步提升产品质量，竹醋可广泛应用于医疗保健、食品保存、健康饮料等方面；康达竹业研发的无甲醛竹地板年产量约20万平方米，年产值约3000万元，约占公司总产值的15%。

经核算，2017年，奉新县大健康产业增加值为307277万元（包括竹木加工业）或244327万元（不包括竹木加工业），占地区生产总值的比重为17.3%~21.8%（见表10-4）。大健康产业中，农林牧渔业、工业、建筑业、住宿和餐饮业、保险业、卫生和社会工作占比较高。

表 10-4 奉新县"生态+大健康"产业规模测算

单位：万元，%

产业类别	奉新县（口径1）		奉新县（口径2）		宜春市	
	增加值	占比	增加值	占比	增加值	占比
农林牧渔业	18840	6	18840	8	374833	17
工业	129851	42	66901	27	722765	32
建筑业	29677	10	29677	12	51306	2
批发和零售业	10647	3	10647	4	136225	6
交通运输、仓储和邮政业	4460	1	4460	2	53228	2
住宿和餐饮业	35947	12	35947	15	371991	16
保险业	27904	9	27904	11	28606	1
房地产业	2033	1	2033	1	25409	1
租赁和商务服务业	1752	1	1752	1	20770	1
科学研究和技术服务业	65	0	65	0	2027	0
水利、环境和公共设施管理业	6321	2	6321	3	39992	2
居民服务、修理和其他服务业	5554	2	5554	2	51266	2
教育	3360	1	3360	1	45382	2
卫生和社会工作	22879	7	22879	9	186206	8
文化、体育和娱乐业	5005	2	5005	2	107883	5
公共管理、社会保障和社会组织	2983	1	2983	1	42269	2
合计	307277	100	244328	100	2260159	100
大健康产业增加值占地区生产总值的比重	21.8		17.3		12.7	

注：1. 奉新大健康产业中，口径1包括竹木加工业、制药业、环保机械制造业、绿色食品加工业；口径2包括制药业、环保机械制造业、绿色食品加工业，不包括竹木加工业。2. 受数据限制，农林牧渔业仅包括猕猴桃数据，其他如有机大米等未包括在内。

1. 新产业、重点产业发展情况

2020 年，奉新县继续围绕市委提出的"产业兴市、工业强市"战略部署，不断优化服务，注重招商引资，坚持以项目为主，升级工业"主引擎"。

近年来，宜春市各区县依托丰富的锂矿资源优势，在招大引强、项目落地、人才培养、政策配套等方面下功夫，经过十余年来的持续努力，产业从无到有、由弱转强，现有新能源产业链企业 118 家（其中规上企业 100 家），在建项目 24 个，拥有主板上市及上市企业控股子公司 15 家，涵盖锂资源采选冶加、锂电池关键材料与零配件、锂离子电池、绿色高效储能电池、新能源汽车、锂电池回收等各个环节，形成了较为完整的产业链条。宜春市在碳酸锂、负极材料、隔膜、铝塑膜、锂电池等环节拥有一批在行业内响当当的龙头企业。如赣锋锂业、紫宸科技、南氏锂电、通瑞新能源、合众汽车等。2021 年 1~10 月，宜春市新能源产业营业收入达 349.35 亿元，产业规模在全国地级市中位居前五，在江西省持续领跑，在业内获得认同。

近年来，随着锂电池在电动汽车等领域的应用快速增长，全球锂电池的总体产量和市场规模得到快速提升。我们国内的资源主要是三个，一个是青海的盐湖，一个是四川的锂辉石，另外一个是宜春锂云母。在此背景下，奉新县主动对接和融入江西省宜春市打造"亚洲锂都"发展战略，将锂电产业作为培育工业新增长极的支柱产业重点推进，及时出台《关于加快锂电新能源产业发展的实施意见》，重点发展锂电池负极材料、石墨碳素、锂加工、太阳能光伏等产品，打造有机锂、锂材加工和二次锂电池用原材料三大板块，通过提升产品研发能力，推进产品产能扩张和产业技术升级，建立产业链完整、服务体系健全的锂电产业集群。江西紫宸科技有限公司主要从事锂离子电池负极材料的生产、研发和销售，生产规模在国内同行业排名前三位，在人造石墨这一细分领域排名第一，2020 年实现总产值 27.3 亿元，销售收入 19.8 亿元，上缴税收连续两年超亿元，亩均创税收 50 余万元。江西飞宇新能源科技有限公司与中南大学、江西理工大学等高校开展产学研合作，研发出国内首创的铁锂云母提锂核心技术，生产过程实现"三废"零排放，不仅做到了绿色生产，还大大增强了企业的市场竞争力。截至目前，该县工业园区有泰明光伏、赣锋锂业、紫宸科技、申田碳素等龙头锂电企业 13 户，生产的金属锂、锂带、锂离子电池负极材料、特种石墨等产品畅销海内外。2020 年，该县锂电产业实现主营业务收入 92.15 亿元，同比增长 13.05%；利润 11.92 亿元，同比增长 17.62%。全县有高新技术锂电企业 5 个，省级工程技术研究中心 2 个。

国轩高科宜春项目取得突破进展。2021 年 8 月，国轩高科股份有限公司在宜春市分别与宜丰县人民政府、奉新县人民政府正式签约，标志着国轩高科在宜丰、奉新两地投资建设的碳酸锂项目正式启航。项目全部达产后，预计年产碳酸锂 10 万吨，年产值过 100 亿元。据协议，宜丰县锂电材料综合开发项目位于宜丰工业园区，占地 600 亩，分两期建设，一期主要包括年产 2 万吨锂电材料制备及其年产 300 万吨采选矿综合开发利用，二期主要包括年产 3 万吨锂电材料制备及其年产 500 万吨采选矿综合开发利用。项目全部达产后，预计实现年产值 50 亿元。项目一期于 2021 年第三季度动工，2022 年底前投产。奉新县新能源材料综合开发项目位于奉新高新技术产业园区，项目占地 600 亩，分两期建设，一期主要包括年产 2 万吨锂电材料制备及其年产 300 万吨采选矿综合开发利用，二期主要包括年产 3 万吨锂电材料制备及其年产 500 万吨采选矿综合开发利用。项目全部达产后，预计实现年产值 50 亿元。一期项目计划 2021 年内动工，18 个月竣工投产。此次签约的采选矿综合利用项目和年产 5 万吨碳酸锂项目，是奉新县工业企业单体项目投资额最大的项目，是助推奉新新能源材料产业加速发展的重要引擎，市场前景广阔，发展潜力巨大，必将成为奉新工业经济高质量发展的一张亮丽名片。

2021 年上半年，奉新高新技术产业园区已落户 235 家企业，投产工业企业 139 家，其中规上工业企业 122 家，形成特色鲜明的新能源新材料、纺织两大支柱产业和竹木加工、再生资源、机械砂轮、生物医药、食品加工等五类重点行业；在 2020 年度全省开发区争先创优综合考评中排第 39 位（含国家级园区）。1~6 月园区规上企业完成营业收入 191.48 亿元，同比增长 40.64%；利润总额 19.21 亿元，同比增长 62.5%；实际入库税收 8.83 亿元，同比增长 64.4%；用电 5.33 亿度，同比增长 34.7%。新能源新材料产业 1~6 月实现营业收入 94.31 亿元，同比增长 49.49%；利润总额 10.54 亿元，同比增长 64.77%；实际入库税收 2.4 亿元，同比增长 68.9%；用电 1.65 亿度，同比增长 42.3%。产业总体发展趋势向好，宁新新材料产品供不应求，2022 年订单已满，紫宸科技、赣锋锂业、飞宇新能源等龙头企业生产正常、产销两旺；碳酸锂价格从 2020 年底的 5 万元/吨上涨至 8.6 万元/吨，涨幅 72%。纺织产业 2021 年 1~6 月实现营业收入 41.44 亿元，同比增长 26.25%；利润总额 4.15 亿元，同比增长 67.73%；实际入库税收 1.46 亿元，同比增长 160.6%；用电 2.73 亿度，同比增长 32.28%。产业趋势逐步向好，金源纺织等龙头企业原材料及产品价格均有上涨，主导产品涤棉纱价格 1.5 万元/吨，较 2020 年底上涨 45%。

要主攻招大引强。结合资源禀赋、要素支撑和环境条件，开展精准选商，紧盯世界 500 强、民营 500 强、瞪羚、独角兽、"单打冠军"企业动态，主动谋划和引进一批强链、补链、延链项目及总部经济项目，围绕产业链上下游重点引进一批创新驱动能力强、规模体量大、带动能力强的税源型、龙头型、基地型、"链主"型项目，探索园区共建，切实提升产业承接和招商引资实效，支撑主导产业，抢占产业发展制高点。突破重大项目。坚定不移攻坚大项目，以重大项目为龙头，汇聚发展新动能。加强落地推进。继续实行项目建设全过程跟踪服务，确保项目"签约一个，竣工一个，投产一个"，在提高效率上，扎实推进项目"联审联批"制度，在规划设计、林地报批、建设手续办理、环评安评、消防验收等方面提前介入、主动服务，在依法依规的前提下最大限度优化办理流程，为企业腾出更多的精力投入项目建设，推动项目尽快落地投产并产生效益。

目前，项目用地紧张。园区工业用地紧缺，盘活闲置用地空间有限，南区用地尚未纳入国土空间规划，化工园区未认定，难以同步保障项目用地。现有璞泰来高端石墨产业园、国轩高科、赣锋锂业金属锂、先导新材料、东睦科达、宁新新材料石墨深加工、深泓高端负极材料等大项目急需落地，共需要用地 5000 亩左右。部分企业发展动力不足。部分企业竞争力较弱，发展潜力不足，有些企业未能按合同约定完成厂房建设，有些企业入园多年未能达产达标，发展内在动力不足；同时发展外部推力较弱，经营难有起色。

一方面继续加大闲置低效用地盘活力度，正在加紧研究制定清理处置方案和以电核税促进企业发展方案；另一方面大力推进园区规划扩区调整和区域规划环评，全力争取化工园区第二批认定，加大南区用地报批协调力度，加快新征新报批用地的土地平整工作，提升园区对项目的平台承载能力。新能源新材料产业，实现"百亿三链"目标。"百亿"是指全力扶持紫宸科技年营业收入过百亿元；"三链"是指以紫宸科技为链主，以紫微星科技、申田碳素为依托，打造石墨负极材料产业链；以飞宇新能源为龙头，依托赣锋锂业、云威新材料，打造锂电正极材料产业链；以宁新新材料为龙头，聚集丰能新材料、宁和达，打造特种石墨制品产业链。积极开展"以商招商""产业招商"，完善产业链条，实现产业集聚，努力打造华东地区高端石墨产业基地。另外跟踪投资50亿元的大华新材料线索项目（涵盖大华新材料、医药原料药和成品药、冷链市场）。纺织产业以金源家族为龙头，大力引进织布家纺、针织服装及配套企业，延伸产业链，紧盯投资10亿元的金源智能织造项目，做好永兆、沐途者织布服装项目的跟踪服务。

强化经济运行监测。建立"周督查、月调度、季分析"工作机制，及时了解、掌握企业生产进度，对于一些具体的矛盾和问题，要研究制定解决的方法和措施，确保企业生产的连续性。围绕省市高质量考核和全省开发区争先创优考核目标，在抓好经济运行指标监控的基础上，加强相关职能部门协调和信息沟通，及时了解各类指标完成进度，提高经济运行调控水平，加强税收监管，扩大增量，促进经济社会持续平稳健康发展。

稳步推进产城融合。以"产城融合"理念推进园区发展，统筹规划产业片区公共配套，完善配套政策，创新资本投入，面向市场，引入社会资本，建设医疗、教育、商业综合体，物流、公园、娱乐、商住等公共配套设施，推动众创空间、人才公寓项目、双创基地、物流、服务外包等产业发展，打造生产性服务业集中区，建成宜业宜居的新城。

恪守安全生产底线。分级分类辨识重大安全风险，完成好工业园区整体性安全风险评估，做好化工集中区认定工作。进一步压实企业安全生产主体责任，对监管重点企业进行安全风险辨识及隐患排查、专项整治。加大宣传力度，运用微信群、园区公众号、网格员现场宣传等多种方式，营造安全生产浓厚氛围，提高企业负责人和员工安全生产意识。

以产业集群为载体，推动产业链不断延伸。做大做强纺织服装、新能源新材料、电子信息三大主导产业。通过规模化、差异化、高端化、智能化发展模式，重点建设"新能源新材料产业集群""纺织产业集群"。力争到2025年，新能源新材料产业主营业务收入占规上工业企业主营业务收入的50%，纺织产业主营业务收入占规上工业企业主营业务收入的30%。按照"龙头企业—产业链—产业群—产业基地"发展思路，全力推进"新型纺织"产业集群建设，实现由纺织大区向纺织强区转变。以"做优前端、夯实中端、引进后端"为原则，推进新能源新材料产业发展。全面提升产业上下游关联度，积极引进和发展上下游产业，特别是向高附加值产业环节延伸，推动产业链质量提升，不断延链、补链、强链、壮链，真正形成完整产业链条。加大电子信息产业招商引资力度，着力引进相关电子信息企业及配套项目设施。

纺织工业是奉新县的传统支柱产业和重要民生产业，面对新冠疫情冲击，纺织企业克服转产、原料、用工、物流等困难，推动复工复产，一手抓企业复工复产，一手抓疫情防控，在各方的共同努力下，取得了积极进展。

2.重点产业发展存在的困难和问题

作为宜春市辖县，受资源环境、人力资源等客观条件约束，奉新县工业经济持续高速增长难度大。县工业总量小、结构不优、支柱产业单一、创新能力不强，工业经济发展存量不足，原有规模企业增长已触及"天花板"，基本没有太大增长空间，新增规模企业经济总量较小、数量不多，难以形成有效支撑。企业融资困难，企业新建项目、生产性流动资金短缺，企业融资需求持续提高，而银行对涉矿企业实施压贷政策，企业融资十分困难。项目推进难。大多工业项目属于招商引资项目，受市场和融资影响，投资商投资信心不足，项目推进缓慢。企业融资难、融资贵问题突出，新建工业项目开工不足，在建项目投资强度不够，要素制约问题突出，严重影响项目建设进度。要素制约问题依然存在。用地、用林地指标有限及报批手续复杂、周期长、成本高等问题依然突出。

大健康产业发展存在的困难和问题：一是产品有效供给不足。缺乏核心拳头产品，未具备不可替代性，业态单一，产业链尚未形成，缺少高端特色项目引领，一些公共基础设施薄弱，留不住客人，导致良好的康养旅游资源优势尚未转化为产品优势，更未转化为经济优势（杨春柏，2020）。二是企业的主体作用发挥不足。缺乏康养产业龙头企业支撑，且普遍弱、小、散，未形成规模效益。比如：在"大健康+工业"方面，尚未将富硒资源优势转化为产品优势；在"大健康+旅游"方面，大多以提供餐饮、住宿等劳动密集型服务为主，产业层次较低，服务内容单一，旅游产品开发不足，产业发展缺乏有效支撑，增长乏力（唐小明，2020）。三是交通不畅。远离中心客源市场，游客出入时间成本和经济成本仍然居高不下，航线航班少、火车一票难求、高速路网不发达，公路通行费用高，自驾、火车时间长等问题，给人群出行、出游带来了一定的困难；并且内部旅游交通体系仍不完善，发展较为滞后（刘纯和钟佳钰，2020）。四是专业人才极其匮乏。与"大健康+"产业发展的需求相比，当前各领域科研人才和创新型人才普遍匮乏。在医疗领域，康养医疗人才总量不足、学科带头人匮乏。

要优化生态治理格局。不断增强企业环保主体责任意识，建立环境治理联动体系。继续开展重点行业企业环保互学互助活动，提升第三方运维水平，真正实现"智能监管"。加强日常规划监督管理，深化网格片区定人、定日巡视制度。完善企业环保管理台账，做到"一企一档"，实现精细化管理。积极利用好工业园区污染源在线监控平台，引进环保管家发挥好第三方平台作用，逐步增加企业接入数量，及时掌握企业排放情况，防止企业偷排漏排。

（三）中美贸易摩擦的影响

2018 年，美国先后宣布对我国 340 亿美元、160 亿美元、2000 亿美元出口商品加收关税，中美贸易摩擦进入实质性阶段。中美贸易摩擦对我国经济和就业的影响，一方面是美国加征关税对我国经济就业可能造成的损失，另一方面是我国对美国加征关税可能带来的就业变化。由于我国对美国加征关税所涉及的产品可替代性较强，美国比较容易从替代国进口，对就业的拉动作用很小，可以忽略不计，贸易摩擦主要是美国加征关税对我国经济就业可能带来的损失情况。2019 年，奉新县外贸出口不到 2 亿美元。大致出口结构如表 10-5 所示。出口产品主要是食品、竹制品。这些产品受中美贸易摩擦影响较小。

表 10-5　奉新县出口结构

行业名称	出口交货值占比(%)	出口交货值(万元)
食品制造业	41	65537.2
纺织服装、服饰业	0	296.4
木材加工和木、竹、藤、棕、草制品业	19	30038.8
造纸和纸制品业	1	1012.5
化学原料和化学制品制造业	4	6581.8
医药制造业	9	14709.7
非金属矿物制品业	17	27828.9
金属制品业	7	10588.6
电气机械和器材制造业	2	2603.6
合计	100	159197.5

（四）疫情对经济的冲击

受疫情影响，餐饮、旅游、文化娱乐、交通运输、教育培训业需求下降明显，制造业企业停工停产较多，就业压力明显加大。2021 年 2 月，全国城镇调查失业率升至 6.2%，同比环比均上升 0.9 个百分点。随着防疫形势好转，企业生产经营逐步恢复，6 月城镇调查失业率为 5.7%。仅从数字来看，疫情对我们就业影响不是特别大，失业率增加了不到 1 个百分点。真实的就业形势远远比数字体现的要严峻得多，原因有以下几点。

第一，遭受疫情冲击时，正值我国春节假期。春节后，大批农民工暂时退出了工作岗位。就统计数据而言，受疫情影响最大的就业群体是农民工群体，而农民工群体在失业统计当中很难被统计到数据当中。所以虽然失业率看起来并不是很高，但可以肯定的是疫情对就业的冲击还是非常大的。

第二，受疫情影响，企业生产经营困难突出，招聘用工需求下降，一些个体工商户和小微企业疫后恢复较慢，吸纳就业受到一定影响。随着高校毕业生集中进入劳动力市场，大学毕业生失业率可能继续上升。疫情影响全球贸易，我国外贸依存度仍超过 30%，主要贸易伙伴受疫情冲击购买力下降，这可能通过外贸外资、供应链、资金链等渠道对我国就业市场产生影响，出口部门失业风险加大。统计显示，新出口订单指数连续 4 个月低于枯荣线，4 月份仅有 33.5%，比上年同期下降 16 个百分点，比前一个月下降 13 个百分点。随着在手订单逐渐消化完毕，出口产业链尤其是中小企业的失业压力逐渐显现。我们预测 2020 年全年城镇调查失业率为 6.0%。

第三，疫情对就业的冲击不仅体现在失业率数字上，失业率仅是我们观察就业形势的一个指标，还反映在收入水平的变化上。虽然统计数字很难反映收入水平的变化，但我们能明显感觉到疫情对老百姓收入的影响非常大。一是存在一个群体，他们已经没有收入，却在统计上没有显示出失业，在职未上班的情况普遍存在；二是存在一部分即使有工作但收入下降非常大的劳动者，这是因为有些企业可能没有裁员但实际工资发放与劳动时间、工作量密切相关。在就业受冲击的情况下，收入出现了明显的下降。2020 年上半年，全国居民人均可支配收入 15666 元，比上年同期名义增长 2.4%，扣除价格因素后，实际下降 1.3%。

总体来讲，现在的就业面临 21 世纪以来又一次比较严峻的形势，对这一点我们应该有一个清醒的认识。所以在"六保"当中我们把保就业放在第一位是很必要的，因为从"六稳"到"六保"，只有保住了就业才能保住基本的民生。

（五）支撑产业实现提质增效

奉新县坚持创新、绿色、低碳可持续发展的理念，围绕发展创新型经济产业，加快融资平台建设，推行创新人才引进三大机制。不断加大财政资金的投入力度，集中力量打造一园两区，努力推进县域经济高质量发展，实现财政收入新的增长。2020 年 1~6 月，全县财政收入实现 15.93 亿元，同比增加 2.11 亿元，增长 15.2%，占年初目标任务的 62%；完成生产总值 64 亿元，同比增长 8.9%；规模以上工业增加值增长 8.9%；工业园区实现税收 6.05 亿元，同比增收 7705 万元，增长 14.6%；纳税超 5000 万元的行业达到 4 个，其中新型材料行业实现税收 1.39 亿元。支持创新型企业发展。该县加快发展创新型经济，建立 1000 万元工业发展专项资金。

对于一个农业占比较高、收入水平较低、临近省会城市的县来说，人才流出是一个比较常见的现象。奉新面临着这样的问题。企业创新研发投入不足，自主创新产品少，优秀领军技术人才相对缺乏，研发能力弱，产品附加值低，综合竞争优势不明显。人才结构不合理，高端人才不足。人才总量不足，尤其是高层次人才、产业人才和服务人才等相关技术人才缺乏。

五　存在的困难及问题

从目标定位来看，奉新县园区要打造成为医药工业产业集群优势区、健康食品产业特色区、健康家居产业示范区，培育骨干企业、形成知名品牌；打造几家旗舰型龙头企业，提高园区大健康产业发展水平。短期内存在的困难主要是聚集不够、研发不够、利润较低。

医药保健品行业企业主要是生产医药中间体，尚没有生产成品药，部分企业正把成品药列入发展规划；保健中成药企业少、产值小，产业未形成规模，不能形成集聚效应。绿色食品行业缺少龙头企业的带动，研发力度不强，与奉新县本地大米、猕猴桃等优势农产品结合不够，品牌知名度和市场占有率不高，产业整体发展水平低。健康家居行业企业利润较低，缺少资金对产品进行专业的市场化包装宣传，仅靠企业门店宣传，品牌影响力小，研发力度不够，市场知名度不高；且民众对竹制健康家居产品认知不足，导致产品销量少。

另外，传统约束仍在。工业用地紧张。奉新县高新园区工业用地紧缺，难以同步保障项目用地。奉新县 2019 年总的用地指标仅有 350 亩，没有用地指标用于工业项目，高新园区现有圣山集团、天台昌辉药业、旭晶光电产业园、众想纺织等多个项目缺乏落地指标，无法落地。由于奉新县城市总体规划修编工作无法顺利开展，未能将南区纳入城市总体规划范围内，以致高新园区用地指标不足。

企业运行压力大。一是产品、原材料价格下降。2019 年以来金源纺织两大省级重点监测产品（纯涤纶纱 32 支、T65/C35 配棉涤棉纱）持续呈现价格同比下滑态势。棉花价格不稳，波动较大，2019 年上半年 16000 元/吨，下半年降至 12500 元/吨。对于奉新县纺织企业来说，上半年原棉价格高的时候，企业花费高价采购了生产所需的原料棉花，然而下半年原棉价格、产品价格双重下降，企业生产成本增加、利润进一步压缩。二是企业近年来技改设备更新投入大，流动资金占用多。金源、宝源陆续更新先进设备，近两年设备投入已达 1 亿元，技改投入资金大，流动资金运转受影响。三是款项逾期拖欠制约企业运转。如泰明光伏遭受某电力有限公司电费补贴款项拖欠，逾期拖欠资金累计达 2.2 亿元，以致面临严重资金周转困难，影响正常生产运转。

企业资金运转难题凸显。在稳中趋紧的货币政策影响下，多数银行为确保贷款质量，控制不良比例，一定程度上存在抽贷、压贷和断贷现象，企业为了维持正常运行，向民间及小额贷款公司融资，风险、成本上涨，打乱了企业正常经营计划，加重了企业负担。

用工成本不断提高。根据国家发改委的《全国农产品成本收益资料汇编》，2008 年，江西省早籼稻每亩用工费用为 195 元，2018 年提高到了 391 元，提高了一倍。农业用工可以看作外出务工的机会成本。这说明用工成本不断提高。我们调查中得知，用工成本提高是奉新县制造业企业近年来成本上涨的主要原因。

主管部门对发展大健康产业的战略意义认识不足。上热下冷，发展氛围不浓。项目偏少，发展速度尚需提升。示范不多，发展亮点尚需总结。合力不够，发展机制尚需完善。大健康产业涵盖面非常广，涉及的主管部门非常多，从产业定义来说囊括了一、二、三产业，这就要求在研究推进过程中，注重加强上下沟通以及部门之间的联系，在做好顶层设计的同时，加快形成合力。从实际工作开展情况看，有的部门能够主动承担所主管行业的发展重任，认真查找并分析影响主管行业的问题，为促进本行业的发展多想办法，多解决问题，但有的部门还是停留在简单的上传下达之类的日常工作中，未能深入行业企业发展一线查找问题、解决问题。

六　结论和建议

奉新县制造业以劳动密集型产业为主。在用工成本不断提高的大环境下，要适应要素禀赋结构的变化和社会需求的变化，一方面要降低用工需求，降低劳动报酬成本在总产出中的比重，以资本代替劳动，实现产业升级；另一方面，要提高工薪水平，实现劳动生产率和全要素生产率的不断提升。从政府工作的角度来看，要稳增长保就业，工业经济继续坚持稳中求进的工作总基调，重点做好以下方面工作。

稳住当前运行良好态势。近年来，奉新县规模以上工业增加值、主营业务收入、利润三大经济指标持续保持了平稳的同比增长，在全市排名处于中上靠前的位置，要稳住这个良好态势，争取年度工业高质量考核取得好成绩。要强化运行调度，确保经济稳步增长。努力做好运行调度工作，定期召开工业经济运行分析调度例会，加强重点经济指标监测，经济形势分析研判、预测预警、督导调研，及时掌握情况，协调解决问题，确保工业经济平稳增长。要抓好入规培育，做大工业总量。一是摸底建档挖存量。做好新增入规企业的申报工作。对确定的拟重点培育对象提供"一对一"指导服务，为其排忧解难，力争年底新增杰欣园艺、健达竹制品、家人木业等规上企业20户。二是紧盯临退企业保总量。入规企业总量少是奉新县当前的一大难题，预计年底有可能出现多家退规企业。接下来要加强企业跟踪、调度，了解企业的运行情况，努力帮助临退库企业恢复到2000万元以上，减少退库企业数。

全力做好项目建设、产业招大引强工作。聚力项目储备，做优发展增量。进一步强化"项目为王"意识，以争分夺秒的工作状态提速项目建设，紧盯项目信息，紧跟项目线索，不断提高项目招引的"命中率"和"落地率"。建好项目储备池，以"干 2019 年、备明年、想后年"的工作思路，科学谋划一批打基础、利长远、强支撑的重大项目进入储备池，集聚项目发展的新动能、新优势，力争全年新开工项目 30 个、新投产项目 15 个。紧盯在建项目进程推进，强化项目跟踪服务机制，认真落实每周一调度、每月一汇总制度，适时掌握项目进展情况，及时发现项目建设中的困难和问题并加以切实解决，力促在建项目早建成、早开工、早投产、早见效。强力招大引强，增强产业集聚效应。根据产业发展方向，大力推进精准招商、专业招商、以情招商、以商招商，主动对接东部沿海产业转移，着力承接和引进一批经济效益好、产业关联度高、环境污染小的大项目；积极引进有技术、有资金、有管理的战略投资者来园参与产业发展。各招商责任单位集中时间、集中人员、集中外出，重点加强对天工创业园、宝泽创意产业园项目的对接，力争尽快签约一批项目。

调优实现新突破。调整产业结构，推进优化升级，完善产业链条，优化企业营商环境。完善产业链条及承载力，提升工业质量。纺织产业以织造和服装生产为重点，依托"中国棉纺织名城""中国差别化纱线基地县""2017～2018 年度棉纺织产业集群创新发展示范地区"品牌，着重引入再生纤维、长丝织造、中高档针织面料、高水平印染后整理、服装及家纺加工等企业，完善产业链条。新能源新材料产业本着"做优前端、夯实中端"原则，依托紫宸科技、赣锋锂业等重点企业，重点研发电池级碳酸锂与氢氧化锂、优化提锂技术，加速提升锂矿资源氧化锂的综合提取利用率；引进企业主攻高能量密度和安全性去钴型正极材料、硅碳和金属锂负极材料、高端陶瓷隔膜、电纺隔膜和铝塑膜、全固态高比能量锂离子电池，做强中端环节，实现"集聚效应"。电子信息产业：着力引进相关电子信息企业及配套项目设施，同时加大财政资金支持力度，推动银行和企业对接，鼓励金融机构加大对电子信息企业信贷支持力度。加大电子信息产品推广力度，积极支持电子信息企业参加展会，不断开拓省内外市场。努力搭建公共服务平台，鼓励和支持高等院校与企业合作，实现企业自主创新、产学研合作。

要持续拓展经济发展空间。锂电产业具有强大的资源禀赋优势，要聚焦国家新一轮高水平对外开放，积极融入中部地区崛起、长江经济带、大南昌都市圈等区域发展战略，建立健全对外开放和区域合作机制。争取更多项目被纳入国家、省、市"十四五"规划。积极策应南昌纺织服装、电子信息产业延链配套需求，推动形成特色鲜明、错位发展、相互支撑的产业发展格局。积极跟进常岳昌高铁规划，力争在奉新设置站点，争取开通南昌至奉新城际公交，不断提高对接南昌的便利通达性。积极吸引南昌金融、医疗康养、科研院所等到奉新开设分支机构，加快推进奉新与南昌市区"人流、物流、信息流、资金流"互联互通。

做好入企帮扶，优化营商环境。为企业提供全方位服务。用好中央、省、市各项扶持政策，落实奉新县 32 条优商扶商政策，做好企业申报享受政策过程中的协调服务工作。定期深入企业生产一线，按照"千名干部入企帮扶"活动实施方案的要求，帮扶干部积极下企业实地调研，为企业解决融资、用工、用电等难题，帮助企业鼓足干劲促生产，针对工业经济发展中的重大问题，研究制定有针对性的应对措施。

从奉新县产业升级的角度来看，要适应要素禀赋结构的变化和社会需求的变化，让健康产业助推经济发展。"生态+大健康"产业逐渐成为我国经济的新引擎，根据园区实际，应以医药产业、绿色营养食品、健康家居为主体，壮大现有产业项目，支持企业注重科技创新、不断加大研发投入，鼓励企业进行产学研合作，提高企业产品市场竞争力，推动产业向高端攀升。

推动医药产业纵深发展。合理引导同和药业、东邦药业等上市企业，发挥资金充足优势，配套鼓励政策，加速企业向成品药生产布局，形成基地效应；加大资金扶持力度，助力现有中成药成品生产企业——赣药全新加大研发力度，支持企业丰富中医药产品，提升企业市场竞争力。

做大绿色食品行业。立足奉新县优质大米、猕猴桃等农产品资源丰富特点，整合园区食品生产企业，支持企业加大产品研发力度，力促企业与院校合作、设立研究所，引导企业丰富产品品种，重点研发猕猴桃饮料、果酒、果醋、果冻等猕猴桃深加工产品，同时及时解决企业用地和资金等实际需求问题，逐步扩大企业生产规模，加大奉新县优质大米及猕猴桃深加工的宣传力度，做好结合文章，结合各景点宣传，切实提升品牌知名度，做大绿色食品行业。

打响健康绿色家居品牌。支持企业加强与高校和科研院所对接，提升产品（竹酒、竹醋、竹房子、竹家居用品）科技含量。重点加大园区健康家居生产企业宣传力度，制定相应的奖励扶持政策，支持企业在央视及主流网络媒体上进行广告宣传，同时通过在旅游景点建设竹建筑民宿、使用竹家居产品、将更多产品纳入政府采购目录等政府性推广，引导群众改变对竹产品的传统性认知，扩大品牌影响力。

参考文献

蔡昉：《中国劳动力市场发育与就业变化》，《经济研究》2007 年第 7 期。

胡永泰：《中国全要素生产率：来自农业部门劳动力再配置的首要作用》，《经济研究》1998 年第 3 期。

孔娟、敬采云：《企业绩效与利益相关者责任履行相关性研究——来自非金属矿物制品业上市公司的数据》，《财会通讯》2014 年第 14 期。

李玉红、王皓、郑玉歆：《企业演化：中国工业生产率增长的重要途径》，《经济研究》2008 年第 6 期。

李建峰、唐振华、陈绍华、徐美机：《纺织业现状与发展趋势》，《福建轻纺》2010 年第 12 期。

世界银行：《中国经济　治理通胀　深化改革》，中国财政经济出版社，1996。

世界银行：《2020 年的中国：新世纪的发展挑战》，中国财政经济出版社，1997。

涂正革、肖耿：《中国的工业生产力革命——用随机前沿生产模型对中国大中型工业企业全要素生产率增长的分解及分析》，《经济研究》2005 年第 3 期。

谢丕花：《基于破产可能性的人力资本成本实证研究》，山西大学硕士论文，2011。

张健、金玲、梁霄、牛振华、林振森：《非金属矿物制品业社会责任报告标准体系研究》，载《中国企业改革发展优秀成果 2018（第二届）下卷》，2018。

张军：《资本形成、工业化与经济增长：中国的转轨特征》，《经济研究》2002 年第 6 期。

何敏：《以人才支撑宜春工业的未来》，《宜春日报》2018 年 6 月 9 日第 3 版。

刘纯、钟佳钰：《宜春市温泉旅游品牌竞争力影响因素》，《宜春学院学报》2020 年第 8 期。

唐小明：《地方生态型城市大健康产业研究分析及对策——以宜春市为例》，《现代营销（经营版）》2020 年第 11 期。

谢华炎、张超、饶红娇：《宜春市水稻产业发展的现状、问题和对策》，《农技服务》2020 年第 37 期。

杨春柏：《新阶段宜春文旅产业发展现状、短板及对策》，《农村经济与科技》2020 年第 11 期。

喻均林、龙国光：《"十四五"期间宜春市重点工业产业发展战略探析》，《企业科技与发展》2020 年第 11 期。

奉新县统计局：《奉新县第七次全国人口普查主要数据公报》，2021。

Bosworth, Barry, and Susan M. Collins: Accounting for Growth: Comparing China and India, NBER Working Paper No. w12943, 2007.

Hsieh, Changtai and Peter J. Klenow: Misallocation and Manufacturing TFP in China and India, *Quarterly Journal of Economics*, November, 1403–1448, 2009.

图书在版编目（CIP）数据

农村劳动力就业与收入研究：基于江西调查／赵文
等著.－－北京：社会科学文献出版社，2023.10
ISBN 978-7-5228-2908-1

Ⅰ.①农… Ⅱ.①赵… Ⅲ.①农村劳动力-劳动就业
-研究-江西②农村劳动力-收入分配-研究-江西
Ⅳ.①F323.6②F323.8

中国国家版本馆 CIP 数据核字（2023）第 228131 号

农村劳动力就业与收入研究
——基于江西调查

著　　者／赵　文 等

出 版 人／冀祥德
组稿编辑／陈　颖
责任编辑／桂　芳
责任印制／王京美

出　　版／社会科学文献出版社·皮书出版分社（010）59367127
　　　　　地址：北京市北三环中路甲 29 号院华龙大厦　邮编：100029
　　　　　网址：www.ssap.com.cn
发　　行／社会科学文献出版社（010）59367028
印　　装／三河市龙林印务有限公司

规　　格／开　本：787mm×1092mm　1/16
　　　　　印　张：22.25　字　数：338 千字
版　　次／2023 年 10 月第 1 版　2023 年 10 月第 1 次印刷
书　　号／ISBN 978-7-5228-2908-1
定　　价／128.00 元

读者服务电话：4008918866